KB235523

두 하늘 이야기

두 하늘
이야기

문무병의 제주 신화 이야기 2

문무병 지음

알렙

죽어서 신이 된 사람,
정 심방을 생각하며

두 번째 내는 〈제주 신화 이야기〉에서, 나는 신화를 꿈꾼다는 의미 없는 말로 적당히 출발할 수는 없었다.

"제주도는 무사 하늘이 둘이야?"

이에 대한 답을 위해서도 또다시 헤매야 할 일이 두렵다. 이렇게 설명할 게 많은 게 제주 신화다. 서문을 써야 책이 나올 판이 되니, 정말 멋있는 하늘을 풀이하는 좋은 글이 떠오르지 않았다.

생각이 안 되면, 제목의 의미부터 다시 더듬어 보자. 『두 하늘 이야기』는 세상을 살았던 두 종류의 사람들의 이야기이다. 평생을 신神을 위해 살았던 심방이 죽어서 가는 저승과, 사람으로 태어나 살다가 죽으면 저승차사가 데려가는 저승이 다르다는 것이다. 두 저승. 심방의 저승 '삼시왕' 삼천천제석궁과 인간의 저승 '열시왕' 이야기가 아닌가.

이때 내 머릿속에 잊을 수 없는 사랑하는 후배, '정광질', '광질하는 광대 정공철!'이 떠오르는 게 아닌가. 저승에 간 지 5년은 지난 것 같은데, 생생하게 떠오르는 게 아닌가. 소리치면서, 신경질 부리면서, "가만히 내버려뒀으면 국어 선생이라도 할 후배 꼬드겨서 뭐야 이건. 형이 내 인생 망쳤으니 내 인생 책임지란 말야!" 악을 쓰고 대들던, 내가 만든 광대, 신이 내린 심방. '정공철'이 글밭에 서서 그리운 술을 기다리고 있구나.

"제목은 됐저."

"죽어서 신이 된 사람. 아시야, 고맙다."

"성님, 나 저승에서도 굿밭디 감수다. 여기서도 막 알아주는 심방이라. 술 한 잔 먹을 시간도 엇네, 씨. 마펭이 성. 택시비 줘. 저승 강도 굿만 하게 만들고. 씨."

나는 그냥 울컥 하였다.

그래서 나의 두 번째 신화 이야기의 머릿글을 "죽어서 신이 된 사람, 정 심방을 생각하며"라 정했다.

생각해 보니, 나는 『두 하늘 이야기』를 통해 사람을 슬프게 만드는 한恨의 의미를 찾아내려 하였던 것 같다. 어머니는 아기가 태어나면, 어머니의 태반에서 아이에게 영양을 공급해 주던 아기의 탯줄을 태운 검정을 항아리에 담아서, 새벽녘에 탯줄처럼 세 줄로 감겨 있는 길, 세 길이 만나는 삼거릿길, 어머니만 아는 비밀한 곳에 탯줄을 태워 묻어두었다가, 아이가 피부병에 걸리면, 태를 태운 검정을 아픈 부위에 발라주었다. 태胎의 원초적인 생명력과 생명의 뿌리를 저장하고 있는 땅이 지닌 생명의 복원력으로 병든 아이의 피부를 소생시킨다는 영적

　　　　　　　　　　　　　　　　　　두 하늘 이야기

인 주술이며 치료였던 것이다.

한에는 죽은 망자의 혼적삼 '뜸든 의장'의 한도 있다. 망자의 혼을 부를 때는 죽은 사람이 생전에 입었던 속옷을 들고 혼을 부른다. 이 속옷은 생전에 일을 하며 땀 배인 옷, '뜸든 의장'이다. 죽은 자의 몸에 생전에 입던 땀 배인 옷을 덮는 의식은 영혼을 씌우는 재생의 의미를 지닌다. 땀 배인 옷을 통하여 망자의 생전의 삶을 재생하며 생전의 모습으로 저승에 보내는 굿을 하고 있지 않은가.

제주에서 완성된 한류의 신화들은 제주 사람이 하늘과 땅을 '금가르는(구분하는) 특이한 우주관'과 굿판에 신들을 모실 신자리를 굿청 위 네 개의 당클[祭棚], 삼천천제 당클, 열두시왕 당클, 문전본향 당클, 마을영신 당클, 네 개의 당클에 나누어 모시기 때문에 복잡해진다.

큰굿은 처음에 신들을 청해 오는 초감제에서 창조 신화 「천지왕 본풀이」가 완성되기 이전, 우주를 '금가르는' 과정의 발생과 배치를 설명하는 발생 신화들이 나타나 신화를 만들어 간다. 이 신화를 「베포도업」이라 하는데, 신화가 완성되기 이전 원초적인 시간과 공간의 설명 신화로 중요한 의미를 지닌다.

「베포도업」에서 심방은 천지혼합混合으로부터 우주개벽開闢, 일월성신의 발생, 산수국토의 형성, 국가, 인물의 발생 등, 지리 역사적 사상의 발생을 차례차례 노래해 나간다. 이 자연 사상의 발생에 대해 노래하는 것을 '베포[配布]친다'(나누어 펼치다)고 하고, 인문 사상의 발생에 대해 노래해 나가는 것을 '도업[都昷]친다(새로 시작함을 아뢰다)'고 한다. 우주창조는 하늘과 땅, 밤과 낮, 선과 악을 '금가르고' 새로 시작하는 원초적인 시간과 공간에서부터 오늘까지를 설명하는 것이며 그러한 의미를 아우르는 말이 우주의 발생과 배치를 설명하는 굿의 초감제 맨 처음에 하는 시작굿을 「베포도업」이라 한다.

맨 처음 하는 초감제에서 굿청의 네 당클에 신들의 궁전을 완성하는 「오방각기 시군문잡음」은 "신들을 굿청에 다 모셔 왔으니 문을 닫겠습니다. 모든 신은 굿이 끝날 때까지 굿청을 나갈 수 없습니다."고 하며 신들을 가두는 의식이다.

제주 큰굿 맨 처음에 모든 신들을 청해 들이는 청신의례를 큰굿에서는 초감제-초신맞이-초상계로 3번 반복하여 청신한다. 이상하다. 그런데 지금까지 그에 대한 해석은 3단계로 재차, 3차 청해 들인다 했지만 왜 3번을 청하는지에 대한 설명이 없었다. 맨 처음 하는 큰굿의 초감제 중의 초감제를 2차, 3차 청하는 의미를 생각해 보자.

모든 신을 굿판에 모셔온다는 〈초감제〉에서 큰굿 전체의 시작 첫째 단계에서는 〈초감제〉를 한다. 이때는 하늘의 신들이 모두 땅에 내려오시라는 강신降神의 의미(군문열림 같은), 둘째 단계의 〈초신맞이〉는 하늘에서 내려온 신과 각 지역의 땅을 지키는 본향신들을 수평적으로 굿청에 모셔온다는 영신迎神의 의미(오리정신청궤 같은), 셋째 단계의 〈초상계〉는 하늘의 신과 땅의 신과 집안에 있는 신까지 모두 굿판 4당클 안에 나누어 모신다는 의미를 포함하게 된다. 결국 모든 신들은 〈초감제〉에서 〈초상계〉까지 3차에 걸쳐 신을 청하는 과정에서, 모든 신이 굿판의 4당클에 다 모이게 된다는 의미의 초감제가 완성된다.

그리하여 15일 이상 굿의 전 과정을 진행하는 큰굿 맨 처음에 하늘과 땅의 모든 신을 모셔와 굿이 끝날 때까지 신을 가둬두는 초감제 중 제일 먼저 하는 초감제는 아득한 옛날 세상이 열리기 이전부터 오늘 굿하는 장소에까지 하늘과 땅, 저승 못 간 인간의 영혼까지 모아놓고 굿청에 모인 사람들이 새로운 변혁을 꿈꾸는 자리이며, 여기에서 신화는 그러한 큰굿의 대본, 신이 내린 무당서 역할을 하는 것이다.

2017년 10월

문무병

차례

제1부

하늘올레

1° 하늘길 '노각성자부다리'

태초의 세상은 왁왁한 어둠이었다. 하늘의 신화 「천지왕 본풀이」는 어둠을 걷은 이야기다. 신화를 꿈꾸는 사람들은 끝없이 하늘의 어둠을 가르고, 땅에 선을 그리며 떨어지는 빛을 발견하고 놀랐다. 그들은 어둠을 가르는 빛을 설명하는 '별 이야기'를 만들어 냈다. 그리하여 이런 반짝이는 별 이야기들이 태초의 창세 신화가 되었다. 이와 같이 어둠 속에 반짝이는 별에 대한 인간의 상상력은 별과, 별을 바라보는 관찰자 사이에 '하늘길'을 그려내게 되었다. 하늘에서 쏟아져 내리는 빛줄기에서 가시 돋친 직선을 생각했고, 거기에서 생명 있는 줄기, 타고 올라갈 수 있는 줄을 상상하였다. 어둠에서 돋아난 빛줄기, 광명光明이 만들어 낸 '붉 사상'의 지혜를 얻어낸 신화가 창세 신화 「천지왕 본풀이」였다.

사람들은 최초의 언어로 세상은 이렇게 만들어졌다고 말하기 시작했다.

'빛이 내리다', '별빛이 반짝이다'라는 발견에서 '반짝이는 별빛', '가시 돋친 직선'은 하늘 향해 감아 올라가는 생명의 줄기, 박줄이 되어 드디어 하늘길은 완성되었다. 하늘에서 내리던 빛이 생명을 얻어 땅으로부터 감아 올라가 하늘 천지왕의 옥좌 오른쪽 모서리에 칭칭 감겨 있는 박줄, 이 하늘길을 노각성자부다리(ㅈ부ㄷ리) 또는 노각성자부연줄이라 불렀다. 그러므로 창세 신화로 노래하는 「천지왕 본풀이」의 박줄 하늘길은 빛에 대한 명상, 어둠을 지우는 빛의 이야기이며, 광명이 세상을 비추는 진리임을 암유하는 다리, 신이 가는 길이다. 다시 말해, 하늘과 땅 사이에 길이 있으니 그 하늘 가는 길을 '노각성자부다리'라 하였던 것이다. 그러므로 신화 공부의 시작은 무엇보다 먼저 신의 세계와 인간의 세계를 이어주는 다리, 노각성자부다리에 담긴 의미를 배우는 것으로 삼을 만하다.

창세 신화 「천지왕 본풀이」에 따르면, '하늘올레'는 하늘로 가는 땅의 출발점이다. 땅[지부地府]을 다스리는 여왕 '총명부인'은 새로 태어날 아이인 저승왕 대별왕과 이승왕 소별왕이 하늘을 다스리는 아버지 천지왕을 찾아갈 수 있게 박씨를 심어 다리를 만든다. 땅의 출발점인 우주목이 서 있는 본향당부터 하늘옥황의 임금인 천지왕의 옥좌를 칭칭 감고 있는 박줄로 만든 길이다. '노각성자부다리'를 풀이하여 이 하늘길을 신이 내리는 길[하강로下降路], 바른 길이라 하며, '바르다'는 뜻의 '자부'를 붙여 '바른 길'을 다리라 한다. 그러므로 '하늘길을 가다'라는 말은 '신길을 가다', '신의 다리를 놓다'는 것으로 풀이된다. 이 의미는 굿을 하여 '신길을 바로잡는다'는 것이며, 이를 제주어로 '신질을 발루다'고 한다.

‘신질을 발루다’ 그리고 ‘다리를 놓는다’고 할 때, ‘다리’는 신이 걸었던 길이다. 그러므로 ‘다리를 놓는다’는 것은 신이 걸었던 길, 즉 ‘신길을 바로잡다’, ‘신질 발루다’, ‘신이 걸었던 길을 바르게 고친다’는 의미가 된다. 다리를 놓는다는 것은 신이 걸었던 바른 길을 간다는 것이다. 다리는 길이다. 그런데 다리에는 하늘에서 내려오는 ‘노각성줄다리’처럼 위에서 아래로 내려오는 길, 굿을 시작할 때 하는 청신의례 초감제에서 군문열림을 하여 하늘의 문이 열리면 신들이 하늘에서 내려오는 수직 하강로가 있다. 또한 군문열림을 하여 하늘에서 내려온 신들을 오리 밖에 있는 본향당의 신목(=우주목)에서부터 집안의 제청까지 모셔오는 순서인 오리정신청궤를 하여 어느 한 지점에서 어느 한 지점으로 이동하는 수평 이동로도 있다. 이 모두가 하늘에서 현실 세계에 내려와 신당에서 굿판으로 신들이 왕래하는 신길이다.

하늘의 수직 하강로가 아닌 수평 이동로로써 ‘길(다리)’은 맞이굿에서 신이 오시는 길을 닦는 ‘질치기(길닦이)’의 대상이 되는, 아직 닦지 않은 가시덤불[荊棘] 길이며, 이 길을 잘 치우고 닦아 광목천을 깔아놓은 것을 ‘다리’라 한다. 제주도의 굿에서 ‘일월맞이’, ‘불도맞이’, ‘초·이공맞이’라 할 때, ‘맞이’라 하는 굿은 ‘신을 맞이하는 굿’[迎神儀禮]이다. 이 굿은 신이 오시는 길, 영혼이 떠나는 길을 닦아 신을 맞이하거나 영혼을 저승으로 고이 보내는 굿이다. 맞이굿에서 신을 맞이하기 위하여 길을 닦는 굿을 특히 ‘질침굿’ 또는 ‘질치기’라 한다. 이러한 길을 닦는 의례는 ‘신길을 바로잡는’ 것이며, ‘다리를 놓는’ 것이다. 신길을 바로잡는 것은, 인간이 죽어서 저승으로 가는 길을 닦는다는 것이다. 이 길을 닦아 하얀 광목천을 깔았을 때, 길은 완성된다. 그 길은

 두 하늘 이야기

신과 인간이 만나는 길이며, 망자가 이승의 미련을 버리고 저승으로 고이 갈 수 있는 길이다. 그러므로 다리를 놓는 질치기(길닦이)는 신길을 바로잡는 일, 신의 질서를 좇아갈 수 있는 이승의 질서를 회복하는 과정이다. 다리를 놓는다는 말에는 차례와 순서를 밟는다는 뜻이 있다. 동시에 과정을 밟는다는 뜻도 있다. 이는 신과 인간이 만날 수 있는 길을 놓는 것이다. 그러므로 신길을 밟는다는 것은 질서의 회복 그리고 신과 인간이 더불어 사는 상생을 동시에 의미한다. 즉 길을 만든다는 것은 신인동락神人同樂할 수 있는 열린 공간을 만드는 것이다.

그리고 다리의 또 다른 의미에는 순서를 뜻하는 '젯다리'가 있다. 굿을 하려면, '굽을 잘 가르라', '다리[橋]를 잘 가르라' 하는 말을 들을 수 있는데, 이때 다리는 굿의 절차를 말하는 것이다. 즉 한계를 구별하라는 말이다. 이와 같이 '젯다리'의 다리는 제를 치르는 순서를 뜻한다. 큰굿의 모든 제순祭順은 당클[祭棚]과 제순에 따라 진행된다. 그러므로 굿에 쓰일 깃발 지전류 '기메'를 만들어 앞에 놓고 제를 지내는 기메고사를 하고, 이어 초감제를 시작하고, 굿의 맨 마지막 제순인 도진에 이르기까지 모든 작은 제차의 진행 방법은 '젯다리'의 신들의 위계에 따라 이루어진다. 제1당클 천제석궁[삼천천제석궁三千天帝釋宮]당클, 제2당클 열두시왕[십왕十王]당클, 제3당클 문전·본향당클, 제4당클 마을·영신당클까지 순서대로 진행되기 때문에, 큰굿을 '차례차례 재 차례 굿'이라 한다. 다시 말하면 '차례차례 재 차례 굿'이란 모든 굿의 절차를 하나도 빠뜨리지 않고, 굿법에 어긋남 없이 행하는 굿이다. 이러한 굿의 완성은 가정에서 하는 큰굿이나 심방집의 큰굿인 신굿을 통하여 이루어진다.

이런 다리도 있다. '상청上廳다리'의 '상청'은 제일 위 계보의 신을 뜻하고, '다리'는 신이 하강하는 길이라 한다. 이는 굿할 때 밟아 오도록 깔거나 걸어 놓은 긴 무명 다리를 뜻한다. 그리고 삼싱할망이 지나갈 다리(긴 무명)를 뜰에 차린 할망상에서부터 방안 벽장의 할망상까지 걸쳐 놓고, 수심방이 철쭉 막대를 짚고 그 긴 무명 다리에 기대어 잡아 추끼며, 무섭고 위엄을 갖추었지만 늙은 할머니 걸음으로 어정어정 방으로 들어오는 것을 할망다리추낌이라 하는데, 이 다리를 '할망다리'라 한다. 이외에도 '다리'는 모든 맞이굿에 나온다. 칠원성군다리, 일월다리, 초공다리, 이공다리, 시왕다리, 본향다리, 당주다리 등이다. 신길로서의 다리와 제순祭順으로서의 다리, 즉 젯다리를 아는 것은 신화와 굿 공부의 출발이다.

2° 신의 본을 풀어 하늘길을 묻다

신을 기다리는 세상

신이 없는 세상의 날, 365일 중 7일, 대한과 입춘 사이의 일주일, 태초의 어둠 같은 시간을 제주에서는 '신구간'이라 하여 신들의 이야기를 시작한다. 그러므로 신들이 갈리는 신구간부터 신화 이야기의 물꼬를 트겠다. 신화는 신神의 본本이다. 본은 근본 바탕이며 뿌리이니, 본풀이는 신의 근본을 푸는 신의 이야기다. 이 세상(이승)의 시간, 1년 중에는 신이 없는 세상, 신들이 부재하는 기간이 있다. 연중에 신의 간섭을 받지 않는 시간이 존재한다는 것은 이승을 살고 있는 현실 세계 인간들에게 신이 준 여유이고 자유이며 축복이다. 신들이 없는 세상에서는 병도 죽음의 공포도 없다. "동티가 나지 않는다." '동티'는 건드려서는 안 될 땅을 파거나 돌을 치우거나 나무를 베었을 때, 이것을 관장하는 지신地神의 노여움으로 받는 재앙인데, 신이 없는 때라면 신이 내리는 재앙도 없으니 동티가 나지 않는 것이다. 지상의 현실계 '이승'에는 연중 신이 없는 기간이 있다. 이 기간은 신이 주재하지 않는 땅이며 하늘이기 때문에, 이 태초의 시간, 창세의 왁왁한 어둠 같은 태초의 시간에는 아무것도 없다. 인간에게 새로운 시작을 예비하는 그것은 어둠이고 밤이다. 무명無明이다. 신들이 없다. 시간이 멈춘 것 같은 대자유의 시간이다.

신구간은 '신구세관新舊歲官이 갈리는 기간'이며, 그 기간은 24절기의 마지막에 놓인다. 1년 중 제일 춥다는 대한大寒이 지나 5일 되는 날(1월 26일)부터 새봄 새 절기가 시작되는 입춘立春 이틀 전(2월 1일)까지 일주일(7일) 동안을 말한다. 신이 없는 시간 '신구간'의 의미를 바르게 이해하는 일은 신화의 세계를 여는 데 중요한 의미를 지닌다. 신구간은 지난해를 마감하고 새해를 여는 지상의 통과의례다. 세시풍속으로서 신구간은 신을 만나기 위해 준비된 시간 여행이다. 지난해 인간사를 관장하는 신들[舊官]은 24절기 세시에 따라 인간 세상의 생활과 농사에 필요한 세사世事를 다 마치고, 즉 마지막 절기인 대한을 지나 신구간이 시작되기 전 나흘 동안 땅의 임무를 마친 뒤 '말을 타고' 하늘에 오른다. 구관을 송신送神하여 하늘로 보낸 세상의 사람들은 2월 1일까지 신 없는 신구간 일주일을 보내고, 신들은 하늘길, '노각성자부다리'라는 박줄을 타고 입춘 전야에 하늘에서 지상으로 내려온다. 그러므로 입춘굿은 새로운 신[新官]들이 새로운 임무를 맡고 새로 부임하여 입춘춘경立春春耕하는 신년의 하례의식이다. 땅을 떠나는 신들[舊官]은 말을 타고 떠나고, 새 신들[新官]은 하늘에서 '노각성자부다리' 박줄을 타고 내려온다. 신관과 구관이 갈리는 기간, 옛 신도 없고, 새 신도 없는 그야말로 우주천지가 창조되기 전의 '태초의 어둠' 같은 신구간이 있기에 올해도 세상의 문을 열 수 있는 것이다.

신의 본을 풀면, 신나락 만나락 한다

그렇게 여기저기서 신을 찬양하여 본本을 푸니, 사방에서 뾰족뾰족 봄풀 돋아나듯, 내 몸에서 신 살아나듯, 신이 내리는 듯한다. 그리하여 제주 사람들은 신명神明의 뜻을 본풀이를 창하며 배웠으니, '귀신의 본을 풀면, 신나락 만나락 하고, 사람의 본을 풀면, 백년원수 되는 법'을 알았다. '신의 내력을 들춰내어 찬양하면 할수록 신명이 나지만, 사람의 얘기는 들춰내 얘기했다가는 서로 원수가 된다'는 이치를 배운 것이다. 간단히 말하면, '신과 놀면, 신난다'는 것이다. 그리고 제주 사람들은 굿을 통하여 '신명'은 이런 거라 배웠다. 춤추는 '심방의 몸짓(춤)'과 악기를 치는 '소무(악사)의 장단'의 관계는 무조 삼형제(젯부기 삼형제)와 악기의 신 삼형제(너사무너 도령 삼형제)가 의형제를 맺었던 사연, '육고비 육항렬법(죽은 어머니의 속옷의 두 가랑이를 두 삼형제 여섯이 차례로 통과함으로써 한 배 형제가 되는 의식)'에 따른다. 이 법은 무巫와 악樂의 관계, 춤과 연물 소리[악기]가 둘이 아니라 하나(=한 배 형제)가 되어야 한다는 것을 이야기한다. 춤이 악기 소리에 맞춰 추어지는 것도 아니고, 소리가 춤의 동작에 맞춰지는 것도 아닌 춤과 악이 하나처럼 되는 것이 신명이란 것이다. 신화「초공 본풀이」의 내용으로 보면, 신명은 팔자 그르친 춤추는 무조 젯부기 삼형제와 악기를 치는 악기의 신 너사무녀 도령 삼형제가 어머니의 속옷 속을 통과하는 의식을 통해 의형제를 맺었던 '육고비 육항렬법'으로 설명한다. 이와 같이 제주 사람들은 본풀이와 굿을 통해서 신명을 이야기했다. 그러므로 '신이 내린다'는 것은 신이 하늘에서 내려온다는 것만을 뜻하지 않는다. 신명이 '신나락 만나락' 한 경지는 '신이 내린 듯 만 듯', '내가 신이 나는 듯 마는 듯' 또는 '인간이 신이 다 된' 아니면 '신도 인간처럼 신난', '춤과 소리가 하나 된' 경지인 것이다. 이와 같이 인간 세상의 현실계는 신이 내리고 하늘에서 강림한 신의 본을 푸니, 신들의 세계와 저승의 신들을 깨운다. 신을 깨우는 일은 신길을 닦는 일, 질치기(길닦음)이며, 신의 본을 푸는 일이다. 신의 본을 풀면, '신나락 만나락 한다.' '신과 인간이 함께 즐긴다'는 신인동락神人同樂은 신과 인간이 모두 신명나게 논다는 것이다.

 두 하늘 이야기

3° 하늘의 두 신궁,
삼천천제석궁과 열두시왕궁

　　제주 신화 '본풀이'는 하늘의 두 신궁神宮과, 땅의 두 신궁, 즉 네 개의 신계神界로 우주 공간을 나누고 있는데, 여기서는 우선 하늘의 두 신궁, 하늘 제1궁 삼천천제석궁三千天帝釋宮과 제2궁 열두시왕궁[十二十王宮]에 대해 이야기하겠다. 제주 사람들이 그리고 있는 하늘은 어떤 하늘이며, 관념 체계로서 제주인의 우주관宇宙觀을 어떻게 반영하고 있는가? 우리 눈에 보이는 하늘은 세계 어느 지역의 사람에게도 똑같이 보이는 하늘이다. 사람들은 하늘을 보며 태양의 운행을 이야기하고, 24절후를 가르기도 한다. 달을 보며 계수나무가 박힌 달, 쟁반같이 둥근 달이라 노래하기도 한다. 새벽의 동쪽 하늘에서 떠오르는 일출에 탄성하기도 하고, 저녁 석양을 노래하기도 한다. 그리고 20세기 들어서면서는 달나라 여행의 꿈을 실현하게도 되었다. 우리가 보고 느끼고 꿈꾸는 하늘은 모든 세계인이 함께 누리고 있는 하늘이다. 그러나 하늘에 대한 관념 체계는 동서양이 다르고, 나라와 민족마다 다르다. 종교마다 다른 주장이 있고, 원주민마다 지니고 있는 원석 같은 의식 또한 다르다. 하늘에 천국이 있다고도 하고, 하늘을 우주 삼천대천세계라 표현하기도 한다.

우리 문화와 동질의 문화전통을 가진 요하문명, 그리고 그와 궤를 같이하는 시베리아 브리야트 샤먼의 주장대로라면, 샤먼의 영혼은 몸을 떠나 천상계와 지하를 떠도는데 이를 엑스터시[脫魂]라 했다. 샤먼은 그의 몸에서 신[神靈]이 나와 지하계와 천상계를 떠돌며 신들과 인간을 만나게[접신接神케] 한다는 것인데, 이는 곧 신의 세계가 천상계와 지하계에 동시에 존재한다는 것을 의미한다. 그리고 이러한 시각은 신이 몸에서 나오는 엑스터시의 반대 현상, 즉 천상과 지하 또는 자연을 떠돌던 외부의 신[神靈]이 몸으로 들어오는 포제션possession[憑神]의 접신 체험도 가능하다는 것을 의미한다. 그러한 신 관념은 하늘의 신계와 지하의 신계를 함께 이야기한다. 그런데 제주의 신화 본풀이가 이야기하는 신들의 세계는 저승 지하계가 따로 있는 것이 아니라 하늘에 또 하나 존재한다는 것이다. 그러므로 우리는 제주인의 신 관념을 완성한 '하늘 두 신궁' 또는 '두 하늘'로 이야기하는 제주인의 하늘에 두 개의 저승 신궁이 있다는 양궁론兩宮論을 이해해야 한다.

하늘 두 궁전이 있는 천상계에는 제1궁, 즉 삼천천제가 다스리는 궁전이란 뜻에서 삼천천제석궁三千天帝釋宮이 있다. 이 궁전은 높은 신들의 궁전이라는 뜻에서 어궁御宮이라 하며, '심방이 죽어서 가는 저승'이란 뜻에서 삼시왕[三十王]이라고도 한다. 그리고 하늘 제2궁 열두시왕궁은 달리 열시왕 또는 시왕[十王]이라고도 하는데, 이곳은 '사람이

　　　　　　　　　　　　　　　　　　　　두 하늘 이야기

죽어서 가는 저승'이다. 사람이 죽으면 땅[地下]에 묻힌다. 그렇다면 사람이 죽어서 가는 저승은 지하에 있어야 한다. 그런데 제주 사람이 죽어서 가는 시왕[十王]은 하늘에 있다. 이처럼 지하의 세계를 인정하지 않는 제주인의 저승관은 어떻게 해서 만들어졌을까? 제주인의 우주에 대한 상상력, 천상계에 세운 죽음의 세계, 인간이 죽어서 가는 저승인 열시왕[十王]이 하늘에 있다는 저승관은 제주 신화 「차사 본풀이」에 근거를 두고 있다.

「차사 본풀이」의 내용을 잠시 보자. 「차사 본풀이」는 저승왕 염라대왕을 이승에 잡아올 만큼 영리하고 똑똑한 차사 강림이의 죽음으로 시작한다. 저승왕 염라대왕과 이승왕 김치 원님은 서로 강림이를 자신의 부하로 삼으려 했다. 이승을 다스리는 김치 원님은 형체가 있는 강림이의 몸[肉身]을 가져갔고, 저승을 다스리는 염라대왕은 형체가 없는 강림이의 영혼[靈魂]을 가져갔다. 이리하여 사람이 죽으면 지하에 묻힌 육신은 썩어 없어지고, 영혼은 하늘에 올라간다고 하게 되었다. 이렇게 사람이 죽어서 가는 저승 열시왕[十王]이 하늘에 생겨나, 심방이 죽어 가는 저승 삼시왕과 두 개의 하늘 신궁을 이루게 되었다.

인간은 신들을 찬양하며 하늘 두 궁전의 문을 연다. 신에게 의지하면서 인간은 '신나락 만나락 하여', 신과 더불어 사람도 신나는 신화 공동체를 완성하였다. 그리고 때로는 큰대[宇宙木]을 세워 신을 불러 하늘나라를 지상에 건설하고 굿을 하였다. 맑고 공정한 저승법으로 이승을 다스렸다. 지상에 신들의 세계를 건설하였던 것이다. 두 신궁 안에 있는 신들의 세계, 저승법으로 이승 현실 세계를 제도하는 본풀이 굿법을 완성하였다.

신이 본을 풀면, 신나락 만나락 하며 신화의 세계로 들어간다는 것은 하늘 신궁의 문을 열어 신의 세계로 들어가는 길을 닦아가는 것, 즉 '신질을 발루는(신의 길을 바로잡는)' 일이다. 그러므로 신이 내린다는 것은 신나는 일, 신화의 스토리텔링 작업이며, 에너지 넘치는 예술 행위지만, 신길을 닦는다는 것은 예술이라기보다는 노동에 가깝다. 길을 닦는 작업, 거칠고 험한 가시덤불을 평평하고 잘 다져진 길, 신길이 되게 하여 신의 세계로 가는 다리를 놓는 질치기(길닦기)는 신의 세계를 여는 축제의 완성 과정이다. 그리고 신들을 제청에 모셔드리는 제청신도업이 있다. 신을 모으는 일을 '신수퍼산다(신들을 모은다)'고 한다. 이것도 신을 모으는 청신의례請神儀禮이며, 신들을 청하여 모시고, 세계를 연다는 것이다. 신을 모으는 것은 축제의 시작을 말한다. 이렇게 신화는 굿을 전제로 한다. 굿이 있으므로 신들의 세계를 열면 신이 내린다.

신의 세계를 열어 나가는 것을 질치기라 한다. 질치기는 가시덤불[荊棘]을 헤치고, 파고, 덮어, 다리를 놓는 것인데, 질치기는 모든 맞이굿에서 똑같은 작업이지만, 신의 성격과 능력에 따라 신의 세계가 다르기 때문에 해석 자체가 달라져야 한다.

신화의 세계를 신길을 닦는 과정으로 본다면, 태초에 세상이 창조되던 왁왁한 어둠을 헤치는 창세의 다리인 천지왕다리를 놓는 것으로부터 시작해야 한다. 천지왕이 길을 트면, 삼시왕 무조 젯부기 삼형제가 삼천천제석궁 깊은 궁에 갇힌 어머니를 구하고, 어주에삼녹거리에 신전집을 지어 어머니 자주명왕 아기씨를 모셔와 악기의 신 너사무너 도령이 어머니를 모시고 연물을 치며 굿법을 열었던 '초공 신길'인 초공다리를 놓고, 서천꽃밭의 생명꽃, 번성꽃, 환생꽃을 따다가 병든 자를 고치고 죽은 자를 살리는 '이공 꽃길'인 이공다리를 놓고, 삼공 가믄장아기가 아버지 강이영성과 어머니 홍은소천을 찾으려고 100일 봉사 잔치를 하여 아버지의 눈을 뜨게 하던 '삼공 전상길'인 전상다리를 놓고, 차례로 신의 세계를 열어가 불도땅에서 아기들을 키워주는 삼싱할망다리, 칠원성군다리, 구할망다리, 심방집 당주다리, 사가집 시왕다리, 요왕다리, 곱은맹두다리 등 모든 신길을 다 닦고 다리를 놓는다. 이것이 신화 본풀이를 노래하여 신을 살려내는 일, '신나락 만나락 하는(신명나는) 일', 신화의 세계, 신화 공동체를 완성하는 길이다. 그리하여 문제를 풀어 다리를 건너는 것이 신화의 세계를 완성하는 것이다.

결국 신화의 세계 가운데 하늘 양궁의 문제를 푸는 것은 하늘 양궁으로 가는 신길을 바로잡는 것이며, 신화를 통해 신을 부르고 신을 대접하여 보내는 것이며, 이는 결국 우리들의 칭원한 영혼들이 이승을 떠나 이승과 저승 중간쯤에 있다는 거친 들판 '미여지벵뒤'에서 영혼들과 이별하고, 영혼을 저승 상마을로 보내 나비로 환생케 하는 것이니, 신화를 노래하는 공부는 영혼을 저승으로 보내는 아름다운 의식이다.

4° 신화의 세계를 그린 우주모형도

굿청[祭場]은 집안에 임시로 마련한 신전神殿의 무대장치이며, 우주를 축소한 모형도다. 마당에 큰대를 세우고, 마루에 '네 당클'을 매면, 집안의 신전집은 모양을 갖추게 된다. 하늘과 땅의 모든 신들을 집안의 네 당클에 모시고 나면, 제주 신화 「열두 본풀이」의 세계는 그 안에서 완성된다. 굿청은 신화의 세계를 그려 나가는 우주의 밑그림이다. 굿을 하는 것은 굿청에 앉아 우주의 세계 지도를 그려 나가는 것이다. 그러므로 굿판에서 '우주를 짓는다'는 의미가 생겨나는 것이니, 큰대를 세우고 마루 상방에 네 개의 당클을 매었다는 것은 임시로 하늘과 땅의 신궁을 집안에 매어 집안에 소우주를 구축한 것이다. 그러면 굿청의 구조를 신화의 무대로 그려보자.

큰대

큰대는 마을의 토주관 본향당신을 모신 신당의 당나무[神木]와 같은 우주의 나무[宇宙木]를 집안에 임시로 설치한 상징적인 깃발이다. 큰대는 땅의 가장 높은 산 정상의 신목인 우주목으로, 신이 내려오는 길이다. 즉 신이 깃드는 신체[神體]로서 당나무를 굿판 입구에 설치해 놓은 것이다. 살아 있는 우주목이기 때문에 맨 끝에는 생죽 잎의 가지가 그대로 붙어 있다. 그리고 큰대는 하늘과 땅을 잇는 노각성자부연줄(=줄다리)이기 때문에 큰대를 감고 있는 흰 광목과 집안 상방으로 다리가 이어지며, 하강 전의 신들이 깃들어 있는 영[靈]이 살아 있는 신체다. 굿을 하여 군문을 여는 무조신 젯부기 삼형제의 신체이기도 한 큰대는 여러 의미를 상징하는 복합체로서 굿판에서 가장 큰 깃발이다.

당클

큰대에 이어 집안 상방 마루에는 당클을 맨다. 당클은 제붕[祭棚]이라고도 하는데, 굿판에 임시로 건설한 신들의 궁전으로, '살장'으로 가리고 있는 것이 특징이다. 당클의 기메전지 중 가장 중요한 것은 신의 세계, 즉 궁전을 상징하는 전지[紙錢類]인 '살장'을 비롯하여, 살전지, 발지전과 너울지, 청사초롱, 오방기와 오방각기 등으로 둘려 있다는 것이다. 모든 지전류가 궁전을 장식하는 상징물인 것으로 보아 당클은 굿판에 임시로 건설한 신의 궁전이다. 제주에서는 사갓집에서는 일주일, 심방집에선 두 이레 열나흘 동안 하는 굿을 큰굿이라 하는데, 큰굿을 하게 되면 사방 벽에 제상祭床을 달아맨다. 이 '사방 벽에 달아맨 제상, 제붕을 '당클'이라 한다. 그리고 사방 벽에 당클을 맨 굿을 사당클굿이라 한다. 이때 네 개의 당클은 신의 나라를 네 개의 영역으로 분할하고, 신들의 나라를 하늘에서 땅까지 네 단계로 구분하여 각 신역의 위계를 나타낸다. 심방이 굿을 집행하는 마루의 중심에서 보면, 바깥 큰대가 보이는 상방 앞문의 오른쪽 큰방 위에 설치한 당클을 삼천천제석궁 당클, 이 당클 맞은편 작은방 위에 설치한 당클을 열두시왕 당클, 큰대 세운 마당 쪽 상방 앞문 위에 설치한 당클을 문전 · 본향 당클, 그리고 문전 · 본향 당클의 맞은편, 상방 뒤뜰로 가는 뒷문 위에 설치한 당클을 마을 · 영신 당클이라 한다. 심방집 굿인 경우는 따로 당주 방에 사당클을 다시 설치하여 모두 여덟 개의 당클을 맨다. 이렇게 큰대와 당클을 매면 인간의 집안에 신을 모신 작은 우주인 굿청이 완성된다.

큰굿 처음의 초감제 「초감제→초신맞이→초상계」

초감제는 하늘의 신들을 땅의 굿청에 모셔들이는 청신의례이다. 초감제는 하늘 신궁의 문을 여는 수직 하강의 군문열림과 우주목을 타고 내려온 신을 오리 밖까지 가서 모셔오는 수평 이동의 오리정신청 궤로 이루어진다. 초감제는 여덟 개의 작은 제차祭次에 따라 진행되는데, 하늘과 땅, 해와 달이 어떻게 생겨났으며, 인간의 세계, 나라와 마

두 하늘 이야기

을이 어떻게 시작되었는가를 말해 주는 베포도업으로 시작해 굿하는 시간과 장소를 설명하는 날과국 섬김, 굿을 하게 된 이유를 밝히는 연유닦음, 제장의 부정을 씻고 신이 하강하는 길의 모든 사邪를 쫓는 새도림, 그리고 군문열림과 신청궤, 신의 뜻을 묻는 산받음과 분부사룀을 듣고 대접하여 다음 제차로 넘기는 주잔권잔으로 끝난다.

초신맞이는 초감제와 함께 다음에 남은 신들을 재차 청신하는 제차다. 초감제가 모든 신들을 하늘에서 지상으로 내려오게 하는 '군문열림'의 청신의례라면, 초신맞이는 하늘에서 내려온 신들과 땅의 신들을 모두 모아 굿판으로 재차 모셔오는 청신의례다. 이때 모든 신을 굿판으로 안내하는 심방은 본향당신의 역할을 하며, 본향당신은 땅의 신을 대표하는 도지사, 토주관이라 한다. 심방이 초신맞이에서 청신하는 방법은 본향당신이 오리 밖까지 나가서 신들을 모두 제청까지 모셔오는 신청궤의 안내 방법과 같다. 그리고 초신맞이 신청궤는 초감제 때 하늘 신궁의 문을 열어 하늘에서 내려온 신들과 땅의 신들을 심방이 '신의 안내를 맡은 감상관'의 자격으로 오리 밖까지 나가 신들을 모두 제장에 모셔 들이는 종합적인 신청궤라 할 수 있다.

초상계는 아직도 오지 못한 신들을 재차 청해 들이는 과정이다. 집 안에서 모시던 조상신들, 마을 영신들까지 빠짐없이 청신하여 미참한 신이 없으면 집안에 임시로 마련한 신궁인 당클에서 굿이 끝날 때까지 청신한 신들이 떠날 수 없도록 문을 잠가두는 청신의례다. 이를 「오방각기 시군문잡음」이라 한다. 소미는 문마다 안팎 두 개씩 '오방각기'라는 기메를 오려붙인다. 그러면 굿을 마칠 때까지 신은 인간을 떠날 수 없다. 집안, 인간 세계에 갇혀 있게 되는 것이다. 이를 「오방각기 시군문잡음」이라 한다.

「오방각기 시군문잡음」은 문마다 좌우 두 장씩 오방각기를 붙여 굿이 끝날 때까지 신들이 문 밖으로 나갈 수 없게 한 것이다. 이는 모든 신들이 지상 집안에 머물게 하는 의식이며, 이렇게 신들이 모인 곳, 신들이 임시 머물고 있는 곳이 굿청이기 때문에 신화의 세계가 펼쳐질 수 있다.

천지왕 본풀이

1° 창세의 어둠을 나누는 물

제주의 창세 신화 「천지왕 본풀이」는 '곱가르는 물' 이야기다. 제주 사람은 태초의 물, 하늘의 청이슬, 땅의 흑이슬이 세상을 열었다고 한다. 창세 신화 「천지왕 본풀이」에 따르면, 태초에 세상은 '왁왁한 어둠' 즉 혼돈이었다. 하늘 머리가 자시子時 방향으로 열리고, 땅의 머리가 축시丑時 방향으로 열려, 캄캄한 암흑은 하늘과 땅으로 갈라지기 시작했다. 이때 하늘에서는 청이슬이 내렸고, 땅에서는 흑이슬이 솟아났다. 하늘의 푸른 물과 땅의 검은 물이 만나 음양이 통하자 만물이 생겨났다. 이렇게 세상은 물에 의해 만들어진 것이다. 여기에서부터 제주도의 창세 신화 「천지왕 본풀이」가 부화하기 시작한다. 처음부터 창조 신화가 완성된 것은 아니었다. 굿하여 하늘 신궁의 문을 열 때, 굿의 맨 처음에 하는 청신의례로서 초감제를 하여 신을 부르듯, 신을 부르는 청신의 쇠북[징] 소리가 어둠을 흔들자, 태초의 어둠은 금이 가기 시작했다. 태초의 어둠을 갈라 세상을 열었던 창조주를 '천지왕'이라 한다. 천지왕은 어둠의 빗장을 연 창조주이며, 하늘과 땅을 가른 최고신이었기 때문에 천지왕이라 한다. 천지왕은 어둠을 어떻게 열었을까?

'어둡다'는 아무것도 보이지 않고, 아무것도 알 수 없을 것 같은 느낌을 주는 형용사다. 제주어 '왁왁하다'는 '캄캄하다'보다 더 어두워 '왁왁어둡다'는 의미로 쓰인다. 제주도의 창세 신화 「천지왕 본풀이」는 태초의 왁왁한 어둠, 한 묶음의 어둠 덩어리를 놓고 빛의 세상을 창조하던 최초의 신, 신과 인간, 그리고 우주 자연을 만든 신 중의 신, 창조주, 어둠을 깨트리고 새벽을 연 빛[色]의 신, 하늘과 땅을 금가른 신인 천지왕이 세상을 베포도업[배포도읍配布都邑]한 이야기로 시작한다. 하늘과 땅, 산과 바다, 구름과 바람 등을 그리듯 나누어 펼치고[配布], 인간세상 온갖 인문 사항들을 새로 열었으니[都邑], 이것이 천지왕이 세상을 만든 이야기다. 그러므로 태초의 왁왁한 어둠은 여러 가지 의미를 함유하고 있다. 태초의 어둠, 왁왁한 어둠은 색이 없어 무색이며, 냄새가 없어 무취인 채로, 마구 뒤섞인 혼돈이며 무질서인데, 이 어둠의 덩어리인 여기에 빈 공간, 간극의 시간이 생겨나고, 청이슬과 흑이슬이 흘러내려 '움직임'이 생겨나니, 움직임 때문에 어둠에 금이 가기 시작했다. 그리하여 모든 무질서한 것들에 오열[伍列]이 생겨 질서가 잡히기 시작했다. 우주자연의 질서가 잡혀 나가고, 인문 사항이 하나씩 자리를 잡아 나가니, 천지만물이 활짝 개벽이 되었다[天地開闢]. 이처럼 태초의 시작은 너무도 멀고 아득하며, 너무도 오래된 과거, 태초의 신새벽으로 기억되는 시공간의 이야기였다. 이 태초의 새벽은 두 가지의 시작, 초감제 베포도업, 자연을 나누어 펼치는 '금가르는 이 야기'이며, 창조의 발생 신화 이야기다. 정리하면, 푸른 물과 검은 물 이 하늘과 땅을 가른 이야기, 하늘과 땅이 한 묶음의 어둠 덩어리에서 '금이 갈려' 분리되었다는 이야기이다. 태초에 하늘과 땅은 마구 뒤섞 여 시루떡 같은 어둠 덩어리였는데 거기에 시간과 방향이 생겨났다. 방향과 움직임이 생겨나자, 갑자년 갑자월 갑자시에 하늘 머리가 자시子時 방향으로 열리고, 을축년 을축월 을축시에 땅의 머리가 축시丑時 방 향으로 열려, 하늘과 땅 사이에 금이 생기기 시작했다. 금이 생겨나자 창조의 균열은 빠르게 온갖 것을 바꾸어 놓아 하늘과 땅을 가르고, 천 지에 만물이 생겨났다.

맨 먼저 하늘엔 별들이 생겨났다. 갑을동방甲乙東方에는 견우성牽牛星, 경진서방庚辰西方에는 직녀성織女星, 병정남방丙丁南方에는 노인성老人星, 임계북방壬癸北方에는 태금성太金星, 삼태육성三太六星에는 선후성별先後 星別, 그리고 하늘 천지왕의 일곱 따님아기 별자리, 칠원성군七元星君인 북두칠성의 별자리, 대성군太星君, 원성군元星君, 진성군直星君, 옥성군繆 星君, 강성군綱星君, 기성군紀星君, 별성군別星君이 도읍하였고, 이어서 월 광月光과 일광日光도 생겨나게 되었다.

어둠 속에서는 천황 닭이 목을 들고, 지황 닭이 날개를 치고, 인황 닭이 꼬리를 치며 울더니, 동녘으로 먼동이 트기 시작했다. 아침이 온 것이다. 어둠이 걷히며 아침이 밝아왔다. 새벽은 새로운 빛의 질서였 다. 천지창조의 그 다음 순서는 무질서를 바로잡는 일이었다.

2° 천지왕 콤플렉스

천지왕天地王은 하늘의 옥황상제이며, 땅의 지부왕地府王은 총명부인이다. 하늘의 천지왕은 세상의 질서를 잡으려고 땅에 내려와 총명부인을 만났다. 지부왕 총명부인은 하늘에서 내려온 천지왕을 맞아 정성을 다해 밥 한 상 지어 올리려 했으나 밥 지을 쌀이 없었다. 고을에는 고약한 부자 수명장자가 살고 있었다. 총명부인은 수명장자 집에 가 장리쌀이라도 꾸어 달라 하였다. 수명장자는 악질이었다. 수명장자는 대미 쌀엔 큰 모래를 섞고, 좁쌀[小米]엔 작은 모래를 섞어서 작은 말[升]로 주었다가 나중에 큰 말[斗]로 받아가고, 궂은 곡식 주었다가 좋은 곡식으로 받아갔다. 총명부인은 이런 장자에게 쌀 한 되를 꾸어 와 얕은 남 바가지에 놓고 삼세 번을 깨끗이 씻어 밥을 짓고 천지왕에게 밥 한 상을 정성으로 차려 드렸는데, 천지왕이 뜨는 첫 숟가락에 돌이 씹혔다. 지부왕 총명부인님아. 어째서 첫 숟가락에 돌이 씹히고 있습니까? 이 고을의 수명장자 집에서는 궂은 곡식

꿔주고 좋은 곡식 받아가고, 작은 말로 꿔주고 큰 말로 받아갔으며, 대미 쌀엔 큰 모래를 섞어 주고, 좁쌀에는 작은 모래를 섞어 파니, 쌀 한 되[카] 꾸어다가 한 번 두 번 삼세 번 씻어 밥 한 상을 지어 올렸는데, 돌이 씹혔군 요. 이 사정을 듣자, 천지왕은 크게 노하여 벼락과 우뢰를 내려 삽시에 악 덕한 부자 수명장자 집을 불태워 버렸다.

앞의 이야기처럼 「천지왕 본풀이」는 땅의 여신이 하늘의 신에게 '곤 밥'을 해서 바친 이야기, '밥이 인간 세상을 열었다'는 창세 신화다. '곤밥'은 흰밥이다. 너무나도 희고 고운 쌀밥이다. 그러므로 「천지왕 본풀이」는 '곤밥'을 먹는 세상을 꿈꾸었던 사람들이 만든 창세 신화 인 것이다. 인간이 동물과 다른 것은 밥을 지어 먹는 문화를 가졌다 는 것이다. 밥은 인간의 음식이며, 신은 인간의 음식을 먹었을 때, 인 간을 닮은 신이 된다. 모든 것을 다 가진 신, 전지전능한 신, 영생불멸 의 신, 세상을 만든 창세주, 신들 중에서 제일 큰 신, 하늘옥황 삼천천 제석궁 어궁의 임금 옥황상제, 제주어의 신의 존칭 '또'를 붙여 말하면 '어궁또'인 천지왕도 할 수 없는 것, 이룰 수 없는 것이 있었다. 천지왕 이 혼자서는 할 수 없었던 일을 우리는 천지왕 콤플렉스라 부르고자 한다. 전지전능한 신이며, 모든 것을 다 가진 천지왕도 혼자서는 할 수 없어, 땅의 여신이자 지혜의 여신 총명부인의 도움을 받고서야 이 룰 수 있는 두 가지 일이 있었다. 하늘과 땅이 갈리고 천지가 밝아왔 을 때, 천지왕이 세상의 질서를 잡아나가기 전에 우선 총명부인을 만 나려고 박줄 타고 지상에 하강한 것은 중요한 두 가지를 얻기 위해서 였다. 땅에 내려와 여신을 만나지 않으면 이룰 수 없었던 것, 천지왕

　　　　　　　　　　　　　　　　　　　　　　　　　두 하늘 이야기

의 콤플렉스를 해소할 두 가지는 인간 세계의 음식인 '밥'을 먹는 법을 배우는 것이며, 지모신 총명부인의 '사랑'을 얻는 것이다. 천지왕 콤플렉스를 극복하는 것은 전지전능한 하늘의 신이 혼자서 이룰 수 없었던 것, 지상의 인간만이 '먹는 밥'과 '하는 사랑'을 땅의 여신을 통해서 배움으로써 인간의 신으로 거듭나는 것이었다.

첫째, '먹는 밥'은 총명부인이 하늘에서 내려온 천지왕에게 대접한 고운 밥, '곤밥'이었다. 은옥미銀玉米를 세 번 씻어 지은 곤밥은 '천지왕이 맨 처음 먹은 인간의 음식'이며, 땅의 생산물이다. 「천지왕 본풀이」에 의하면, 천지왕은 '노각성자부연줄'이란 박줄을 타고 땅에 내려와 땅의 여신 총명부인을 만났고, 여신이 손수 밥을 지어서 대접하였다. 인간의 음식인 '밥'은 하늘의 신에게 대접한 땅의 인간이 먹는 음식이다. 인간 사회, 현실 세계인 이승의 음식을 신에게 대접하는 의식은 신화의 시작이며, 굿 축제의 시작이다. 그것은 '밥의 문화'이며, 우리 문화의 계통을 지시한다. 「천지왕 본풀이」는 '천지왕은 밥을 먹는 신이었다'는 것을 분명히 한다. 우리는 보통 신의 음식으로 양, 돼지, 소 등의 희생犧牲을 바치기도 하며, 소주燒酒나 감주甘酒 또는 고소리술, 오메기술 등의 술(신주神酒)을 빚어 바치기도 한다. 그렇지만 제주 사람이 신에게 바치는 제1의 음식으로 맨 처음 은옥미로 찐 고운 밥인 '곤밥'을 지어 올렸다는 것은 하늘의 신을 인간의 신, 인간처럼 밥도 먹고 섹스도 하는 신, 바로 우리의 신으로 만드는 공양인 동시에 우리의 문화 계통을 이야기하는 것이다. 그러므로 우리의 문화는 우리의 신, 우리의 신화 속의 신, 인간 세계와 소통하는 밥을 먹는 신이며, 신에게 하는 최고의 대접은 가장 깨끗한 쌀로 밥을 지어 바치는 것이다.

천지왕은 인간의 밥 짓는 냄새를 사랑하는 인간적인 신이 될 때, 우리의 창세주로서의 의미를 지니게 된다.

둘째, '하는 사랑'은 모든 것들에서 초연한 신도 인간처럼 느끼는 존재임을 보여 준다. 신도 느낌이 있으며, 인간처럼 사랑을 해야 인간적인 신이 될 수 있다는 것이다. 신들이 사랑하여 태어난 아이가 저승과 이승을 나누어 가졌다는 신화도 「천지왕 본풀이」다. 은유적으로 이야기하면, "하늘[神]은 세상[땅]에 내려와 인간의 지혜를 얻어 한 쌍의 옥동자를 얻었다. 그들이 해와 달이며, 낮과 밤이며, 이들이 이승과 저승을 다스리는 쌍둥이 신, 하늘의 천지왕과 땅의 총명부인 사이에 태어난 소별왕과 대별왕이다."라는 이야기는 천부지모天父地母 신의 사랑으로 인간 세상을 열었다는 것이다.

초경도 지나고, 이경도 지나 삼경 깊은 밤을 다 새우고 천지왕이 하늘 옥황으로 오를 때가 다가왔다. 못다한 사랑을 아쉬워하며 이별해야 할 시간이 다가온 것이다. 지부왕 총명부인이 말을 꺼냈다. "천지왕님아, 지난 밤에 만든 아기 이름 성명이나 지어 주고 가시라." 하니, 천지왕은 다음과 같이 당부하였다. "아들을 낳거든, 먼저 난 건 대별왕, 뒤에 난 건 소별왕이라 짓고, 딸을 낳거든, 먼저 난 건 대별댁이, 뒤에 난 건 소별댁이라 이름 성명 지으시오." 하였다. 그리고 아방[父親]의 본메[徵標]나 놔두고 가시라고 하니, 박씨 세 방울 내어주며 하는 말이, "정월이라 첫 톳날[初亥日]이 되면, 씨앗[苗]을 심어 두 박씨의 줄기가 한 줄기는 옥황으로, 한 줄기는 지붕으로 뻗어가게 하라." 부탁하고, 천지왕은 옥황으로 올라갔다. 그때 낸 법으로 우리 국에서 정월 정해일丁亥日에는 하늘굿[天祭]과 나라굿

[國祭], 그리고 마을 포제酺祭를 하는 법이 생겨났다 한다. 그렇게 하여 천지왕은 하늘옥황으로 올라갔고, 지부왕 총명부인의 한 탯줄에서 아들 형제가 솟아났다. 어머니 총명부인은 약속한 대로 먼저 난 건 대별왕, 뒤에 난 건 소별왕이라 이름 성명을 지었다.

결국 「천지왕 본풀이」는 창세 신화에 등장하는 하늘의 천지왕과 땅의 총명부인의 전지전능한 신성보다는 '밥을 먹는 인간', '사랑을 하는 인간'과 같은 인간적인 면모를 보여주는 신화다.

3° 천지인 삼황에 첫닭이 울다

나는 「천지왕 본풀이」에서 요하문명의 성수聖數 3으로 분화되는 세계관을 발견하고 놀랐다. 「천지왕 본풀이」에서도, 굿의 초감제 베포도업에서도 하늘과 땅과 인간의 세계를 갈라 나가며 천지인황 도읍의 제祭를 이르며 세상을 나누어 가는 과정은 분명 우리 민족의 수數 철학, 3수 분화의 세계관을 이야기하는 부분이었다. 신화는 장엄하게 외친다. 우주 개벽의 순간에 닭 울음소리 들리고, 그리고 새벽이 왔다고.

하늘에선 천황닭, 땅에선 지황닭, 인간에선 인황닭이 동시에 울더니 새벽이 오더라는 우주 창조 신화가 「천지왕 본풀이」다. 새벽을 알리는 전도사 닭이 하늘에서, 땅에서, 인간세에서 일제히 울자, 동쪽 하늘이 밝아와 새벽이 되었다. 그렇다. 새벽은 그렇게 오는 것이다. 아니다. 그런 것이 아니다. 한 닭 울음소리가 깨어나 천지사방으로 퍼져나가더라는 것이다. 셋이 일제히 하나처럼 울었든, 한 울음소리가 천지인 사방으로 퍼져나갔든, 하나가 셋으로 나뉘기도 하고, 셋이 하나로 수렴되기도 한 것이다. 이러한 수 철학이 창세 신화「천지왕 본풀이」에 남아 전해 온다. 그렇게 우리의 창세 신화「천지왕 본풀이」는 "닭 울음소리가 새벽을 가져온다."고 하였다. 거기에는 우리의 꿈과 우주관이 담겨 있다. "성당의 종소리가 울려야 아침이 온다."는 서양 사람들의 정서나 성서의 세계관과는 다르다. 자세히 보면「천지왕 본풀이」에는 닭 울음 뒤에 우리 민족의 '3수 철학'이 숨겨져 있다. 그것에 대해서는 인문학자 우실하 교수의 훌륭한 연구서『3수 분화의 세계관』에서 많은 해답을 얻을 수 있다. 그는 1997년 박사학위 논문에서 '하나이면서 셋이고, 셋이면서 하나'라는 관념을 바탕으로 '하나에서 셋으로 지속적으로 분화되는 일련의 사유 체계'를 '3수 분화의 세계관 The World View of Trichotomy'이라 명명하고, 이러한 사유 체계가 북방 샤머니즘을 공유하고 있는 북방 민족들에게 보편적으로 존재한다는 점을 밝힌 바 있다.

그는 중국 요녕대학교 한국학 교수로 재직할 때, 중국 요하 지방의 고고학 발굴 조사에 참여한 바 있고, 지금까지 20여 년 동안 한결같이 요하문명을 연구해 왔다. 그는 '3수 분화의 세계관'이 체계화된 것은 요하문명의 꽃이라 불리는 홍산문화 후기(기원전 3500년~기원전 3000년)라 지적한 바 있다. 그리고 요하문명은 중원의 황하문명과는 다른 북방 문화로, 성수聖數 3은 고대 문명권에서 보편적인 것이지만, 성수 3의 제곱수인 성수 9와 9의 제곱수인 81을 성수로 사용하는 '3수 분화의 세계관'은 고조선, 고구려, 발해 등의 근거지였던 요하와 한반도, 북방 샤머니즘을 공유한 지역의 고유한 사유 체계라 하였다. 그는 홍

산문화 유적에서도 '하나이면서 셋이고, 셋이면서 하나'라는 3 · 1 관념
을 추론할 수 있는 유물로, 홍산문화 홍륭구 유적지 제2지점 21호 묘
부장용 구더기에서 출토된 도소삼인상陶塑三人像을 소개하고 있다. 도
소삼인상은 세 명이 함께 껴안고 삼위일체가 되어 있는 '흙으로 만들
어 불에 구운 인물상'이다.

　여기서 나는 3수 분화 세계관의 모체가 되는 3 · 1 철학 또는 3 · 1 신
관념의 논리를 제주의 신화에 적용해 보기로 하겠다. 3 · 1 신관은 「천
지왕 본풀이」 이외에도 「탐라국 건국신화」와 「삼승할망 본풀이」에 적
용해 보기로 하겠다. 제주 신화를 살펴보면, 다양한 3수 분화의 사례
가 나타난다. 이 말은 제주의 문화에 북방 샤머니즘의 영향이 두드러
지게 나타난다는 것이다.

　첫째, 제주의 삼성신화를 살펴보자. 삼성신화는 '높은이[高] · 어진이
[良] · 밝은이[夫] 삼성三聖의 신화' 또는 '고씨高氏 · 양씨良氏 · 부씨夫氏 삼성
씨三姓氏의 신화'로 알려진 「탐라국 건국신화」다. 이 신화를 '하나이면서 셋
이고, 셋이면서 하나'라는 3 · 1 신 관념'에 비추어 살펴보면 다음과 같다.

　(1) 삼을나三乙那 삼신인三神人이 모홍혈毛興穴에서 지중용출地中湧出하
여 삼성三聖이 되었다. 삼을나의 '얼라乙那'는 어린아이이니, 이는 세 명
의 어린아이란 뜻이다. 삼신인은 세 사람의 왕이 될 아이, '하나이면
서 셋이고, 셋이면서 하나'인 3 · 1 신神이며, '모毛'는 '삼三'을 하나로
꿴 '곤ㅣ' 모양으로 '셋이면서 하나' 되어 대지의 어머니에서 태어난 셋이
삼성三聖이란 이야기 또한 3 · 1 신 관념에 근거한 것으로 볼 수 있다.

　(2) 삼신인이 세 방향(일도, 이도, 삼도)으로 땅을 나누었다는 것을
풀이하면, '신적인 인간 또는 인간적 신 셋'은 '하나이면서 셋이고, 셋

　　　　　　　　　　　　　　　　　　　　　　두 하늘 이야기

이면서 하나'인 왕이 될 아이였다. 그리고 이 세 '얼라(아이)'는 '품品(어머니의 태 또는 어미의 태와 같은 동굴)'에서 나와 삼사석三射石에서 서로 활을 쏘아 일도, 이도, 삼도로 '셋을 하나씩' 땅을 나누었는데, 이를 삼도분치三都分治라 한다. 이들은 하나의 국가를 세 개의 구역으로 나누어 다스렸다[一國三都分治].

둘째는 「삼승할망 본풀이」에 나타난 3·1 신관이다. 제주의 산신할머니[産育神]는 '삼싱할망', '불도할망', '생불할망'이라 하며, 굿을 할 때는 삼싱할망을 모신 할망상에 '할망송낙'이라 하는 '삼승할망이 쓰는 고깔(송낙)'을 세 개 올린다. 이는 산신産神을 셋으로 인식하는 것이며, 여기에는 북방 샤머니즘의 3·1 신관이 녹아 있다. 산신할머니는 '하나이면서 셋이고, 셋이면서 하나'라는 생각, 즉 3·1 관념이 작용하고 있는 것이다. 요하문명의 중심에 있었던 홍산문화의 유적, 세 명의 여신이 하나가 되어 얽혀 있는 도소삼인상陶塑三人像처럼 제주의 삼싱할망[産神佛道]도 실제로는 '세 개의 할망 송낙'을 삼신의 신체로 생각하는, 3·1 신의 원형이라 할 수 있는 것이다.

삼싱할망이 셋이라는 생각은, 상차림에는 세 개의 송낙을 올리며 이를 '할망송낙'이라 하는 데서, 이것이 아이를 낳고, 아이를 키워주는 삼싱할망(산신할머니)을 상징하니, 제주의 산신産神 불도할망도 '하나이면서 셋이고, 셋이면서 하나'인 3·1 신으로 관념되는 신상임이 분명하다.

분명 제주의 신화 「천지왕 본풀이」, 「초공 본풀이」, 「탐라국 건국신화」, 「삼싱할망 본풀이」에는 고조선 문화와 북방 샤머니즘 문화를 품고 있는 요하문명의 '3·1 신 관념'과 '3수 분화의 세계관'이 뿌리 깊이 스며 있다.

4° 이 세상을 나누는 총명부인

<u>천지왕이 만든 세상은 해도 둘, 달도 둘</u>

천지왕이 만든 광명천지는 사람이 살 수 없는 세상이었다. 천지왕이 꿈꾸던 하늘과 총명부인이 계획하던 지상의 사람이 잘 사는 세상을 다시 한번 그려본다. 하늘 사방에 별이 떠 어둠 위에 오색구름 찬란하고, 은하수가 흐르는 하늘의 별빛 강을 만들었던 천지왕은 하늘의 찬란한 밤을 '꿈 보따리'에 담아 두고, 잠시 꿈에 그리던 지부왕 총명부인을 만나러 '노각성자부연줄'을 타고 '이 세상'에 내려왔다. 그러나 「천지왕 본풀이」의 시작은 천지왕이 하늘이란 '저 세상[저승]'에서 어둠 속에 낙서하듯 만들어 놓은 밤하늘의 별들을 '꿈 보따리'에 담아 두고, '이 세상[이승]'에 내려오기 전에는 그가 만든 광명천지와 우주 만물이 잘못 만들어진 세상임을 깨닫지 못했던 것 같다. 세상을 만드는 과정은 꿈을 현실로 바꿔 가는 과정, 어둠을 색칠하여 알 수 있는 세상으로 만드는 과정이었지만, 천지왕에게는 꿈을 재밌게 그려 놓은 세상 이야기가 없었다. 그러므로 아무것도 없었던 세상을 '왁왁한' 어둠으로 그려 놓고, 조금씩 보이기 시작하는 빛을 하나씩 모아 1만 8천 빛깔들을 색칠하여 결국엔 이게 세상이고 현실이라 설명할 수 있을 만한 세상을 만들었다. 하지만 아직 사람이 세상이라 생각하는 '이 세상'은 아니었다. '세상을 창조한 신들의 이야기'가 창세 신화 「천지왕 본풀이」라면, 천지왕은 자신이 만든 하늘 세상 '저 세상'이 인간이 살수 없는 세상이었던 것을 인간 세상에 내려와서야 알게 되었다. 인간 세상을 만들지 못했다는 것은 하늘의 천지왕이 세상 만들기에 실패했다는 것이다. 땅의 온도, 동물과 식물, 남자와 여자, 사람과 귀신, 선과 악 등 아무것도 모르고 만든 쓸모없는 세상, '저런 세상도 있었냐'는 실패한 세상이었다. 아시다시피 천지왕은 광명천지를 만들기 위해 하늘에 해도 둘, 달도 둘을 내보냈다. 천지는 활짝 개벽이 되었으나, 하늘엔 낮에는 해가 둘이 뜨고, 밤에는 달이 둘이 떠서, 낮에는 만민백성이 '잦아' '타' 죽고, 밤에는 만민백성이 '곳아' '실려' 죽는 세상이었다. 낮은 낮 같지 않고, 밤은 밤 같지 않은, 사람이 살 수 없는 세상이었다. 천지왕은 잘못 만든 세상을 고치고 싶었다.

'이 세상'을 나눌 대별왕·소별왕을 꿈에 보다

「천지왕 본풀이」는 천지왕이 사람이 사는 세상을 모른 채 만든 창조 작업은 모두 실패라는 것을 가르친다. 「천지왕 본풀이」에 의하면, 전지전능한 천지왕의 세상은 인간을 생각하지 않고 만든 세상이었다. 어린아이도 살 수 없는 세상이었다. 세상을 밤낮으로 나누었을 때, 밤은 밤 같지 않고, 낮은 낮 같지 않은, 사람이 살 수 없는 세상이었다. 천지왕이 새벽을 만든 첫 세상, '밝은 세상' '만물을 창조'한 일은 무질서한 세상, 온갖 것이 다 '놉드는 세상'이 되어버렸다. 새도 나무도 사람도 귀신도 다 말하는 세상, 온갖 만물들이 하루아침에 무너지고 파괴되는 세상, 새 세상이 만들어지기 전 천지혼합의 왁왁한 어둠처럼 희망 없는 세상, 꿈도 꿀 수 없는 어지러운 세상이 된 바람에 질서가 필요했다. 첫닭이 울어 새벽은 왔지만, 세상은 오늘[現在]의 끝에 쉬거나 잠들 시간, 즉 밤이 없었기 때문에 잠들었다 다시 일어나 다시 일을 시작할 내일[未來]이 보장되지 않는 무질서한 세상이었다. 무질서한 광명천지 우주만물을 '급가를 맑고 공정한 저울의 신'이 필요했다. 그리하여 저 세상의 천지왕은 이 세상의 총명부인을 만나, 천부지모天父地母의 사랑을 이루었고, 세상을 '급가르는 일'을 맡길 아이를 얻었다. "먼저 난 아이에게 대별왕이라 이름 성명 지어주고, 맑고 공명정대한 지혜로 세상의 질서를 잡게 하고, 아직도 질서를 잡지 못한 무질서한 소일거리들은 동생 소별왕의 영악한 잔꾀로 다스리게 하였다." 그러한 계획을 가지고 천지왕은 세상에 내려왔지만, 세상은 뜻대로 되는 것이 하나도 없었다. 모든 것이 뒤바뀌어 버렸다. 「천지왕 본풀이」에서 천지왕과 총명부인, 그리고 대별왕과 소별왕이 이 세상을 만드는 이야기, 세상을 급가르는 이야기, 세상의 질서를 잡아나가는 이야기를 시작할 때가 된 것이다. 그것은 대별왕도 도업, 소별왕도 도업, 대

　　　　　　　　　　　　　　　　　　　　　　　두 하늘 이야기

별왕 소별왕 세상을 여는, 새로 시작함을 아뢰는 제祭를 이를 때를 말한다.

지상에 내려오기 이전에 천지왕은 '꿈 보따리'에서 총명부인과 약속된 사랑의 꿈 하나를 꺼내 보았다. 천지왕이 꿈을 꾸기 전에 미리 보았던 꿈에는 총명부인과의 사이에 태어날 아이들에게 맡겨질 일인 '세상을 곱가르는 일', 즉 세상의 질서를 세우고, 세상을 제도할 온갖 숙제들이 적혀 있었다.

쌀을 삼세 번 씻으며 돌을 고르다

천지왕의 실패한 세상 만들기는 땅의 여신 총명부인의 지혜를 빌려서 완성된다. 「천지왕 본풀이」는 "땅의 여신, 이 세상의 신, 총명부인이 쌀을 삼세 번 씻으며, 돌을 골라 밥을 지었던 이야기"를 흘려버리지 않는다. 이 이야기는 '맑고 공정한 굿법', 세상의 질서를 만들어가는 이야기로 '가난하지만 착하게 사는 이승법' 이야기다. 여기에서 '쌀을 삼세 번 씻는다'는 것은 '여러 번 계속 씻는다'는 것이고, 이는 '물에 의한 정화淨化'라는 총명한 몸짓 이야기로 완성된다. 총명부인이 만든 '이 세상'은 가난하지만 청결하고 착하게 사는 땅의 세계다.

'천지왕이 돌을 씹은 이야기'를 살펴보자. 앞에서 전지전능한 천지왕도 혼자서 할 수 없었던 두 가지 콤플렉스를 이야기했다. 천지왕은 인간이라면 누구나 먹는 밥을 먹어보지 못했고, 혼자서 사랑도 할 수 없었기에 지니게 된 콤플렉스를 채우기 위해 지상에 내려왔다. 천지왕은 정성으로 지은 밥을 능숙하게 잘 먹을 수 없었고, 그래서 첫 숟가락에 돌이 씹혔다. 인간 세상의 일에 미숙했기 때문이다.

"부인님아, 어째서 첫 숟가락에 돌이 씹히는 거요?"

"천지왕님아, 집안이 가난하여 쌀이 없어 수명장자 집에 장리쌀 한 되 꾸러 갔더니, 백모래를 섞어 주었지요. 꾸어온 장리쌀을 삼세 번을 씻어 밥을 지었는데도 돌이 씹혔군요." 이 말을 듣고 천지왕은 화가 치밀었다.

"수명장자 이놈아, 괘씸하구나. 가난한 사람들에게 쌀을 꿔줄 때, 반은 모래를 섞어 쌀을 꿔주고 부자가 됐구나."

천지왕이 들어보니, 수명장자의 악독한 행실은 끝이 없었다. 수명장자의 아들딸도 심보가 아비처럼 고약하기 그지없었다. 천지왕은 분노가 치밀어 올랐다.

"수명장자, 괘씸하다. 벼락장군, 우뢰장군, 화덕진군을 불러라."

하늘에 명을 내리니, 수명장자의 으리으리한 기와집은 번개가 내리꽂히고 벼락이 내리쳤다. 집은 불에 타 순식간에 잿더미로 변했다. 불탄 자리엔 수명장자가 죽어 있었다. 천지왕은 장자의 아들딸들에게도 벌을 내렸다. 가난한 사람을 괴롭힌 딸들은 꺾어진 숟가락을 하나씩 엉덩이에 꽂아 팥벌레로 만들었고, 아들들은 말 모르는 짐승을 목마르게 했으니 솔개 몸으로 환생시켜 비 온 뒤에 꼬부라진 주둥이로 날개의 물이나 겨우 핥아 먹는 신세가 되게 했다.

악의 징치가 이루어졌다. 이 이야기는 쌀에 돌을 섞는 수명장자의 악행을 천지왕이 하늘의 징벌로 다룬 이야기다. 가난한 총명부인의

 두 하늘 이야기

정결[美]과 부자 수명장자의 더러운[醜] 악행을 이야기하고, 벼락, 우뢰, 번개를 내려 부자의 악행을 징벌한 이야기다.

'쌀을 세 번 씻으며 돌을 고른 정성'은 '너무 곱고 아까운 일'이었다. 밥을 짓는 것과 돌을 고르는 것은 선의 덕목이지만, 돌을 섞어 장리쌀 꿔주고 부자가 된 수명장자의 악행은 징벌의 대상이었다. 질서를 위한 총명부인의 노력, 삼세 번의 반복, 총명부인의 선과 수명장자의 악이 대립하고 공존하는 '이 세상'은 천지왕의 하늘의 법, 우뢰·번개·벼락을 내려 악을 징치하는 하늘 법과는 다른 법을 따르는 세상이다. 쌀을 삼세 번 깨끗하게 씻고 물로 정화하는 맑고 공정한 굿법, 가난하지만 선하게 살게 하는 이승법, 질서를 만드는 굽가르는 법은 대별왕·소별왕의 도업 이전에 '이 세상' 삶의 헌장이었다. 그것은 신화로 말하는 굿법이었다.

"큰굿 하여 '신길 발루기 전'은 맑고 공정한 세상이 아니주."

소별왕이 만든 무질서한 세상을 대별왕의 맑고 공정한 저승법으로 다스리는 굿법이 만들어지기 전에는 모든 게 거꾸로 돌아가고 있었다. 질서의 신 대별왕이 저승의 굿법으로 세상의 질서를 바로잡기 전에는 그랬다.

5° 대별왕의 맑고 공정한 저승법

「천지왕 본풀이」는 천지혼합 때의 도업에서부터 시작하여, 천지개벽을 거쳐 천지인 삼황이 개문하여 새벽을 연 뒤, 하늘의 천지왕이 인간 세상에 내려와서 총명부인에게 인간의 맑고 깨끗한 음식인 곤밥을 대접받고, 하늘의 남자[天父]로서 땅의 여자[地母]와 합궁일을 받아 천상배필을 맺고서 하늘로 올라가는 이야기다.

총명부인이 아이들 이름을 지어달라 하자, 천지왕은 대별왕과 소별왕, 대별댁과 소별댁이라 지으라 하였다. 총명부인이 증거가 될 만한 물건, '본매본짱'이나 주고 가라 하니 농을 꺼내 그 안에서 박씨 세 방울을 꺼내 주었다. 그러면서 하는 말이, "정월 들어 첫 돼지날, 초해일初亥日에 묘苗를 심어, 양 박줄은 하늘로 뻗어가고, 한 박줄은 지붕으로 뻗어가게 하십시오. 그리고 나를 찾아오려면, 쳇돗날[初亥日]에 박씨를 심으면 알 수가 있을 거요." 하였다. 이때 생긴 법으로, 우리 세상엔 정월 초정일 또는 정해일[丁亥日]에 하늘 굿이나 나라 굿을 지내거나 마을의 포제를 지내는 법이 생겨났다는 것이다.

천지왕은 하늘옥황으로 올라가고, 총명부인은 아들 형제를 낳았다. 형제는 열다섯 살이 되어 삼천 선비들이 다니는 서당에 글 공부, 활 공부를 다니게 되었다. 서당에 가면, 양반 선비들이 '애비 없는 호로자식'이라 놀렸다. 형제는 집에 돌아와 어머니에게 아버지에 대해 물었다. 총명부인은 "느네 아방은 하늘옥황의 천지왕이여. 너희 아버지가 주고 간 박씨를 쳇돗날[初亥日]에 심어보면, 알 수가 있을 거여." 하였다.

형제는 총명부인의 말을 따라 쳇돗날 박씨를 심었다. 박줄은 줄이 뻗어 하늘 천지왕의 용상에 감겼고, 형제는 박줄을 타고 하늘나라에 올라 아버지 천지왕을 만났다. 천지왕은 꿈에 만났던 두 아들이 성장하여 박줄을 타고 하늘에 온 것이 기뻤다. 그는 두 아들에게 이승과 저승, 두 개의 세상을 다스릴 법전을 선물로 주었다. 어멍국, 어머니 나라의 이승법과 아방국, 아버지 나라의 저승법을 두 아들에게 나누어주고, 천부지모를 이어 새로운 질서의 세상에서 저승왕과 이승왕으로 거듭 나야 한다고 천지왕은 단호하게 말했다. "하늘의 법은 변할 수 없다. 나는 너희들이 태어나기 전부터 너희 어머니에게 약속한 것이 있다. 두 아이가 태어나면, 먼저 난 건 대별왕, 뒤에 난 건 소별왕이라 지으라 하였지." 대별왕을 보며, "옳지. 네가 마음 착한 형 대별왕이로구나. 너는 인간 세상의 무질서를 바로잡을 이승왕으로 들어서라." 소별왕을 보고는 "옳지. 네가 모든 걸 뒤집어 버리는 문제아 소별왕이로구나. 너는 아무래도 여기 하늘에 남아 모자란 걸 배우며 저승왕이 되거라." 하였다. 천지왕은 마음 착한 형 대별왕의 맑고 공명정대한 지혜로 세상의 질서를 잡게 하고, 마음이 비뚤어진 아우 소별왕은 곁에 두고 가르치면서 하늘의 법도를 가르치려 하였다. 그런데 이승을 차지하고 싶은 동생 소별왕은 꾀를 내어 아버지가 정해 놓은 '하늘의 법'을 뒤바꾸려 하였다. 마음이 비뚤어진 동생 소별왕의 반역은 요즈음 그 흔히 일어나는 반역, 역성혁명이었을까?

"아방국 '저승'이 네 세상이여, 어멍국 '이승'이 내 세상이여." 하는 싸움은 소별왕 때문에 시작된 싸움이었다. 하늘에서 맨 처음 일어난 지혜와 질서의 '급가르기'는 해도 둘 달도 둘이라, 낮에는 타 죽고, 저녁에는 얼어 죽는 세상을 천근 살을 당겨 해 하나, 달 하나 쏘아 새로운 질서를 만든 이야기다. 인간 세상에 달도 둘이 비치고 해도 둘이 비쳐 사람이 살 수 없으니, 천근 활 천근 살을 겨눠 해 하나 쏘아 동해에 던지고 달 하나 쏘아 서해에 던지니, 동쪽 하늘에서 해가 하나 뜨고 서쪽 하늘에서 달이 지는 살 만한 세상이 되었다는 이야기다.

천지왕은 대별왕에게 이승의 질서를 잡게 하였으나, 소별왕은 자기가 형을 제치고 이승왕이 되려 하였다. 그래서 소별왕은 형에게 수수께끼 시합을 제안한다. "옵서. 우리 수수께끼를 내어 이기는 자가 이승을 차지하고, 지는 자는 저승을 차지하는 게 어떨까요?" "그건 그렇게 하라마는, 설운 동생아. 어떤 나무는 밤낮 잎이 지지 않고, 어떤 나무는 잎이 지지?" "설운 형님, 오곡이라 짧은 나무는 주야평생 잎이 안 져도, 오곡이라 속빈 나문 주야평생 잎이 진답니다." "설운 동생아 모르는 말 마라. 대나무는 마디마디 속이 비어도 댓잎은 지지 않는다." "설운 동생아, 어째서 동산의 풀은 성장이 나쁘고, 굴헝의 풀은 성장

　　　　　　　　　　　　　　　　　　　두 하늘 이야기

이 좋을까?" "설운 동생아, 모르는 말 마라. 어째서 사람의 머리털은 길고, 다리의 털은 짧지?" 이 시합에서 동생이 졌다. 이리하여 첫 번째 시합에선 쉽게 형 대별왕이 이겼다. 두 번째 시합은 누가 꽃을 잘 가꾸는가 시합을 하여 꽃이 번성하는 자는 이승을 차지하고, 꽃이 번성하지 않는 자는 저승을 차지하기로 하여 꽃씨를 심으니, 대별왕 꽃은 뿌리는 한 뿌리, 가지는 사만팔천 가지로 뻗어 '번성꽃'이 되고, 소별왕 꽃은 뿌리는 사만팔천 뿌리, 가지는 겨우 한 가지만 남아 점점 시들어 결국은 죽어버린 '수레멸망악심꽃'이 되었다. 그리하여 두 번째 시합도 대별왕이 이기게 되자 소별왕은 잔꾀를 내어 누가 오래 잠을 자나 하는 '잠자기 시합'을 하자 하였다. 두 형제는 잠을 자기 시작했다. 대별왕은 속눈도 감고, 겉눈도 감아 깊은 잠을 잤다. 그러나 소별왕은 겉눈은 감아도 속눈은 뜨고 있다가 대별왕이 키워 무럭무럭 자라 '번성꽃'이 된 대별왕 꽃바구니를 소별왕 자기 앞으로 갖다 놓고, 시들어 '검뉴울꽃'이 되어가는 자기 꽃은 대별왕 앞으로 갖다 놓고 나서, "형님! 아, 큰일 났습니다." 하였다. 대별왕이 일어나 보니 꽃이 바뀌어 있었다. 형이 잠든 틈에 소별왕이 꽃을 바꿔 놓아, 결국 동생 소별왕이 이승을 차지하고, 대별왕은 저승을 차지하게 되었다.

소별왕이 차지한 이승은 혼란한 세상이었다. 새와 짐승이 말을 하고 귀신과 생인을 분별할 수 없는 세상이었다. 게다가 인간 세상에는 살인·역적·도둑·간통이 많고 질서가 말이 아니었다. 소별왕의 능력으론 이승의 혼란을 감당할 수 없었다. 소별왕은 형을 찾아가 질서를 잡아 달라 빌었다. 마음 착한 형 대별왕은 천근 살 천근 활로 앞에 오는 해 하나 쏘아 동해 바다에 던지고, 뒤에 오는 달 하나 쏘아 서해

바다에 던졌다. 새·짐승은 송피 가루 닷 말 닷 되를 뿌리니 혀가 굳어져 말을 못하게 되고 사람만 말할 수 있게 하였다. '질서의 저울'을 가진 대별왕은 저울에 달아 백 근이 차는 것은 산 사람, 백 근이 되지 않는 것은 귀신으로 분별하게 하였다. 산 사람 중 여자의 몸무게는 줄여 백 근이 못 차는 귀신과 같이 남자를 유혹하고 홀리는 능력을 주어 남녀 사랑법도 만들었다. 대별왕은 낮과 밤, 자연의 질서를 바로 잡아 주었으나 인간 세상의 질서는 바로잡아 주지 않았다.

6º 열다섯 성인, 세상에 오시다

타락한 이 세상을 고치는 맑고 청량한 저승법

굿을 시작하면, 맨 처음에 신을 청하는 청신의례로 초감제를 하는 데, 초감제의 맨 처음에 시작하는 베포도업의 마지막 순서인 제청신도업祭廳神都業은 타락한 세상의 굿판에 신들이 내려와 모이게 하는 것이다. 굿판[祭廳]에 하늘과 땅의 모든 신들, 1만 8천 신들이 다 모여야 이제 비로소 굿을 할 수 있는 굿판의 완성을 알리는 것을 '제청신도업'이라 한다. 이 대목은 「천지왕 본풀이」의 마지막 이야기이다. 대별왕 · 소별왕 도업 이후에, 이 세상은 소별왕의 '사람 잡는 악법' 이승법으로 다스리게 되었지만, 사람은 병들고 이울어 죽음의 곡성만 쌓여가는 세상이 되었다. 가난하지만 착하고 지순한 총명부인이 악독한 부자 수명장자에게 장리쌀을 꾸어다 밥을 짓던 시절보다 더 살 수 없는 지옥 같은 세상이었다. 그리하여 천지왕은 세상을 제도할 성인聖人 '지혜의 현자賢者'를 세상에 보내었다. 그들이 열다섯 성인이다. 그러므로 「천지왕 본풀이」는 세상을 만든 창세 신화라 하지만, 구체적으로 말하면, 굿을 통해 세상을 바꾼 이야기다. 병든 사람을 살리는 이야기다. 왜 굿을 해야만 세상을 바꿀 수 있고, 굿을 통해서만 병든 사람을 살릴 수 있었을까? 세상이 타락했기 때문이다. 왜 세상은 살인, 강도, 도적이 많은 혼탁한 세상이 되어 버렸을까? 최고 최초의 사기꾼 소별왕의 잔꾀, '최초의 속임수'가 천부지모의 하늘 법을 바꿔버렸기 때문이다. 「천지왕 본풀이」에 의하면 다음과 같다.

일어나고 보니, 형님 대별왕 앞의 번성꽃(무럭무럭 자라나던 꽃)은 동생 소별왕 앞에 가고, 동생 소별왕 앞에 있던 검뉴울꽃(시들시들 이울어 가던 꽃)은 형님 앞에 가 있었구나. 설운 형님이 말하기를, "설운 동생 소별왕아. 너는 이승법[此生法]을 차지해 이승왕으로 들어서기는 하라마는, 네가 다스리는 인간 세상엔 살인, 역적, 도둑, 간통, 유괴가 많으리라. 그리고 남자 아이 열다섯 세가 되면, 이녁 부인 놓아두고 남의 여자 후리는 일 많으리라. 여자 아이도 열다섯 세만 넘으면 이녁 남편 놓아두고 남의 서방 후리는 일 많으리니, 나는 맑고 청량한 저승법을 마련하여 저승[彼生]을 차지하겠다." 하고는 이 세상의 질서를 마련하기 전에 저승으로 가 버렸다.

— 현용준, 『제주도무속자료사전』, 45쪽.

그리하여, 하늘을 속이고 땅을 속이고, 하늘 같은 아버지와 땅과 같

두 하늘 이야기

은 어머니인 천부지모를 속이고, 마음 착한 형인 저승왕 대별왕을 속인 마음씨 고약한 동생 소별왕이 이승왕이 되어, 이 세상을 차지했기 때문에 이 세상은 악이 들끓는 타락한 세상이 되었다는 것이다. 창조 신화 「천지왕 본풀이」는 굿법인 저승법으로 타락한 이승을 바로잡는 이야기였다.

열다섯 성인 시대의 도래

이제 「천지왕 본풀이」 중 옛날 고대의 역사와 함께 열다섯 성인 도업 제祭를 이야기할 때가 되었다. 「천지왕 본풀이」의 끝 부분은 굉장한 내용을 담고 있다. 인간 세상의 분쟁을 막는 남정중화정려南正重火正黎 도업부터, 천황씨가 다스리던 1만 8천 세로부터 지황씨 · 인황씨 도업, 나무로 집을 짓고 불을 이용하고 물을 이용하고 달력과 해 그림자를 이용하여 시간을 알게 해준 성인聖人들의 도업, 그리고 공자 · 맹자 · 예수 · 석가 등이 타락한 세상에 오셔서 인간을 구하는 이야기를 「천지왕 본풀이」는 아주 조금만 이야기해 주지만, 거기에 담고 있는 열다섯 성인의 이야기는 고대 조선 배달의 역사를 이야기해 준다. 「천지왕 본풀이」에 의하면, 다음과 같다.

대별왕도 도업, 소별왕도 도업하고, 남정중화정려南正重火正黎 도업 제祭를 이르자. 천황씨天皇氏는 나무의 덕[以木德]으로 왕이 되시어, 형제 12인이 무위이화無爲而化하여 1만 8천 세 도업하시고, 지황씨地皇氏는 불을 이

용하는 방법[以火德]으로 왕이 되시어 형제 11인이 각각 1만 8천 세 도업하시고, 인황씨人皇氏는 형제 9인이 분장구주分掌九州하여 15세 4만 5천 6백 년 도업하시고, 그 뒤에 유소씨有巢氏는 태어나 나무로 집을 짓고, 나무 열매를 따먹으며 살았고, 그 뒤에 수인씨燧人氏에 이르니 비로소 부싯돌을 뚫어 불을 내어 사람들로 하여금 불에 구워서 먹는 법을 가르치셨고, 이어서 여와씨女媧氏는 옷을 지어 입는 법을 마련하던 성인 님도 도업하시고, 그 뒤에 태호복희씨太昊伏羲氏가 나시니, 성은 풍성風姓이라, 사신인수蛇身人首, 머리는 사람 머리요, 몸은 뱀 몸이 되니, 팔괘八卦를 그려 글 쓰는 법 가르치고, 시집 가고 장가 드는 남녀 구별법 마련하고, 그물을 놓아 고기 잡는 법을 마련하던 성인 님도 도업하셨네. 그 뒤에, 염제신농씨炎帝神農氏가 나시니 성은 강성姜姓이라, 인신우수人身牛首, 머리는 소의 머리 몸은 사람 몸이 되니, 쟁기와 보습을 만들어 농사 짓는 법을 가르쳤고, 백 가지 풀을 맛보아, 이약감물법以藥鑑物法을 마련하던 성인 님도 도업하셨으며, 그 이후 황제헌원씨黃帝軒轅氏는 방패防牌를 지어 불량배를 막고, 활을 지어 난리를 막고, 수레를 만들어 먼 길을 통행하고, 배를 지어 저 바다를 넘나들게 하던 성인 님도 도업하셨고, 그 이후 전오고양씨顓頊高陽氏는 창의昌義의 아들이요 황제의 손孫이니, 달력[冊曆]을 만들어 밤과 낮을 분간하고, 굴메(그림자)를 보아서 시간을 아는 법을 마련한 성인 님도 도업하셨다. 그 후 부안씨가 솟아나고, 그 뒤로 갈천씨 솟아나고, 요안씨 솟아나고, 본도향씨 솟아나고, 혼돈씨 솟아나고, 적화씨 솟아나고, 이후 소호 금천씨少昊 金天氏가 솟아나고, 하나라 우왕禹王, 상나라 탕왕湯王, 주나라 무왕武王이 권력 싸움이 일어나니, 하늘에선 공자孔子 같은 성인聖人 님을 내리시어 시경 서경 주역을 지어서 악한 사람 선하게 하고, 책을 내어 글을 배워 선

                                    두 하늘 이야기

비 됨을 가르치시던 성인 님들도 도업하셨으니, 열다섯 십오성인 도업을
제 이르자.

　　— 문무병, 『제주도 무속신화』, 81쪽.

「천지왕 본풀이」에 아주 조금 남아 있는 이야기지만, 굿 초감제 배
포도업의 '제청신도업'은 결국 열다섯 성인이 세상에 내려와 타락한
세상을 제도하였다는 이야기를 담고 있다. 소별왕이 이승법으로 다
스리지 못하는 이 세상을 '저승의 맑고 공정한 법'으로 다스리는 '굿
법'이 생겨났다는 것이다. 굿을 하여 세상을 바꾸는 저승법, 굿을 하
여 '신질(신이 가는 길)을 발루는(바로잡는) 굿법'이 생겨났다는 것이
다. 결국 「천지왕 본풀이」의 완성은 천지창조의 완성이며, 신의 세계
와 인간의 세계를 구분하게 되었다는 것이다. 인간의 세상, 현실 세계
가 이루어지기 전의 과거 선천개벽先天開闢과 미래에 올 후천개벽後天開
闢의 미륵 시대를 굿을 통해 현실 세상에 구현하는 것이 「천지왕 본풀
이」인 것이다. 그러므로 이 세상에 열다섯 성인의 강림은 계획된 변혁,
타락한 이 세상을 맑고 청량한 저승법으로 정화하는 굿법의 탄생에 관한
이야기였다. 이를 제청신도업祭廳神都業이라 한다. 열다섯 성인 도업은
1만 8천 신들을 모시고 굿을 하여 타락한 세상을 정화하는 이야기다.
천지창조의 이야기를 통해 인간은 '밥을 먹게 되었고, 사랑을 하게 되
었고, 문명을 꽃피우게 되었다'는 이야기였다. 그러므로 「천지왕 본풀
이」는 창조의 씨앗을 이야기한다. 좋은 세상을 만들기에 실패한 인간
들이 대안으로 제시하는 저승 법전, 굿을 하여 잘못된 세상을 바로잡
는 굿법의 시작을 이야기한다. 「천지왕 본풀이」는 결국 역할이 바뀌어

대별왕이 저승왕이 되고, 소별왕이 이승왕이 되면서부터 악한 이 세상, 즉 현실 세계를 천국으로 만들지 못한 신들을 모아 굿판에서 맑고 청량한 '굿법'에 따라 굿을 하여, '신질을 발루고' 개판 세상을 정화하는 굿의 시작을 이야기해 준다. 굿을 하여 병을 고친다[治病]거나 한을 푸는[解寃] 직접적인 목적도 있지만, 궁극적으로는 이승의 무질서를 맑고 공정한 저승법에 따라 다스리는 것이다. 이 세상은 악이 들끓는 무질서한 세상이 되었지만, 인간은 신을 청하여 굿을 하고, 맑고 공정한 저승법으로 이승의 무질서를 곱가르는 '굿법'으로 인간 세계를 새로운 질서의 이상 세계로 건설할 수 있게 되었다는 것이다.

7° 「천지왕 본풀이」와 옛 기록들

「천지왕 본풀이」와 옛 기록들

우리의 고대사가 하늘의 신 환인이 세운 환국, 환인의 서자 환웅이 세운 배달, 그리고 하늘의 아들 천자 단군이 세운 고조선, 북부여, 고구려로 이어져 조선이라는 나라로 이어졌다. 이 나라가 세계 문명에서 가장 오래된 요하문명, 홍산문화의 중심에 세운 신시의 나라, 배달의 민족국가라 적고 있는 기록은 『환단고기』다. 여기에는 신들인 삼황오제와 「천지왕 본풀이」의 신들, 초감제 '제청신도업'에서 굿판에 불러오는 신들, 하늘의 삼황인 천·지·인황과 태호복희씨, 염제신농씨, 그리고 치우천왕, 그리고 헌원 등이 이야기되고 있다. 그리고 이러한 본풀이의 근거는 몇 해 전에 고인이 된 큰심방 이중춘 옹이 생전에 들려준 증언이다. 그에 따르면 그 이야기의 출처는 사략초권史略初

卷, 즉 중국의 역사서 『십구사략』을 국한문 혼용체로 하여 조선 1772년(영조 48년)에 만들어진 『사략언해』에 나오는 내용이었다. 이는 『환단고기』에 나오는 내용과 같았으며, 그것이 굿본 「천지왕 본풀이」에 남아 전해 온다는 것이다. 태호복희씨, 염제신농씨. 헌원과 치우천황을 중국의 신들이 아닌 우리 민족의 신으로 기록하는 것이다. 그러므로 「천지왕 본풀이」에서부터 우리의 역사, 우리의 신화를 더욱 깊이 관찰해야 하는 이유가 생겼다. 따라서 나는 우리의 신화, 「열두 본풀이」를 다시 검토해 보아야 하겠다고 생각했다.

창세 신화 「천지왕 본풀이」에 보이는 내용들은 『환단고기』에 기록된 사실에 영향을 받은 것으로 보인다. 『환단고기』에는 한민족 고대의 나라 고조선 이전, 6000년 전에 이미 배달(단국檀國), 9000년 전에 환국桓國이 있었다고 한다. 배달은 '밝다'를 뜻하는 '배'와 땅을 뜻하는 '달'이 모여 '동방의 밝은 땅'을 뜻한다. 배달을 달리 '단국'이라 부르는 것도 환단 사상桓檀思想에서 유래한 것이라 하였다.

『환단고기』는 환桓·단檀·한韓의 원뜻, '광명 사상'을 기록하였다. 먼저 '환하다'의 '환'은 이 우주를 가득 채우고 있는 하늘의 광명, 즉 천광명天光名을 뜻한다. '달빛이 환하다', '대낮같이 밝다'라고 할 때의 환이 바로 이 천광명의 환이다. 그리고 '단'은 박달나무 단檀 자인데, 박달은 '밝은 땅'이라는 뜻이다. 즉 단은 땅의 광명, 지광명地光明을 뜻한다. 그래서 '환단'은 천지의 광명이다. 또한 '한韓'은 '인간의 광명', 인광명人光明이다. 그런데 이 한 속에는 환단, 즉 천지의 광명이 함께 내재되어 있다. 인간은 천지가 낳은 자식이므로, 인간에게는 천지 부모의 광명이 그대로 다 들어 있다. 한韓은 그 뜻이 수십 가지가 넘지만, 가장 근본적으로는 '천지광명의 주인으로서의 인간'을 뜻한다. 한 마디로 환국 이래 동북아 한민족의 모든 역사 과정은 실로 환단의 역사라는 것이다.

『환단고기』에 의하면, 신교神敎는 삼신상제님을 모시는 인류의 원형 신앙이다. 그러므로 신교는 '삼신상제님[神]의 가르침으로 세상을 다스린다'는 것이다. 한민족은 '천제天祭'를 올려 상제님에 대한 신앙을 표현하였다. 한민족의 천제 문화는 9000년 전 환국을 연 환인 때부터 시작되었다. "환인 천제께서 천신(삼신상제님)에게 지내는 제사를 주관하였다[主祭天神]."라고 기록되어 있고, 약 6000년 전에 배달을 개척한 환웅천황도 나라를 세우면서 천제를 지냈고(『태백일사』「환국본기」), 단군왕검도 상제님께 천제를 올리고 아사달에 도읍하였다.(『단군세기』) 이와 같이 제천祭天 문화로 나타난 한민족의 상제 신앙은 『환단고기』의 전편에 걸쳐 나타나고 있다.

『환단고기』는 우주 만유가 생성되는 근원을 일신一神이라 정의한다. 일신은 조물주요, 도道요, 하나님이다. 그런데 일신이 실제로 인간의 역사 속에서 작용할 때는 언제나 삼신으로 나타난다. 한 손가락이 세 마디로 되어 있듯이 하나 속에는 셋의 구조로 3수 원리가 들어 있는 것이다.

『환단고기』에서 천자天子는 '천제의 아들'이다. 천제天帝는 상제上帝의 다른 말이므로, 천자는 곧 상제의 아들이라는 말이다. 천자는 상제를 대신하여 땅 위의 백성을 다스리는 통치자요, 하늘에 계신 상제에게 천제天祭를 올리는 제사장이다. 한마디로 천자는 상제와 인간을 연결하는 다리와 같은 존재다. 환국 · 배달 · 고조선 이래로 이 땅은 원래

천제의 아들이 다스리는 천자국天子國이었다고 전한다. 천자의 가장 근본적인 소명은 자연의 법칙을 드러내어 백성들이 춘하추동 제때에 맞춰 농사를 지을 수 있도록 책력冊曆을 만드는 것이었다. 배달 시대에 지은 한민족 최초의 책력인 「칠회제신력七回祭神曆」은 인류 최고最古의 달력이라고 기록하고 있다. 역법에는 숫자가 사용된다. 그래서 책력의 시조라는 것은 곧 숫자 문화의 시조라는 것이다. 수의 기본인 일에서 십까지의 숫자는 9000년 전 환국 시절의 우주론 경전이라는『천부경天符經』에 처음 보인다고 한다. 그런데 한민족이 최초로 창안한 숫자 문화는 여기에 그치지 않는다. 5500여 년 전, 배달 시대의 성인제왕인 태호복희씨가 1에서 10까지 수의 생성과 변화 원리를 찾아내 하도河圖를 그렸고 또한 팔괘를 그었다. 하도는 4200년 전 우 임금이 창안한 낙서洛書와 더불어 동양 수학의 기반이며 상수학numerology의 토대다. 그리고 복희 팔괘는 나중에 문왕 팔괘로 발전하여『주역』의 기초가 되었다.

『단군세기』와『태백일사』에 따르면, 고조선은 기원전 2000년경부터 천문 관측 기술을 보유하였다. 고조선은 감성監星이라는 천문대를 설치하여 별자리를 관측하기 시작하였다. 그 결과 다섯 행성의 결집, 강한 썰물, 두 개의 해가 뜬 날 등 고조선 시대에 일어난 특이한 천문 현상을 오늘날까지 전하고 있다.

『환단고기』는 배달과 고조선이 고대 한국어 문자문명의 발원처라고 한다. 한민족은 배달 시대부터 이미 문자 생활을 영위하였다. 초대 환웅천왕(기원전 3897년~기원전 3804년)이 신지神誌 혁덕赫德에게 명하여 녹도문鹿圖文을 창제하였다. 이것은 가장 오래된 문자로 알려진 기원전 3000년경의 쐐기문자(수메르)와 상형문자(이집트)보다 앞서는 세계 최초의 문자다. 고조선 3세 가륵단군은 이 문자를 수정 보완하여 가림토加臨土 문자를 만들었다. 가림토의 모습은 조선 세종 때 만든 한글과 매우 흡사하다.

「천지왕 본풀이」와 배달의 세 성황: 태호복희씨, 염제신농씨, 치우천왕

백두산의 신시에서 출발한 배달국은 점차 도시국가의 틀을 벗고 동북아의 대국으로 성장하였다. 그 과정에서 특히 세 성황聖皇의 지대한 공덕이 있었다. 그 셋은 태호복희씨, 염제신농씨, 그리고 치우천왕이다.

태호복희씨는 5600년 전 사람으로, 배달국의 5세 환웅의 막내아들이다. '크게 밝다'는 뜻의 태호太昊와 '밝은 해'란 뜻의 복희로 그 이름이 천지광명 사상을 담고 있다. 복희씨는 인류 역사상 최초로 가장 논리적이고 합리적인 수의 체계를 세웠다. 또한 천지의 음(━ ━)과 양(━)을 3수의 원리로 변화시켜 건乾(☰)·태兌(☱)·리離(☲)·진震(☳)·손巽(☴)·감坎(☵)·간艮(☶)·곤坤(☷) 팔괘를 그어 『주역』의 기초를 닦았다. 이로써 인간이 천지 시공간의 변화 법칙을 체계적으로 이해할 수 있는 길이 열리게 되었다. 또한 복희씨는 그물을 만들어 물고기 잡는 법을 알아내고, 야생 동물을 잡아 제물로 삼기도 하였으며, 혼인 제도를 정하고, 구침九針과 금슬琴瑟을 만들어 삶의 편리를 도모하였다.

염제신농씨는 나무로 보습과 쟁기, 호미를 만들고 지력 있는 땅에

씨를 뿌리고 나무를 심고 채소를 재배하였다. 그러므로 신농씨는 농경의 시조요, 동서의학사의 원조다. 또한 시장을 개설하여 천하의 백성과 재보가 모여들어 교역이 이뤄지게 함으로써 도시문명과 산업을 일으킨 주인공이다. 신농씨가 세운 나라는 후손인 유망까지 모두 8대에 걸친 530년 동안 이어졌다.

배달은 14세 치우천왕이 백두산의 신시에서 대륙의 청구로 도읍을 옮김으로써 역사의 전환점을 맞이하였다. 치우천왕은 서방으로 출정하여 지금의 산동성, 강소성, 안휘성을 배달의 영토로 흡수하였다. 그런데 그 틈을 타서 서토 지역의 일개 제후였던 헌원이 치우천왕을 밀어내고 동북아의 천자가 되고자 모반을 꾀하였다. 급히 말머리를 돌린 치우천왕은, 탁록 벌판에서 헌원의 군대와 맞서게 되었다. 치우천왕은 법력이 고강하여 큰 안개를 잘 지었기 때문에 헌원은 매번 참패를 당하였다. 10년 동안 73회 접전을 치른 끝에 헌원은 천왕에게 항복하였다. 그 후 넓어진 강역을 다스리기 위해 도읍을 백두산 신시에서 서토에 가까운 청구靑丘로 옮김으로써 치우천왕의 전성기이자 배달의 전성기인 청구 시대를 열게 되었다.

다음으로 오제五帝를 살펴보기로 한다. 소호금천씨少昊金天氏는 동이족의 조상이고, 그 후손이 건국한 거국莒國은 춘추시대의 대표적인 동이 국가다. 후에 초나라에게 망하였다. 전욱고양씨顓頊高陽氏는 소호금천이 쇠하자 그를 대신해 임금이 되었다. 『사기』「오제본기」에는 "전욱고양은 황제의 손자인 창의의 아들이다"라고 되어 있다. 전욱고양이 죽자 소호의 손자인 제곡고신帝嚳高辛이 임금이 되었다. 제곡고신의 이름은 준俊이고, 성은 희姬다. 할아버지는 소호금천이고 아버지는 교

극蟠極인데 하남성 박亳이란 땅에 도읍을 정하였다.

굿을 공부하다 보니 이런 날도 오는구나. 『환단고기』의 기록은 우리 민족의 창세 신화 「천지왕 본풀이」에 우리 민족 9000년의 역사를 주어 섬기듯 말하는 '심방의 말명' 속에 남아 전한다.

삼승할망 본풀이

1° 아이들을 위한 굿, 불도맞이

생불, 삼싱할망

'생불[新生兒]'은 아기를 말한다. 그리고 '생불할망'은 아기를 지켜주는 할망[女神]으로 하늘 옥황상제의 딸, 명진국 따님이다. 삼승[産神]할망, 생불할망, 불도佛道할망이라 부르며, 할망을 보좌하는 신소미로 업개삼승, 걸레삼승, 구덕삼승이 있다. 아기가 죽으면, 아이를 저승으로 데려가는 할망이 있는데, 동해 용왕의 따님으로 저승할망, 구삼승할망, 구천낭구불법할망이라 부른다.

불도땅에는 '삼승할망'이 있어 아직 성년이 되지 않은 아이들을 보살펴 준다. 아이들의 혼과 넋은 채 굳어지지 않아 세상일에 조금만 놀라도 '넋이 나고 혼이 난다.' 넋이 머리의 상 가마를 통하여 육신의 밖으로 나가 떠돌게 되면, '오마, 넋들라!' 하며 넋을 들여 넣는다. 이렇

게 미완성의 혼과 넋을 굳히며, 아이가 어른이 되어 세속인이 되는 길
이다.

불도맞이

'맞이'라 하는 굿은 신을 맞이하는 굿[迎神儀禮]이다. 신을 맞이하기
위하여 길을 닦는 굿을 특히 '질침굿' 또는 '질치기'라 한다. 이러한 길
을 닦는 의례는 '신길을 바로잡는' 것이며, '다리를 놓는' 것이다. 신
길을 바로잡는 것은 신이 오시는 길, 인간이 죽어서 저승으로 가는 길
을 닦는다는 것이다. 이 길을 닦아 하얀 광목천을 깔았을 때, 길은 완
성된다. 그 길은 신과 인간이 만나는 길이며, 망자가 이승의 미련을
버리고 저승으로 고이 갈 수 있는 길이다. 불도맞이는 아이를 잘 낳
게 하고, 아이를 십오 세까지 잘 키워달라고 산육신[産育神] '삼싱할망'
에게 비는 산육·기자의례産育祈子儀禮다. 불도맞이는 초감제에서 먼저
세상에 자연이 생겨나고 세상이 갈리는 베포도업, 굿하는 시간과 장
소를 알리는 '날과국 섬김', 굿을 하는 사연을 고하는 '연유닦음'을 한
뒤, 하늘 신궁의 문을 여는 군문열림 그리고 이어서 새도림, 오리정신
청궤, 주잔권잔, 산받아 분부사룀, 본향듦, 본주절시킴을 한다. 그다
음으로 추물공연出物供宴, 수룩침(원불수룩), 할망다리추낌, 구삼싱냄
(수레멜망악심꽃 꺾기), 꽃씨드림(서천꽃밭 물주기), 할망질침, 꽃타래
듦, 역가올림, 할망다리 나수움, 석살림굿으로 끝을 맺는다.

군문열림의 '군문'은 하늘 신궁의 문이고, 신들이 굿판에 들어오는

'굿문'이다. 심방이 도랑춤[回轉舞]을 추어 빙글빙글 돌며 신들과 감응하여 하늘 신궁의 문이 모두 열리면, 신들은 이 세상에 하강[下降]하여 내린다. 군문열림은 하늘 신궁의 문을 여는 것이며, 열린 하늘 신궁의 문을 통해 신들이 하강하여 지상에 내려오게 하는 강신의식이다.

새드림은 군문열림을 하여 신궁의 문을 연 뒤, 하늘의 은하 봉천수 맑은 물을 떠다가 제장의 부정을 씻고, 신이 하강하는 길의 모든 사[邪]를 쫓아, 굿판의 부정을 씻어내는 동시에 환자의 몸을 아프게 하는 병[病], 마음의 부정까지 쫓아내어 새[邪]를 다리는 의례다. 군문이 열리면, 신칼점을 쳐 군문이 열린 금을 알아본 뒤에 심방은 본주에게 신의 뜻을 전하는 분부사룀을 한다. 이렇게 하여 신에게 술을 권하는 주잔권잔을 하고 추물공연에 들어간다. 추물공연은 신들을 모시기 위하여 내어 놓은 제물, 즉 출물[出物]을 갖추어 대접하는 공연 의례다. 추물공연은 각 당클에 모신 신별로 안팎 공시상을 차려 앉아서 장구를 치면서 "ᄌᆞ소주에 게알안주 상받읍서." 즉 술과 계란 안주를 잡숫고 가시라며 옥황상제부터 하위신까지 젯드리에 따라 신들을 불러 대접해 나간다.

수룩춤은 제주도 큰굿의 불도맞이에서 아기 낳기를 간절히 비는 원불수룩제, 즉 젯북제맞이굿에서 추는 기원무[祈願舞]다. 불도맞이 소제차인 원불수룩제를 수룩침이라 하는데, '수룩'은 수룩재[水陸齋](바다와 육지의 귀신을 위하여 지내는 제사)에서 따온 말이지만, 무속에서는 '법당에 가서 부처님에게 원불수룩[願佛水陸]을 드린다'는 의미로 쓰인다. 따라서 수룩침은 '수룩연물[巫樂]을 친다'는 뜻이다. 심방은 이 연물에 맞춰 수룩춤을 추면서 삼승할망에게 아기[生佛] 낳기를 간절히 기원한다.

'할망다리추낌'은 할머니가 오실 다리를 추키는 것이다. 다리를 추켜야 신길이 된다. 그러므로 할망다리추낌은 이 신길을 추킬 때 추는 춤이다. 심방이 광목천(신다리)를 마구 흔들며(추커서) 뱅글뱅글 돌려서 큰 나선형이 되게 하면, 광목천은 화려하고 생동감 넘치게 공중을 돈다. 그다음에는 광목천을 큰 나선형이 되게 돌리다가 다시 힘 있게 한 발 한 발 위로 끌어올려 뒤로 넘기며 춤을 춘다. 이렇게 하여 광목천(신다리)을 추키면 '신령한 다리'가 만들어지는 것이다. 시각적 효과가 큰 굿춤이라 할 수 있다.

'수레멜망악심꽃 꺾음'은 억새로 만든 악심꽃을 양손에 들고 달달달 떨며 "수레멜망악심꽃은 모두 오독똑끼 꺾어 맞자." 하며 계속 꺾어나간다. (집안에 돌아가신 영가들의 이름을 거느리며 "○○ 꺾어간 것도 오독도끼 꺾어 맞자"는 말을 반복한다.) 이어서 '꽃씨드림(서천꽃밭 물주기)'을 하는데, 서천꽃밭, 삼천천제석궁 당클에서 생명꽃(동백꽃)을 따서 손에 들고, 동백꽃 가지로 머리에 얹은 물동이의 물을 사방에 뿌리며 노래를 부르는 대목을 '거부춘심'이라 한다. 이어서 '메어들어 석살림'을 하는데, 이렇게 할망다리를 당기면서 방안으로 개어 들이는 것을 '할망다리 나수움'이라 한다.

모든 맞이굿은 마당에 젯상을 따로 차려 진행하는데, 특히 심방집 굿은 안팎 공싯상이 있으므로 굿의 진행도 마당과 마루를 오가며 진행한다. 맞이굿의 끝에는 대상신의 다리를 당주방으로 모셔 들인다. 이를 '메어든다' 또는 '~다리 나수운다'고 한다. "마흔여덟 상청다리, 서른여덟 중청다리, 스물여덟 하청다리 나숩고 나수자." 하면서 심방은 할망다리를 밖으로 당기고 본주는 당주 방으로 당겨 결국은 방안으로 메어 들이게 된다.

할망다리를 메어 들고 나면 '석살림굿'을 하는데, 이 굿은 궤궤잔잔하게 가라앉은 제장에 신명을 불어넣어 신나락하게 하고 신과 제장의 심방과 구경꾼 모두 춤을 추며 노는 뒷풀이굿이다. 이 굿의 순서는 향촉권상, 바랑탐, 덕담, 군웅덕담, 조상 본풀이, 탐불이나 서우제소리로 진행된다.

생불신화 「삼승할망 본풀이」

아이가 태어나서 열다섯 살이 될 때까지 키워주는 산육신産育神을 산신할머니(삼승할망, 삼싱할망)라고 한다. 이 여신은 어미의 태로부터 아이를 받는 신[産婆神]이란 뜻에서 '생불왕' 또는 '생불할망'이라고도 한다. 아이의 신 삼싱할망이 아기업저지 신들을 거느리고 살고 있는 곳을 '불도땅'이라 한다. 아이의 나간 넋을 들이는 할머니가 삼승할망이다. 불도땅에는 어미의 자궁으로부터 아이를 해복하는 방법을 몰랐기 때문에 하늘나라에서 온 명진국 따님과 꽃 가꾸기 싸움에서 져서 '생불왕'이 되지 못하고 아이의 넋과 몸을 저승으로 데려가려는 불행한 미녀신이 있다. 이 동해 용왕의 따님을 저승할망, 또는 '구삼싱할망' 또는 '구불법할망'이라 한다. 어느 날, 동해 용왕의 딸이 석함에 담겨 바닷물에 띄워졌다. 석함은 동해 '처녀물가'에서 뭍에 올랐고 거기서 인간 세상의 임박사를 만났다. "나는 인간에 생불(아기)을 주기 위해 왔노라." 동해 용왕의 딸은 임박사 부인에게 잉태를 주었다. 하지만 해산하는 방법을 몰랐기 때문에, 임박사의 부인은 열두 달이 넘어

　　　　　　　　　　　　　　　　　　　　　　　두 하늘 이야기

사경에 이르렀고, 은가위로 산모의 겨드랑이를 끊고 아기를 꺼내려다 산모와 아기가 모두 죽게 되었다. 하늘 명진국의 딸은 옥황상제에게 물었다. "옥황상제님아, 어찌 생불(아이)을 주고 환생을 줍니까?" "아방 몸에 흰 피 석 달 열흘, 어멍 몸에 검은 피 석 달 열흘, 아홉 달 열 달 준삭 채워, 아기 어머니 늦은 뼈 빳빳하게 하고, 빳빳한 뼈는 늦추어 열두 구에문[陰門]으로 해산[解腹]시켜라."는 명을 받고 생불왕이 되어 사월 초파일 날 인간 세상에 내려왔다.

동해 용왕 따님아기와 명진국 따님아기는 서로 생불왕이라 우기며 싸웠다. 옥황상제는 꽃씨 두 방울을 내주며 서천꽃밭에 꽃씨를 심고 꽃이 번성하는 대로 생불왕을 구별하라 하였다. 동해 용왕따님 아기가 심은 꽃은 뿌리도 하나요, 가지도 하나요, 순도 겨우 하나 돋아 있는데, 가지는 4만 5천 6백 가지로 번성하고 있었다. 그래서 동해 용왕 따님아기는 죽은 아이의 영혼을 차지한 저승할망(＝구삼싱할망)이 되고, 명진국 따님아기는 삼승할망(＝생불왕)이 되었다.

명진국 따님아기는 아양안동 금백산 밑에 으리으리한 누각을 짓고, 문 밖에 60명의 업저지, 문 안에 60명의 업저지를 거느려 좌정하였다. 한 손에 번성꽃, 한 손에 환생꽃을 쥐고 앉아서 천리를 보고 서서 만리를 보며, 하루에 만 명씩 잉태를 주고 해산을 시켰다.

2° 삼승할망 본풀이와 풍요다산의 수

불도맞이 상차림

1) 아이들의 신, 삼승할망과 칠원성군

아이를 위한 굿인 '불도맞이'의 상차림은 다음과 같다. 앞에는 제를 진행하는 데 필요한 데령상, 공싯상, 보답상을 차린다. 뒤에 마련한 불도할망 상차림은 2단 상하 2층으로 구성되는데, 아래층은 북두칠성을 모셨다고 하는 칠원성군상이다. 위층은 옥황상제의 딸 '명진국 따님아기' 삼승할망상이라 하는데, 위 할망상에는 '할망송낙'이라 하는 세 개의 고깔과 세 그릇의 메와 제물을 올리고, 아래층에는 칠원성군 송낙이라 부르는 일곱 개의 고깔과 일곱 그릇의 메와 제물을 올린다. 상차림으로 보면, 삼승할망은 3신위이고, 칠원성군은 7신위라는 것이다. 삼승할망은 아이를 낳게 하는 신이고, 칠원성군은 아이를 길러주는 신이다. 삼승할망은 어머니의 뱃속에 아기를 배게 하고, 열 달 준삭이 차면 어머니의 뱃속에서 출산하게 해주는 포태胞胎와 출산出産의 신이다. 삼승할망을 천지부모의 몸에서 태어난 '명진국 따님'이라 하는데, '할망송낙'이라 하는 고깔을 세 개 올리는 것을 보면, 산신産神을 셋으로 인식하는 것이며, 여기에는 북방 샤머니즘의 3·1 신관에 입각하여 산신할머니는 '하나이면서 셋이고, 셋이면서 하나'라는 생각, 즉 3·1 관념이 작용하고 있다고 볼 수 있다. '세 개의 할망 송낙'을 3신의 신체로 생각하고, 세 개의 송낙으로 모신 불도할망은 '하나이면서 셋이고, 셋이면서 하나'인 3·1 신의 원형적인 모습의 신상으로 관념되는 것이다. 이와 같은 추론에 따른다면, 아래층에 모신 아이들을 길러주는 북두칠원성군의 일곱 개의 송낙 역시 북두칠성 일곱 개의 별을 모두 일곱 명의 '북두칠원성군'으로 모시고 있는 것이라 볼 수 있다. 그리하여 아이를 낳게 하는 수 3과 아이를 기르는 수 7의 조합에 의한 '3×7' 또는 '7+7+7'이라는 수의 조합, 아이를 낳고 기르는 생명의 수 '21'이 생겨난 것이다. 아이를 위해 비는 신당의 제일이 7일, 17일, 27일이며, 3·7일에 가는 당이 산육·치병의 기능을 지닌 신당이라는 것도 같은 이치다.

2) 별을 세며 생명의 수를 배우던 칠석날

삼칠일은 칠七이 세 번 겹치는 칠월 칠일의 저녁, 칠석날 밤을 말한다. 그날, 하늘의 별들, 북쪽 하늘 중심에 있는 북두칠원성군이 빛나고, 하늘 가득 은하수가 흐르고, 은하수에는 하늘 삼신상제님의 사자인 까마귀와 까치 떼가 다리를 놓은 오작교 위에서 견우와 직녀가 만난다. 7은 북두칠원성군 신화의 공간을 통칭하는 하늘 칠성 날을 설명하는 숫자다.

북두칠성 일곱 별들은 아이를 키워주는 칠원성군[七星]이며, 이 신들은 땅에 내려와 인간의 수복을 관장하고 아이를 키워주는 칠일신[七星] 이야기로 확대된다. 이날 칠성점七星占을 친다. 칠성점은 칠석날 밤에 여름철의 대표적인 별자리인 북두칠성, 직녀성, 견우성을 바라보아 농사의 풍흉을 점쳐 보는 풍속이다. 7월 7일에는 부인들이 밤에 칠성단을 마련해 놓고 음식을 차려 집안이 잘 되라고 복을 빈다. 이를 칠석고사, 칠성고사, 칠성제라 한다. 특히 제주도에서는 칠석날 밤 집 마당에 병풍을 치고 북두칠성을 나타내는 일곱 명의 신위 칠원성군의 일곱 개 송낙(고깔)을 올려놓고, 제물을 각각 일곱 그릇씩 진설하고, 칠원성군께 아이들을 병 없이 무탈하게 잘 키워달라 비는데 이를 칠원성군제 또는 칠성제라 한다.

그리고 칠석날에 아이들은 누나와 함께 밤하늘의 별을 세었다. "별하나 나 하나, 별 둘 나 둘, 별 셋 나 셋……" 하며 별을 세는 셈법의 대상은 셀 수 없이 많은 은하계의 별이다. 자기가 셀 수 있는 별의 수를 잊지 않으려고 애를 쓰며, 별을 세는 수만큼 나를 세는 셈법에서 나의 머리는 별을 담는 그릇이었다. 무수히 많은 별들 중 내가 세는 별의 수는 '나라는 별을 담는 그릇'에 담기고 내가 보는 세상, 우주가 형성돼 간다. 별은 존재가 되고 생명이 된다. 명멸하는 별들 중 내가 세는 하늘의 별 수만큼 땅에는 나와 같은 존재[生命]가 있고, 하늘의 별의 수만큼 땅에는 사람이 산다는 생명론이 형성되는 것이다. 하늘의 별만큼 많은 사람이 세상에 산다는 것이니, 별이 지면 지상에서 사람

　두 하늘 이야기

도 죽는다. 별이 하나 생겨나면, 지상에 아이가 하나 태어난다는 꿈은 상상력이었지만, 지금 와서 생각하면 우주를 넘보는 철학적 사유의 싹을 키웠던 건 아니었을까 싶다.

별의 수만큼 땅에 사람이 산다는 것은 하늘에는 자기의 별이 하나씩 있다는 것을 의미한다. 그러므로 어머니는 아이에게 별을 가리키며, "저 별은 아빠 별, 저 별은 엄마 별, 저 별은 삼촌 별, 저 별은 순동이 별, 저 별은 영자 별……" 하면서 별들의 주인을 정해 주었다. 하늘의 별들은 이승의 호적등본처럼 생명을 갖게 된다. 이와 같이 어머니가 아이에게 부여한 자기의 별과 주위의 별들을 관계 짓는 하늘의 별 이야기는 땅의 생사의 문제와 연결된다. 생명을 잉태한 별은 지상의 생명과 연결되어 사람의 장수·수복과 연결되고, 죽음을 재생하는 굿, 산육·치병의 굿을 통해 생명의 원리를 만들어냈다. 별에 저마다 임자가 있다는 것은 별이 가리키는 운명을 지니고 태어났다는 별의 성명학이며 칠성점이다. 이는 칠성풍수학의 출발이다. 이러한 칠성운수는 하늘의 별이 소멸하고 생성하는 것을 땅의 인간(생불=아이)이 출생하고 사망하는 것과 동일시하는 데서부터 비롯한 것이다.

어린아이의 마음에서 비롯된 별 이야기는 별의 과학으로서 하늘 칠성[北斗七星]의 과학인 칠성천문학의 근거가 되었다. 이제 별과 땅의 인연을 찾는 과정에서 하늘에서 귀양 와 마을의 본향당신이 된 '별공주따님애기'의 신화와 함께 남방에서 들어온 사신칠성 이야기까지 칠성신화들을 살펴볼 것이다. 동시에 하늘과 땅의 칠성(뱀과 용으로 상징되는 칠성)의 주술인 칠성풍수학 또는 칠성신화학에 대한 이야기까지 논의를 확대할 예정이다. 하늘의 별들의 세계를 땅 위에 건설하면서, 다

산, 수복, 장수의 수 7의 관념을 만들었으며, 그 수의 체계는 한민족의 보편적인 관념 체계를 아우르면서 일반 신화에서 파생된 제주의 칠일신七日神 일뤠할망 신화로 나가게 된다. 이는 탐라 문화의 특성을 제법 드러내기도 한다. 제주의 당신화는 산육신 신화이며 생산 신화로, 칠일신 일뤠할망 신화이다. 이 신화의 발생은 제주 고대 탐라인들의 생각들, 별의 탄생과 사람(또는 생명)의 탄생을 동일시했던 데서 연유하는 칠성수리학, "하늘의 별은 땅의 사람 수와 같다."는 아름다운 상상력에서부터 연유하였다는 것이다.

3) 땅에 태어난 별, 생불은 '생별'이다

이 세상에 새로 태어난 아이는 '살아 있는 별', '생별→생불'이다. '하늘의 별과 땅의 생명의 상징'인 칠성은 넓게 쓰여, 별, 용, 뱀 등으로 상징되고, 여러 가지 변신 모티프들을 지닌 생명 신화를 만들었다. 세상이란 땅에는 문제가 많듯이 하늘에는 별이 많다. 하늘에 별이 많은 만큼 지상에는 사람이 산다. 하늘에 별 하나 태어나면, 땅에는 아이가 하나 태어난다. 그러므로 이 신생아를 생불生佛(땅에 새로 태어난 별)이라 하는 것이다. 옛날 조상들은 왜 별의 수와 사람의 수가 같다고 생각했을까. 하늘에는 무수한 별이 반짝이고, 그 별들은 땅에 내려와 아름다운 아이, '물애기' 또는 별 같은 아이, 새로 태어난 별, 생별(생불)로 탄생한다는 신화적 상상력이 생명 신화「삼승할망 본풀이」를 비롯한, 많은 칠일신七日神 신화를 만들어 냈다. 또 아이를 생불이라 하는 것과 아이를 낳아주고 길러주는 삼승할망을 불도할망, 생불할망이라 부르는 데서 그 뜻을 추적해 볼 수 있다. '불'과 '별'은 어원이 같

두 하늘 이야기

다. 원래는 같은 뜻 '불이 탄다'는 뜻의 명사형이다. 별은 하늘에서 반짝반짝 빛나는 불, 불은 이글이글 타는 불, 살아 있는 불, 생산의 불이란 뜻으로 쓰이면서 신화적 의미를 함축한다. '생명이 살아 있는 불'이란 의미에, 부처[佛]의 의미가 합쳐져 '생불'은 아이라는 뜻이 되었다. 이렇게 보면 별이란 말이 생명의 의미를 담아 생명과 다산, 풍요와 산육의 신으로 전의되는 것은 타당성이 있어 보인다. 그리고 생불이 아이라는 의미는 앞의 두 가지 가설 아무 데 갖다 붙여도 의미가 통한다. 아이를 생불이라 부르는 것은 아이가 '살아 있는 별(불)'이기 때문이다.

3° 탯줄을 끊는 무의, 삼승할망

탯줄을 끊는 산파, 삼승할망

제주의 산육신 신화 「삼승할망 본풀이」에는 꼭 알아 두어야 할 낱말이 있다. 예로부터 자주 써 왔지만, 지금의 젊은 사람들에게는 생소해진 단어다. 예를 들면, 아이를 이르는 '생불'이라 하는 낱말이다. 아이를 잉태시켜 주고, 낳아서 열다섯 살까지 길러 주는 산육신, '삼승할망'을 '불도할망', '생불할망'이라 한다. 또 아기가 죽으면, 아기를 저승으로 데려가는 신을 '저승할망', '구삼승할망'이라 한다. 그리고 삼승할망이 아기를 키우는 데 필요한 어깨삼승, 걸레삼승 같은 보좌 신들을 거느리고 아기를 키워주는 땅을 '불도땅'이라 한다. 그리고 아이를 위한 굿, 아이를 낳고 기르고 아기가 병들었을 때, 넋 났을 때 하는 굿을 '불도맞이'라 한다. 그러므로 '불도' 또는 '생불' 같은 생소한 말

         두 하늘 이야기

들로 된 문장, "'생불'을 위해 '불도땅'의 '불도할망'을 청하여 '불도맞이' 굿을 했다."는 문장은 "아기를 위해 '아기를 열다섯 살까지 키워주는 땅(불도땅)'의 삼승할망을 청하여 '아기를 위한 굿(불도맞이)'을 했다."고 풀이할 수 있다.

삼승할망은 아이를 포태, 출산, 생장, 치료해 주는 신이자 의사이며 심방[巫]이다. 그러므로 삼승할망을 탯줄을 끊어주는 '태胎할망', 넋 나간 아이의 넋을 들이는 '넋할망'이라 한다. 왜냐면, 어머니의 자궁 속에서 아이가 자라면, 어머니와 아이를 이어주는 '삼줄'이자 '탯줄'인 '새끼[兒孩]줄'을 끊어 새로운 생명을 잉태하게 하는 '생명의 신'이기 때문이다. 그러므로 삼승할망은 '탯줄'을 끊는 외과의사이며 심방인 '태할망'이다. 삼승할망은 예로부터 의사가 없는 마을마다 있어 아이의 넋을 들이고, 아이를 가진 임산부의 해산을 도와주며, 탯줄을 끊어주는 산파였다. 또한 마을 본향당本鄉堂을 매고 있는 '당을 관리하는 당하니[堂漢]'였으며, '당 맨 심방[世襲巫]'이었다. 삼승할망은 '아이를 받는 할망'으로 오늘날의 조산원, 산부인과 의사의 역할을 하였던 것이다. 지금도 사람들은 병원에 가듯 당에 가서 정성을 다해 빈다. "일뤠당(이렛당)에 강 할마님안티 빌민, 아기 아픈 거 다 낳나(이렛당에 가서 할머니께 빌면, 아기 아픈 거 다 낳는다)." 하며 심방(삼승할망)을 데리고 당에 가서 신에게 정성을 다해 빈다. 이는 현대 과학을 맹신하는 사람들이 기계적으로 병원에 가서, "의사에게 진찰을 받고, 주사 맞고 약을 타다 먹으면 병은 치료된다."고 믿는 것과 같다. 마을의 성소聖所 본향당은 속화된 현실계에 존재하는 불교의 사찰이나, 기독교의 교회나, 천주교의 성당처럼 하늘과 통하는 영적이고 성스러운 공간, 우주의 나무[宇宙木]인 당나무[神木]가 서 있는 곳이다. 동시에 병원처럼 가서 신께 빌면, 영적인 치료도 이루어지는 우주의 중심이며, 마을의 심장이며, 배꼽, '옴파로스'다.

탯줄의 의미

　제주의 산육신 신화「삼승할망 본풀이」에 관련된 몇 가지 이야기를 쓰려는 중이었다. 삼승할망의 '탯줄'을 끊는 이야기를 시작하려고 여러 자료를 찾을 때 딱 맞는 자료를 찾았다. 의사가 쓴 탯줄 이야기이며, 탯줄의 인류학적 의미, 신화적 의미까지 확대해 나간 옥 같은 연구서였다. 인간 출생의 신비한 과정이 어떻게 신화로 창안되었는지를 탯줄이라는 코드를 통해 흥미진진하게 설명해 주는 책. 인류학, 신화학에 해박한 의사가 아들과 함께 중국, 일본, 그리스 등 전 세계를 답사하고 자료를 모으며 발품을 팔아 쓴 열정의 인류학 보고서『탯줄코드—새끼줄, 뱀, 탯줄의 문화사』(김영균 · 김태은 지음)였다. 이 책은 읽으면 읽을수록 깊고 넓은 열정과 사랑을 느낄 수 있었다. 다각도로 열려 있는 시선을 접하고 정말 고마웠다. 그의 글을 필요한 만큼 퍼나르면서, '탯줄'의 의미를 정리할 수 있었다.

　배꼽 이야기부터 해보자. 옴파로스는 라틴어로 '배꼽'이라는 의미를 가진 말이다. 그리스 사람들은 델포이를 세계의 중심으로 보았고, 델포이의 중앙에 있는 아폴로 신전 안은 중심의 중심, 배꼽에 해당하는 곳이자 '가장 신성한 장소'라고 보았다. 그리스인들은 이곳을 '우주의 중심' 옴파로스라 생각했다. 따라서 아이의 탯줄을 자른 자국, 배꼽은 성스러운 돌이다. 이곳으로부터 우주 나무가 자라 천상의 세계와 연결되는 것이다. 태아는 탯줄이 절단되면서 빛의 세계에 사는 여느 인간과 같은 존재가 된다. 탯줄은 태아와 함께 어둠에서 빛을 보았으며, 두 세계를 경험하게 된다. 아이는 모태 자궁에서 인간 세계로 이행되어 가는 중간자이며, 이 두 세계를 연결하는 매개자로, 생명을 얻었을 때는 '빛의 세계'로 나왔다가 죽어서는 '모태 자궁-땅'으로 돌아가는 '인간'이다. 탯줄은 천지를 잇는 끈이며, 우주나무로서 세계의 축이다. 탯줄이 절단되고 남은 부위는 배꼽이 되고, 이 배꼽은 우주의 중심에 있는 '세 개의 구멍', 탐라의 배꼽 옴파로스다. 탐라국의 1번지, 광양당은 본향당이며 천제를 지내던 제단 삼성혈이었다. '세 개의 구멍'은 하늘과 땅을 연결하는 유일한 하늘길이며 신이 오르내리는 사다리 역할을 하는 곳이다. 우리들은 모두 거꾸로 선 나무가 된 적이 있었다. 자궁에 수정란이 착상한 이후, 임신 2주째부터 태반이 형성되기 시작하여 4개월 무렵이면 배아胚兒의 탯줄 형태가 보이고 태반에 매달리는 형상이 시작된다. 마치 땅 속에 심었던 콩에서 뿌리줄기가 돋아나기 시작하는 것과 비슷하다. 임신 2개월이 되면 배아는 사람의 기본적인 모습을 갖추므로 이때부터는 배아가 아니라 태아로 불리며, 이제는 거꾸로 선 나무의 완연한 형상을 보인다. 푸른 하늘빛 속에서 나뭇가지와 잎이 바람에 흔들리는 것처럼, 태아도 양수 속에서 움직이며 성장해 간다. 심리학자 로이드 데모스Lloyd De Mause는 뱀이 인간의 탯줄을 반영한다고 하였다. 고대인들은 탯줄이 뱀의 형상과 닮았으므로, 뱀에 관심을 갖게 되었고, 뱀의 생물학적 특성과 생태를 탯줄에 투영

시켰다. 고대인들이 뱀을 통해 본능적으로 느꼈던 공포는 결국 죽음
에 대한 공포였으며, 이는 재생과 영생의 소망을 불러일으켰다. 뱀은
탈피脫皮를 통해 다시 재생되는 것으로 믿어졌으므로 뱀은 생명이요,
부활의 상징을 가질 수 있었다. 모태와 태아를 연결하는 생명줄인 뱀
이 유전자를 가진 아기의 생명을 유지시켜 주는 신성한 매개자인 것
이다. 하지만 한편으로는 아기가 탄생할 때, 이 뱀을 절단하지 않으면
아기는 이 뱀에 의해 죽음에 이를 것이다. 그러므로 뱀과 탯줄이 갖는
생명과 죽음이라는 극단적인 상징은 서로 동시에 투영되어 동일시될
수 있었다. 새끼줄처럼 꼬인 뱀과 탯줄, '탯줄-뱀-새끼줄'의 상징 체
계는 메소포타미아 문명의 하나인 믹스테카 문명의 고문서에 잘 나타
나 있다.

우리말에서는 꼬아진 끈으로서의 '새끼줄'과 탯줄로서의 '새끼줄'이
같은 단어로 쓰이고 있다. 우리말의 '새끼줄'은 위의 두 가지 의미를
한꺼번에 통틀어 만들어진 것이다. 인간은 모두 '새끼줄'을 받고 태어
나지만, 아득히 먼 옛날, 인간의 시조는 풀 지푸라기로 만든 새끼줄에
서 태어났기 때문이다. '갓 태어난 아기'를 이르는 '새끼'와, '탯줄'을
이르는 '새끼줄'이 유래한 어원을 찾아낸다면, 고대로부터 인류 문화
속에 유전되어 온 '새끼줄처럼 꼬인 뱀'의 메타포와 만날 수 있다. '새
끼'라는 단어의 사전 풀이를 보면, 다음과 같이 나온다. 처음에는 "짚
으로 꼬아서 만든 줄, 초삭草索"이 나온다. 다른 뜻으로는 "낳은 지 얼
마 안 되는 어린 짐승", "자식子息, 아이[兒子], 2세二歲", "자식子息을 낮잡
아 이르는 말, 어린 것", "(속되게) 어떤 사람을 욕하여 이르는 말, 놈"
이 있다. 이를 종합하면, '새끼'는 초삭草索 혹은 고삭藁索이라는 한자

어처럼 풀이나 볏짚을 꼬아 만들어낸 새끼줄이면서 또한 사람을 이르는 말이기도 하다. 특히 어린아이를 말하는데, 흥미로운 것은 어린 짐승이나 사람을 천하게 이를 때에도 '새끼'란 말이 쓰인다는 것이다. 더구나 속된 욕지거리로 흔히 사용되기도 한다.

여기서 새끼줄, 삼줄, 탯줄의 의미를 넓혀 나갈 것이다. 우리말에서 탯줄을 이르는 새끼줄은 '삼줄'이라고도 한다. 그런데 '삼줄'의 '삼'은 어디에서 온 말일까? '탯줄'이란 말은 한자어인 '태胎'와 우리말 '줄'이 합하여 만들어진 조어다. '삼줄'의 사전적 정의는 '삼[麻]'이라는 뽕나뭇과 식물의 껍질에서 추출한 긴 섬유로 꼰 '삼노끈'을 말하기도 하지만 한편으로는 '탯줄', '새끼줄'을 말하기도 한다. 『대국어사전』에서는 '탯줄-새끼줄'로서의 '삼'을 "뱃속의 아이를 싸고 있는 막과 태반, 태보胎褓, 태胎"로 풀이한다. '태胎'는 사물의 기원으로서 '시작'과 '아이를 배다'라는 뜻을 가지고 있다. '태胎'는 태반, 탯줄, 태아를 통틀어서 말하기도 한다. 그렇다면 '삼'과 '태'는 거의 동일한 의미로 쓰였음을 알 수 있다 하였다. 백문식은 『우리말의 뿌리를 찾아서』에서, "탯줄은 '삼줄'이라고도 하는데 '삼'은 삶[生] 또는 퉁구스어의 샤먼saman과 관계가 있는 것으로 보인다. '샤먼'은 만주어로 무당을 가리키며 아울러 '태아를 싼 막과 태반'으로서 중요한 부분이나 핵심 같은 뜻도 포함하고 있다."고 하였다. 서정범은 『어원별곡』에서, "삼터[出生地], 삼줄[胎줄], 삼바가지, 삼신할머니 등의 '삼'은 한자의 '三'의 뜻을 지니지 않고 있다. 출생, 태胎, 해산, 생명의 뜻을 지니고 있는 말이다. 삼신은 생명 탄생을 주관하고 있는 여신이 된다고 하겠다."라고 하였다. 일본의 원주민이라 일컬어지고 있는 아이누인의 무당은 지금도 조산원 노릇을 하고 있다고 한다. 그러므로 현용준은 "제주 신화의 삼신할머니인 '삼승할망'의 '삼'은 숫자 '3'이 아니라, '생기다'의 고어인 '삼기다'의 어간 '삼'을 의미하는 것이고, 이는 제주도 방언에서 '성교하여 아기를 잉태하다'라는 말을 '생기다' '아이 생기다'의 의미를 유추할 수 있다"고 하였다. 이상의 견해를 종합해 보면, '삼'이 '생기다', '태어나다', '지어내다', '만들다'라는 동사의 고어 '삼기다'에서 유래했을 것이라는 주장이 합리적인 것으로 보인다. 이상언은 '삼'의 어원을 동사 '삼기다'뿐 아니라 '삼다'에서 찾는 것이 타당하다고 하였고, 최길성도 『한국의 무속지』에 삼신은 '아기를 삼는 신'이라는 표현에서 '삼'은 동사 '삼다'에서 유래한 것으로 보았다. '삼다'는 사전적 의미 가운데 '(짚신이나 미투리를) 만든다'가 있어 '삼기다'가 '만들다'와 같은 의미로 쓰임을 알 수 있으며, 또한 '사위를 삼다', '머슴을 삼다' 등에서 쓰이는 것처럼 '인간관계를 형성하다'라는 의미가 있어, 아이가 생김으로써 혈연의 관계가 이루어지는 의미로도 쓰일 수 있음을 유추할 수 있다. 그런데 '삼다'에는 '(삼, 모시섬유를) 비비어 꼬아 잇다', '묶다'라는 의미도 있는데, 이는 실끈을 만드는 것일 뿐만 아니라, 새끼줄을 꼬아 만드는 행위를 나타내는 것이다. 새끼줄은 짚으로 만드는 줄이면서 사람의 탯줄을 이르기도 한다. 그렇다면 '삼'의 어원은 '삼기다', '삼다'라는 동사의 어간 이외에도 '태-탯줄'을 이르는 명사로서의 '삼'일 수도 있겠다.

'삼'이 '태胎'임을 주장하는 견해들을 살펴보자. 이능화는 『조선무속고朝鮮巫俗考』에서 '삼'을 '태'로 읽고 '삼'이 신격화된 '삼신'을 '태신胎神'으로 정의하였다. 그는 "속칭 삼신 풀이sam sin puri라 하는데, 대

                                           두 하늘 이야기

개 풍속에 태胎를 보호하는 신을 삼신三神이라고 한다. 우리말에서 태를 '三'sam이라 하는 것은 삼신을 이르는바, 태신胎神을 말한다. 삼신의 '三'을 하나의 숫자로 봐서는 안 된다." 하였다. 육당 최남선은 『조선상식朝鮮常識』에서 역시 '삼'을 '태'로 보고 있다. '삼'은 '새끼줄-탯줄-생명줄'이다. '삼 가르다(또는 삼 갈르다)'와 '삼불'이라는 표현이 '삼'을 '탯줄'로 결정짓고 있다. '삼 가르다'는 분명 탯줄을 절단하는 행위를, '삼불'은 '태를 태우는 행위'를 묘사하고 있기 때문이다. 지금까지 '삼'이 '생기다'의 고어 '삼기다'의 어간인 '삼'에서 유래했다고 보는 설이 보편적으로 알려져 있으나, '삼'은 명사인 '태'나 '탯줄'에서 유래하였다고 보는 것이 더 합리적일 것으로 본다.

탯줄 속에 숨겨진 숫자 3의 미스터리를 살펴보자. 중국의 산속의 '세삼洗三' 풍속은 우리에게 놀라운 수수께끼를 건네준다. 송조린宋兆麟은 『생육신生育神과 성무술性巫術』에서 '세삼' 풍속을 소개하였는데, 이는 중국에 유래가 오래된 영아 탄생의 의식으로, "아이가 태어난 지 사흘이 되면 친척과 손님을 초대하여 아기를 물로 씻고 탯줄 끊은 것을 보여주며 잔치를 벌이는 풍속"이다. '세삼'은 '세아洗兒' 즉 '아이를 씻는다'는 말이다.

숫자 '3'과 삼승할망의 미스터리를 살펴보자. 우리 민속의 '삼신'은 수태, 임신, 자궁을 관장하는 포태신胞胎神이고, 탯줄 절단을 포함하여 출산의 전 과정을 담당하는 산신産神이며, 나아가 아기를 점지하고 아이의 생육을 담당하기까지 하는 수사授嗣 산육신이다. 삼신은 집집마다 들어앉아 있는 '가족적인 신'으로, 술과 고기는 받지 않고 물 한 사발에도 만족하는 '어질고 인자한' 신이며, 인간에게 삶을 나누어주고 다시 거두어 가는, ‘생명 원리’를 구현하는 신이기도 하다. 현용준은 『제주도 신화의 수수께끼』에서 ‘삼승’에 관하여 새롭게 해석했는데, ‘승’을 ‘세상’으로 풀이하고, ‘삼승할망’을 ‘아기를 잉태시키는 세상의 여신’으로 보았다. 즉 ‘이승’은 이 세상, ‘저승’이 저 세상인 것처럼, 삼 승은 또 다른 제3의 세상, 아이를 열다섯 살까지 키워주는 삼승할망의 나라, 불도국 또는 불도땅을 말한다. 그리고 ‘승’은 또 ‘삼기다’의 어 근 ‘삼’에 붙은 조어로서, ‘아기를 잉태시키는 세상’ 정도의 뜻으로 볼 수도 있다. 하지만 김영균은 ‘삼승’의 ‘승’을 글자 그대로 ‘새끼줄 승繩’ 으로 보았다. ‘삼승할망’이 탯줄을 받아내고, 탯줄을 가르는 삼신할머 니이므로, 그녀 역시 ‘탯줄’인 ‘새끼줄’과 관련이 있다고 보기 때문이 다. 그렇다면, ‘삼’은 두 가지 의미가 있다. 하나는 ‘탯줄’이고, 다른 하 나는 숫자 ‘3’이다. 그동안 우리가 살펴본 대로 ‘삼’은 ‘태’를 이르므로, ‘삼승’은 ‘태의 줄’, 즉 ‘새끼줄-인줄-삼줄’로서의 ‘탯줄’과 동일하고, ‘삼승할망’은 ‘탯줄(태를 주고, 탯줄을 자르는 등, 탯줄을 다루는)할머니’ 라고 해석할 수 있겠다. 또한 ‘삼’을 숫자 ‘3’으로 본다면 ‘삼승’은 ‘새 끼줄-탯줄’로서 ‘세 가닥의 새끼줄로 이루어진 삼줄’로 해석할 수 있 는데, 이때 ‘세 가닥의 새끼줄’은 인간의 탯줄이 갖는 특징적인 숫자 ‘3’을 그대로 드러내는 셈이 된다. 독자들은 ‘생명 원리’의 원형인 탯 줄의 실체를 만나게 될 때, ‘삼승할망’의 ‘삼승’이 무엇을 말하는지 알 게 될 것이고, 탯줄과 관련하여 우리의 문화와 세계의 문화를 어떻게 읽어야 할지 새삼 느끼게 될 것이다.

그렇다면 탯줄 속에 숨겨진 숫자 3의 미스터리는 무엇일까. ‘삼신’ 이 ‘태신胎神’으로서 ‘세’ 가닥의 혈관이 하나의 탯줄을 이루는 해부학적 소견을 반영하고 있는 신神일 가능성이 있다면 그동안 살펴본 '삼신', '세삼', '삼신속', '삼신승', '삼본승', 특히 '삼승할망'에서 공통적으로 나타나는 숫자 '3'은 모두 '탯줄'의 해부학적 특징을 나타내는 모티프로 연결될 수 있을 것이다.

삼본승을 이루는 각 가닥들을 자세히 살펴보면, 세 갈래의 각 가닥이 아래에서 위로 올라오며 각기 '쉼표' 형상을 만들어내고, 이들은 상대의 꼬리를 물고 왼쪽으로 돌아가는 구도를 보인다. 이를 그대로 문양으로 만들면, 왼새끼 절단면이 보여주는 구도가 삼태극三太極 도상과 완벽하게 일치한다. 삼태극은 북이나 장고, 태극선 부채 등 우리 문화를 나타내는 대표적인 상징 문양의 하나다.

제주시 이도 1동에 있는 삼성혈은 아주 오랜 옛날 신화 시대에 고을나高乙那, 양을나良乙那, 부을나夫乙那라는 삼신인三神人이 태어난 곳이다. 삼성혈은 둥그렇게 패여 있는 땅에 세 개의 작은 굴이 배치된 형태를 하고 있어, 마치 인간 탯줄의 해부학적 절단면을 보는 듯하다. 이는 사람으로 따지면 탯줄을 절단한 후에 남은 배꼽이다. 삼성혈은 제주도 사람의 전설상의 발상지로, 세상의 중심인 '옴파로스'라고 할 수 있다. 삼성혈은 인간의 원초적인 탯줄과 배꼽의 형상을 보여주고 있고, 세계 문명권 신화에서 공통적으로 나타나는 삼신三神의 구조를 갖추고 있으므로, 한반도의 옴파로스일 뿐 아니라 '세계의 배꼽'으로 불려야 할 것이다.

탯줄을 태워 묻은 땅, '태 사른 땅'이 본향

자기가 태어난 고향을 제주 사람은 본향本鄉이라 한다. 본향이라 하는 것은 자기의 탯줄을 태워 묻어둔 땅, 태 사른 땅(태술 땅)을 의미한다. 예로부터 제주의 어머니들은 아기가 태어나면 탯줄, 즉 어머니와 아이의 인연의 줄, 생명의 '삼줄'이며, 어머니의 태반에서 아이에게 영양을 공급해 주던 '새끼줄'을 잘라 태워 그 검정을 항아리에 담아서, 새벽녘에 탯줄처럼 세 줄로 감겨 있는 길, 세 길이 만나는 삼도전거리(3거리) 혼자만 아는 비밀스러운 곳에 묻어두었다. 그러다 아이가 피부병에 걸리면, 태를 태웠던 검정을 아픈 부위에 발라주었다. 태의 원초적인 생명력과 생명의 뿌리를 저장하고 있는 땅이 지닌 생명의 복원력으로 병든 아이의 피부를 소생시킨다는 영적인 주술이며 치료였던 것이다. 그러므로 제주 사람들은 이 땅에 근거를 두고 사는 아이들에게 자기가 태어난 고향을 본향이라 가르쳤던 것이다. 그러므로 본향은 대지의 배꼽이다. 어머니가 아기의 태, 생명의 원천을 묻어둔 곳이니, 제주에 마을마다 있는 본향당은 태를 묻은 땅을 지켜주는 토주관[地緣祖上]이 머무는 곳이며, 어머니와 아이를 이어주는 새끼줄, 하늘과 땅과 어머니와 아이를 이어주는 대지의 탯줄이며, 속화된 인간의 땅에 마련된 하나님과 영적인 교류가 가능한 거룩한 장소[聖所]인 것이다.

본향당신은 어떤 신인가? 자기의 탯줄을 묻은 땅의 신이지만, 제주도 굿의 초감제 '본향듦'에서는 큰 화살을 들고 사냥을 하는 모습으로 그려진다. 삼성 신화의 '삼사석' 이야기도 '활을 쏘아 땅을 나누어' 사시복지射矢卜地하는 장면이 있다. 두 장면 모두 큰 활을 가지고 화살을

두 하늘 이야기

쏘는 장군의 모습이며, 이는 고구려의 활 잘 쏘는 아이 주몽 이야기와
도 비슷하다. 우리 민족은 큰[大] 활[弓]을 잘 쏘아 '큰 활 쏘는 사람 이
[夷]'라는 동이족東夷族이 아닌가? 큰굿 본향당신의 활 쏘는 모습에서
세계의 옴파로스인 광양당과 삼성혈을 떠올리고, 한라산에서 말을 달
리며 활을 쏘는 동이족의 장수 삼을나를 그려보는 것은 얼마나 아름
다운 광경인가?

4° 삼승할망 콤플렉스 1: 동해용궁 할망 이야기

불행한 여신, 구할망 동해용궁 따님아기: 구삼싱냄의 악심꽃 꺾음

　'아이가 이 세상에 태어난다'는 새 생명[新生兒] 출생의 의미는 앞에서 '탯줄의 코드'를 따라 여러 가지로 풀이할 수 있었다. 여기서는 새 생명을 태어나게 해주는 여신 '삼승할망'이 될 수 없었던 불행한 여신女神, '구할망'이라 부르는 '동해용궁 따님아기'의 할망 콤플렉스를 통해 새로운 생명의 의미를 되짚어 보려 한다. 그 불행한 여신 '동해용궁 따님아기'란 이름 앞에는 죽음의 숫자 9자가 붙어 '구할망', '구삼승할망', '구구할망', '구천낭구불법할망', '저승할망'이 되기도 한다. 결국 구할망은 삼승할망이 되지 못하고 "생명을 채 피우지 못해 죽어 아기를 저승으로 인도하는 할망"이 되어 버린 저승할망 '동해용궁 따님아기'다.

왜 동해용왕 따님아기는 '꽃 가꾸기 경쟁(싸움)'에서 명진국 따님아기에게 패했을까? 「삼승할망 본풀이」의 핵심 테마인 '꽃 가꾸기 시합'은 두 미녀 신을 놓고 누가 더 아름다운가를 고르는 시험이 아니었다. 미인 콘테스트가 아니라, 어떤 신이 더 인간적인가를 물으며, '누가 더 새 생명을 잘 길러낼 수 있는가?'를 평가하는 시험이었다. 여러 조건이 있을 수 있겠지만, 옥황상제가 내린 "서천 서역국 개모살밭에 꽃씨를 심어 꽃을 번성시키는 자를 '아이를 받는 생불왕' 인간불도 삼승할망으로 삼을 것"이라는 영에 따라 이루어진, 삼승할망을 뽑는 시험이었다. 겉으로 드러난 싸움은 두 미녀의 출신과 능력을 판단하는 싸움이지만, 그 싸움의 이면에는 완전한 생명을 지켜낼 수 있는 선신善神인지, 생명을 지켜내기엔 부족함이 많은 악신惡神으로 콤플렉스를 지니고 있지는 않은지 등을 가르는 상징 체계가 있다. 따라서 새로운 관점에서 폭넓게 관찰해야 한다. 아름다운 여신의 얼굴에는 오색五色의 감정과 신바람이 있다. 그리고 「삼승할망 본풀이」라는 신화가 지닌 이야기의 가치, 신화의 스토리텔링까지도 생각하고 재정리해야 할 것이다.

왜냐하면 그것은 아름다운 두 미녀 신이 가지고 있는 온기, 따뜻함에 대한 관심이며, 인간적인 모자람에서 신적인 완성으로 가는 콤플렉스의 관찰이기 때문이다. 예를 들어 보자. '동해용궁 따님아기'는 물의 신, 바다의 신[海神]이다. 그리고 삼승할망이 된 하늘옥황 '명진국 따님아기'는 천신天神이며 불의 신이다. 생불왕 인간불도 삼승할망이 될 수 없었던 "동해용궁 할망은 바다의 신이기 때문에 불의 '따뜻한 온기'를 가질 수 없고, 물의 '차디찬 냉기'를 가지고 있으니, 아이(생명)를 키울 수 없었지. 그것이 바로 용궁할망이 지닌 콤플렉스야." 하며, 할망이 지닌 콤플렉스를 발견하는 것이 이 글의 목표다.

삼승할망 본풀이를 굿본으로 하여 이루어지는 맞이굿인 큰굿 '불도맞이'에 등장하는 삼승할망(불도할망) 하늘옥황 명진국 따님아기는 큰 심방이 송낙을 쓰고 붉은 관복 차림의 정장을 하고 손에는 동백꽃(번성꽃)을 들고 은주랑철죽대(지팡이)를 든 모습으로 제장에 등장한다. 반대로 구할망(저승할망) 동해용궁 따님아기는 소무가 초라한 차림으로 분하여 갈대꽃(악심꽃)을 손에 잡고 달달 떨며 등장한다. 불도맞이 굿에서 두 아름다운 신은 이승(불도땅)과 저승(구삼승), 선신과 악신 등으로 뚜렷이 전형화되어 두 신의 세계를 대립 구분해 준다. 이를 도표로 나타내면 아래와 같다.

신의 나라	명진국(하늘)	동해용궁(바다)
신의 역할	삼승할망	구삼승할망
신의 영역	불도땅	구삼승
신의 이름	명진국 따님아기	동해용궁 따님아기
신의 세계	이승	저승
신의 복장	새 옷을 입은 화려한 복장	헌 옷을 입은 초라한 복장
상징하는 꽃	번성꽃(동백꽃)	악심꽃(억새꽃)
신격의 태도	善神 天神	惡神 海神
신의 위치(방위)	서쪽	동쪽

두 하늘 이야기

위 표를 보면「삼승할망 본풀이」에서 두 미녀 신의 선악미추와 성격방위 신통은 애매하게 표현돼 있다. 표에 따르면 '명命을 길게 이어주는 나라'인 명진국의 따님은 완벽한-선신-불도땅-서쪽에 있어 생명차지의 신, 생불왕이 되었고, 동해용왕의 딸은 '어머니의 태에서 아이를 받는 법을 듣지 않은 채' 세상에 와서 미진한-악신-구삼승-동쪽에 있어, 새 생명의 꽃을 피우지 못하고 저승으로 데려가는 불행한 신이 되었다.

그러면 하늘나라 '명진국 따님아기'는 누구인가?

아기를 낳게 해주고, 아기를 잘 키워주는 삼승할망 '명진국 따님아기'의 아버지는 하늘, 어머니는 땅이다. 삼승할망 '명진국 따님'은 '삼날[三日]' '생명의 날' '세 번째 날', 천간天干도 세 번째, 지지地支도 세 번째인 제3의 날, 병인년丙寅年 병인월丙寅月 병인일丙寅日 병인시丙寅時에 세상에 태어났다. 삼승할망의 수數는 3과 7, 삼승三繩과 칠성七星, 생명과 장수의 수이며, 3과 7, 3×7=21 모두 삼승할망의 숫자다. 그래서인지 삼승할망(=3)은 일곱 살(=7)이 되니, 벌써 하늘과 땅의 이치를 다 깨우쳐 알았다 한다.

할망은 인간의 회임은 아버지 몸에 흰 피 석 달 열흘 백일, 어머니 몸에서 검은 피 석 달 열흘 백일에 이어 아홉 달, 열 달 기망既望 준삭準朔 다 채워야 아이를 회임하고 낳는 법을, 일곱 살이 되었을 때 이미 다 배워 알고 있었다는 것이다. 그때는 천지는 개벽되었지만, 사람은 많이 살지 않을 때라 '명진국 따님'도 아직은 생불[아기]을 주는 삼승할망으로 들어서지 못하고 있을 때였다. 공인된 삼승할망이 없었을 때였다. 할망보다 먼저 '동해용궁 따님아기'가 세상에 태어났기 때문이다.

「삼승할망 본풀이」(진부옥 본)

[9월 9일 구할망 탄생]

갑자년 갑자월 갑자일 갑자시에

동해용궁 황정승이 결혼을 하여 삼십 서른 살이 되고,

사십이 다 되어도 아기가 없어

하늘옥황玉皇에 불공을 드렸더니,

옥황상제께서 영을 내리시길,

아기가 없으면, 절에 가서 수륙불공을 드리면,

아기를 회임할 수 있겠다 하였다.

황정승이 '동게남상좌절[東觀音上座寺]'에 가 수륙불공 드렸더니

황정승 부인 포태胞胎가 돼 신구월 초아흐렛날[九月九日]

아기를 낳았는데, 그 아기가 '동해용궁 따님아기'다.

[동해용궁 따님은 행실이 나빴다.]

이 아이는 나면서부터 행실이 나빴다.

한 살에 어머니 젖꼭지를 물어뜯고,

두 살 되니 아버지 삼각수 수염도 거스르고,

세 살 때는 어머니께 돌을 던졌고,

다섯 살 되니 멍석에 널어놓은 낟알도 흩어버렸다.

똥도 역부러 싸버리고, 오줌도 싸버리고,

여섯 살이 되니 밭에 파종 그르치고, 꽃잎도 따버리고,

온갖 나쁜 짓을 많이 하며, 일곱 살이 되니

동네에, 일가에, 형제간에 불목을 시키니,

황정승은 옥황상제께 딸을 위해 등장을 드렸다.

옥황상제는 "그런 아기는 무쇠석함에 자물쇠 채워

귀양정배를 보내버리라."는 영이 내렸다.

무쇠석함을 탁 채워 거기 들여앉혀 귀양을 보내려니,

동해용궁 따님애기 하는 말이,

"아버님아, 어머님아, 나도 한 돌을 지키게 해야지

자식을 이렇게 할 수 있습니까?" 하니,

어멍 아방은 딸의 말대답에 질리니까,

너는 무쇠석함을 열 때가 안 됐으니,

"임부노조 임박사 개탁"을 새겨서 동해바다에 띄울 테니,

그때가 되면 인간 세상에 나와서,

인간불도 생불[아기]이나 줘 보아라 하였다.

어떻게 생불[아기]를 줍니까 하니,

아방 몸에는 흰 피 석달 열흘 백일하고,

어멍 몸에는 붉은 피 석달 열흘 백일로 유태를 줘

석 달만 넘어가게 되면,

옷에선 땀내도 나고, 먹던 밥에 냄새 잦고,

먹지 못해 가면 얼굴에 기미가 낄 것이고,

쌀밥에 뜬물내, 보리밥엔 골내, 조밥엔 세앙내,

물엔 펄내, 장국엔 장칼내, 옷엔 땀내가 난다는 말 들었지만,

어머니한테 아이를 해복해산 하는 법을 듣지 못한 채

귀양을 가게 되었다. 그리하여 그때가 돌아오니,

임무노조 임박사는 동해용궁 황정승처럼 아기가 없으니,

석가산釋迦山 아래 불당을 설연하여 수륙불공을 드리다가,

너무 피곤하여 잠깐 바람을 쐬러 바다에 가보니,

‘처녀물가’ 산호수珊瑚樹 상가지에

난데없는 무쇠석함이 걸려 있지 않은가.

거기에는 “임박사가 열어보시오.”라 쓰여 있어

임박사가 열어보니, 귀신도 같고 생인도 같은

고운 아기씨가 앉아 있었다.

“귀신입니까 생인입니까.”

“귀신이 아닙니다.”

“성친땅[姓親]은 어디고 외친땅[外親]은 어딥니까.

“동해용궁 황정승이 저의 아버지인데

임무노조를 만나는 날이 오면,

인간불도로 들어서란 임무를 받고 왔다.” 하니,

자기도 아기 없어 수륙불공을 드리고 있는데,

인간불도가 찾아 왔다니 기뻐서

동해용궁 따님을 모시고 아양안동 금백산을 올라가

누룩으로 만리토성을 두르고,

바깥에도 만리성을 둘러놓고,

이제 한층 두층 팔층 집을 지어

상다락을 궁전같이 차려

할망이 앉으면 하루 백 명도 포태는 주었으나,

열 달은 채우지 않고, 댓 달 돼 가면 내워버리고,

두 하늘 이야기

일곱 달 여덟 달 된 아긴, 여덟 달 넘어 나면 살고,

여덟 달까지 채우지 못해서 내리워버리고 하니,

어멍 살면 아기 죽고, 아기 살면 어멍 죽고 하여

하나도 성공이 되지 않으면서도 동해용궁 할망은

임박사 부인에게 유태를 주고, 포태는 주었으나,

해산을 못 시켜 인물 번성이 안 되니,

이거 참 사람을 살리려다 다 죽이게 되어가니,

임박사는 옥황상제께 등장을 드렸다.

[하늘나라 명진국 따님아기]

옥황상제는 인간불도 자격을 갖춘 자가 있으니

하늘에서 내려드리겠다 하니, 그러면 내려주라 하니,

그땐 하늘옥황에서 만조대신 조회를 열었다.

조회가 열리고, 옥황상제 명전대왕이 이르는 말이,

인간불도로 들여세울 만한 자는 명진국 따님아기다.

그 할망으로 들여세워야 인간이 번성이 되지,

그렇지 않으면 인간 번성을 시킬 자가 없구나 하였다.

금부도사를 보내 명진국 따님아길 불러오라 하니,

저 올레로 보니 열다섯 십오 세 된 아기씨가

올레로 와서 딱 엎드려 있었다.

엎드려 있는 명진국 따님아기에게 만조대신들은 앉아 있다가,

"얼굴을 들라." 하여 얼굴을 든 모습을 보니,

정말 얼굴은 천하일색 미인이었다.

명진국 따님아기가 얼굴을 이만큼 들고 하는 말이,

"저처럼 배우지 못한 아이를 어째서 오라 하셨습니까?" 하니,

그때는 만조대신들이 앉아서,

"말하는 것만 봐도 인간불도로 내려서면 자손은 물론

인간을 번성시킬로구나. 가까이 들어오라." 하니,

가까이 딱 들어가니,

"너는 인간불도로 들어서서 자손을 번성시켜라." 하니,

"저를 인간불도 할망으로 들여세우려면,

제가 요구하는 대로 행장을 차려주어야 합니다." 하였다.

"너의 요구를 말해 보아라." 하니,

"처음엔 은씰, 은붓, 은가위, 은장도를 내어줍서.

왼손에 환생꽃 내어 줍서, 오른손에 번성꽃을 내어줍서."

"그러면 나의 행장을 차려줍서."

"뭣을 차려주느냐?"

"물명주 단속옷, 코제비 백능버선, 가막창신, 구슬든 겹저고리,

열두폭 금삼아치 홑단치마 내어줍서."

"물명주 단속옷, 호양미 감투, 만삼 족도리, 네눈달린 꽃댕기."

그리 다 내어주니, 아래로 소곡소곡 내려갔다.

옥황에서 인간 세계로 내려서려면, 노각성자부다리,

할마님 생불다리로 일곱자 걸렛베, 한 석자 바라끈,

할마님 사용할 것은 모두 가지니,

할마님이 날 때에는 병인월 병인일 병인시,

삼진 정월 초사흘날 낳지만,

할마님 인간 세상에 행장을 차리고 내려올 땐

4월 초파일이었다. 절마다 등불 구경하며 내려오자

어디서 울음소리가 들려왔다.

[북석자리 내어주다.]

어찌하여 울음소리가 나는가.

한 발자국을 드려놓고 바라보니 임박사 부인이었다.

아무래도 스무 달은 배었던 모양이었다.

밴 아기가 인사하고, 이렇게 소리 할 줄 알고, 그래가니

막 그냥 생죽음을 하고 있었다.

아기는 배 안에서 바들랑 바들랑 해가고

어멍은 각각이 찢어지지도 않고 발겨지지도 않고,

나오진 못하고, 그렇게 하고 있자니,

할마님이 가서 보니, 배 안에서 아기가 온 유세를 다 해도

어멍은 죽을 상이 돼 있었다. 애라 안 되겠다 해서

그냥 확 벗어젖혀서 왼손을 탁 내놓고 아기 어멍 상 위에

왼쪽에서 오른쪽으로 삭삭 쓸어가니까

밴 아기가 벌써 나오려고 머리를 도져 가는데,

이리로 탁 피가 쏟아져 이슬이 내리고

아기 어멍은 죽억 살악 하고 있었다.

할마님은, 우린 이런 자리에 못 앉습니다.

"내가 앉을 자릴 차려줍서."

"어떤 자릴 택합니까?"

"북석자리를 마련해 주십서." 하니,

눌 위에 가서 짚을 북북 파다 '북석자리'를 차려주니

할마님이 벗어제쳐 두고 짧은 끈은 늦추고

늦춘 끈은 조이고 막 잦은 맥을 주어서

아기는 막 나오려고 해가니까,

할마니도 땀이 나고 아기 어멍도 방울땀이 나더니,

'펑' 하고 그냥 안에서 아기방석胎은 오래돼 막 썩었지만,

아기는 종이끝을 벗지 않은 채 태어났구나.

눈도 없고, 코도 없고, 아무것도 없는 두렁박이 나왔구나.

그래서 임박사네 집에서는

아기 몸 목욕을 시키려니

아기 어멍이 태를 못 내어 죽을 상이 돼 가니,

건지머리를 확 풀어서

아기 어멍 입에다 물려서 딱 당기니,

아기는 칵 하니, 아기태가 나왔다.

그때 낸 법으로, 이제도 부처도 씻어서 먹이고

병원 안 가서 아기가 나오지 않으면,

남의 머리라도 해다가 입에 물리면,

차락하게 태갈라 나오는 법이 생겼다.

[착한 할망과 독한 할망]

할마님이 태갈라 눕히고, 치셋메 받고, 하는 말이,

이제 사흘 동안은 유모를 불러서 아무래도 이 아기

사흘은 돼야 젖줄을 돌리고,

아기 어멍 목욕을 시켜야 아기 젖을 먹일 거니,

유모를 정하고, 아기 어멍 숯 삶아 목욕 시키고

아기 젖줄을 돌리고, 젖꼭지 내어 아기 안고 젖먹일 때는

오른쪽엔 국사발, 오른쪽엔 밥사발 하여

처음에 안을 때는 이리로 머리를 해서 안게 되니,

사람은 대개는 귀퉁이가 틀어져

열이면 열 아기는 한 귀퉁이가 틀어져 나왔구나.

아기 나 사흘째 되는 날은 '용궁 할망'이 날려들어,

어떤 년이 내가 포태를 준 내 자손을 해산시켰느냐.

용궁할망은 궂은 할망, 욕심 많고 독한 할망이고,

명진국 할마님은 마음이 순하니까

할마님은 대답할 말이 없었다.

인간에 불도佛道(삼승할망)가 없다 해서

만조대신이 조회를 열어 나를 인간불도로 내세웠는데

왜 이렇게 모욕을 주십니까?

나는 남의 발등을 치려는 마음을 안 먹었는데

어떤 연유로 나를 여기 보냈느냐 하니,

철망도사鐵網道使를 보내 할망 둘을 체포해 가옵디다.

[꽃 가꾸기 싸움]

동해용궁 할망도 명진국 할망도 잘도 고왔다.

만조대신도 옥황상제도

누가 더 낫다 지적할 수가 없어서 맘이 아팠다.

그래서 하는 수 없어, 꽃씨 한 방울씩 내어주고,

은수반銀水盤, 큰 꽃다라를 내어주고,

여기다 꽃을 심어서 꽃이 번성하는 자로

저승 이승 구분을 한다는 영을 내렸다.

그리하여 꽃씨를 내려주고, 꽃씨를 드리니까,

명진국 할마님 꽃은 막 번성이 되어

사만 오천 육백 가지로 번성이 되어,

동청목東靑木 서백금西白金 남적화南赤火

북흑수北黑水라 하여, 북으론 검은 꽃이 피고

한가운덴 오색가지 꽃이 피었다.

명진국 할망 심은 꽃은 그렇게 번성꽃이 되었지만,

[동해용궁 따님 저승할망 되다.]

동해용궁 할망 꽃은 가지는 사만 사천 사백 가지에

뿌리는 뻗어도 외가지 외송이로

아무리 꽃을 심어봐도 검뉴울꽃이 되니,

그땐 할 수 없어 옥황상제와 만조대신이 모여앉아

"너 동해용궁 따님아기는 꽃을 번성시키지 못했으니,

할 수가 없다. 너는 저승법을 차지하고,

명진국 따님아기는 인간 불도할망으로 들어서라." 하였다.

동해용궁 할망은 너는 저승에 가

저승을 다스리라는 말에 화가 났다.

두 하늘 이야기

그래서 동해용궁 할망은 달려들어

명진국 할망의 꽃 상가지를 꺾어 가져가 버렸다.

용궁할망이 오도독 꽃을 꺾어가자

어질고 순한 명진국 할망도 화가 났다.

"어쩌려고 내 꽃 상가지를 꺾어 가느냐?"

나는 저승 가면 붙을 데가 없으니,

죽으나 사나 저승 가도 할망 뒤에만 따라다니겠다.

할망이 아무리 힘을 써서

어떤 집에 가서 아들을 낳아주든 딸을 낳아주든

나는 악착같이 따라다니며, 할망이 포태를 주며는

난 석 달 전에 물로도 아프게 하고, 귀로도 앓게 하고,

열 달 기망旣望 차기도 전에 유산도 시켜버리고,

난 아기 어멍 젖내에도 달려들어

아기 어멍에게 본병 괴병怪病 불러주고,

아기엔 급경急驚 만경慢驚 경풍驚風 경세驚勢 불러주고,

그냥 길 때까지, 역을 때까지, 열다섯 십오 세 전에

할망 아기에만 들어 반 시름을 하겠다 해서

두 할망이 막 싸우니 할 수 없어

동해용궁 할망은 저승으로 가고,

명진국 할망은 이승 생불할망이 되었다.

그러니 명진국 삼승할망 본本만 풀어서

할마님이 풀어지면, 아기를 잘 키워주는 것이 아니고

아기들에 조박거리고 경끼[驚氣]하고 하는 것은

동해용궁 할망, 바로 이 구삼승할망(=저승할망)이 들어서 하는 거다.

그러니 끝에는 할망상을 놓고 여기 빌어도 옆에 할마님 날은

그 할망, 용궁할망(구할망)이 나타나지 못한다.

[구할망에 비는 날]

구할망에 비는 날은 초나흘(4일), 아흐레(9일), 열나흘(14일), 열아흐

레(19일), 스무나흘(24일), 스무아흐레(29일) 한 달에 여섯 날이고,

[생불할망(삼승할망)의 제일]

할망제일은 초사흘(3일), 초일뤠(7일), 열사흘(13일), 열일뤠(17일),

스무사흘(23일), 스무일뤠(27일) 한 달에 여섯 날이고,

[업게삼승(업저지 신)할망 날]

아기업저지 할망날은 초하루(1일), 초닷새(5일), 열하루(11일), 보름

(15일)인데,

그 할망에 사흘(4일)을 아길 위해 빌 때는 구할망이 범접을 못한다.

그러니 이레상(7일상)도 놓지 못한다.

[구삼싱 할망]

굿 안하면 구삼승(용궁할망) 상은 놓지 못하니

결국엔 삼승할망에 빌고 난 뒤에

부엌에 가서 먹는 밥이라도 놓고 하다 못하면,

아무 우럭 대가리라도 하나 차리는 체해서

아기들 경끼[驚氣] 해서 파작파작하고 뭣한 아기는
구할망을 구분해 굿을 해버려야 아기가 좋다.
그러니 할마님 힘으로 아기를 못 견디게 하는 것이 아니고,
할마님 뒤에 그 용궁할망이 들어서 그 아기들에게
그 지랄을 하는 것이다.
그러니 할마님에 우선 등장을 들어서
이런 것은 애초에 용궁할망을 범접하게 하지 말아서
미리 아기들에 신경을 써서 할망 제일
초사흘(3일), 초일뤠(7일), 열사흘(13일), 열일뤠(17일),
스무사흘(23일), 스무일뤠(27일) 한 달에 여섯 날은
할마님이 떠나지 말아서 잘 돌봐 주십사 비는 거지요.
용궁할망이 아기에 들어 그 나쁜 짓을 하지
할망이야 이녁이 내운 아기를 무사 아프게 합니까.
그래서 나중엔 용궁할마님을 곱갈라 버리면,
할마님이 그저 아무쪼록 열다섯 안에는
곱게 키워 달라고 비는 것이다.

[치셋메]

치셋메는 아기를 분만한 다음
아기의 생육生育을 관장하는 삼승할망에게
감사致謝하고 기원하는 뜻으로 방구석이나 벽 위에
차려두는 할망상에 올리는 메.
보통 생후 3일, 7일에 올리는 메.

치셋메를 올리는 상을 치셋상이라 하는데

치셋상에는 메를 세 개 올린다. 삼신三神이기 때문이다.

옛날은 본주가 삼신불도에 다녔을 때는 메를 하나 더 올렸다.

책불일월도 메 하나, 그렇지 않으면, 메는 세 그릇(3기)만 올린다.

심방은 종이 석장 상에 깔고,

거기에 쌀, 명실, 미역채, 미나리채도 놓지만,

고사리와 고기는 못 올린다.

삼불도를 공씨여리, 방씨여리, 석가여리라 하는 이도 있다.

삼신 불도할마님 자손은 할망 자신이 포태를 주고

할망이 나오게 하니까, 흉험을 안 준다.

[구할망이 주는 병]

구할망이 들어서 아기를 아프게 하는데

아기가 태어나면 누운 산모 젖내에도 달려들어

산모에게 본병本病, 괴병怪病 불러주고,

아이에겐 경풍驚風, 경세驚勢, 홍살紅煞,

느진매[魔], 보뜬매, 급경急驚, 만경慢驚 불러주고,

조금 앉을 만큼 크면 떠밀어버리고,

문지방을 넘을 만큼 크면 자빠뜨려 버리고,

마당에서 놀고 있으면, 안 오를 데 오르게 해 떨어지게 하고

이렇게 구할망은 잡단지폐雜斷之弊를 일으키고

끝끝내 할마님이 내운 아기에 들어 나쁜 병을 주니

구할망이 낸 법은 없습니다. 없지만

　　　　　　　　　　　　두 하늘 이야기

구할망을 보내려면 닭도 한 마리 잡고 할망에 막 빌어놓고

구할망에게 아기 대신 닭을 가져가라는 거지요.

목숨 대신 닭을 구덕에 놓고, 쌀 놓고, 옷 놓고,

여러 가지 것을 놓고, 돈을 놓고 해서

구할망 구덕을 져서 나가라 하면,

할망이 은주랑 철죽대로 할망상에 가 빌고

구할망에 와서 옛날은 저 부엌 솥뚜껑에 가

당당당 연물소리 내면 여기 드러누워 안 가겠다면,

이 솥에 똥싸버려. 불붙여버리겠다며 막 인정을 받았다.

삼승할망 콤플렉스 2 :
서신국 마누라

질병의 대란과 호명정구

할망을 이길 수 없었던 불행한 여신, 동해용궁 따님아기 구할망이 생불할망이 될 수 없었던 이유는 꽃 가꾸기 싸움에서의 패배였다. 그 결과 승자는 이승 생불왕 삼승할망이 되었고, 패자는 저승 구불법 구할망이 되었다. 아기는 어머니의 태 안에서 어머니의 온기를 받고 자란다. 명진국은 하늘 태양이 있는 불의 나라이므로 명진국 따님아기가 따뜻한 생명을 지키는 생불할망이 된 이치는 옳다. 동해용궁은 물의 나라이고 물은 아이를 씻을 수는 있지만, 키울 수는 없다. 동해용궁 따님이 생명을 키우는 꽃 가꾸기 싸움에서 패배한 이유는 그 때문이다. 그렇게 용궁할망은 저승할망이 되어 불행했지만, 할망의 성장 과정을 보면, 완벽하지 않아 인간적이다. 버릇없고 멋대로인 아이다

움으로 보면 신이 아닌 인간이다. 때문에 천성적으로 많은 나쁜 짓을 바로잡아 가는 과정이 아이가 성인으로 성장하는 과정이기 때문이다. 동해용궁 할망이 겪는 생명과 죽음의 갈등은 마마신 서신국 마누라의 갈등과 콤플렉스, 생명과 질병, 남과 여의 싸움은 또 다른 콤플렉스를 만들어 내고 있다.

할망이 점지한 본 얼굴, 아버지 어머니를 닮은 얼굴은 왜 마마신의 횡포에 의해 찌그러지고 뒤틀린 뒤웅박 얼굴로 변형돼야 하는가. 죽음에 이르는 병, 생명의 원리를 어긋나게 하는 질병의 대란을 생각해 보는 것이 이 글에서 그려 보는 마마 콤플렉스, 서신국 대별상 이야기다. 그러므로 이 글은 없어진 굿 「마누라 배송」을 이야기하기보다는 미래의 전염병에 대한 경고를 담고 싶다.

서신국 대별상의 할망 콤플렉스는 생불을 주고 환생을 주는 할마님이 만들어낸 아기의 고운 얼굴의 본本 "아방 몸에 흰 피 석 달 열흘, 어멍 몸에 검은 피 석 달 열흘, 아홉 달 열 달 준삭準朔 기망旣望 채워 태어난 아이", 아버지와 어머니의 본바탕을 닮은 본本을 받아 태어난 아이의 '고운 얼굴'을 그려내는 생불할망의 손길을 범할 수 없는 것이다. 마마는 없어졌다. 그러나 마마의 공포처럼 질병의 대란은 계속되고 있다. 이름 모를 전염병은 새로운 변형의 유전자를 만들어 내고 있다. 그것은 마마신이 주는 '호명정구'이며 뒤틀린 마음과 뒤웅박이 된 찌그러진 얼굴이다. 마마는 외국에서 들어온다. 마마는 태를 갈라 나온 아기의 얼굴을 공격하여 뒤웅박 얼굴을 만든다. 병이란 그런 것이다. 병을 이기고 어머니를 닮은 아기의 얼굴을 유전하는 '태胎 할망', 삼승 할망의 위대함은 여기에 있다.

할마님의 자존심을 건 싸움

마마신 이야기는 하늘 높은 줄 모르고 까불던 마마신이 할마님의 위용 앞에 무릎을 꿇은 이야기다. 어느 날 건방지다고 소문난 마마신 서신국 대별상이 할마님이 고운 얼굴을 내려준 아기들에게 '호명정구(마마)'를 주려고 삼만관속三萬官屬 육방하인六房下人을 거느리고 세상에 행차하고 있었다. 할마님은 대별상을 만나자 공손하게 부탁했다. "대별상님, 제 자손에게 고운 얼굴로 호명하여 주십시오." 그러나 대별상은 거만하게 "여성이란 족속은 꿈에만 나타나도 사물邪物인데, 대장부 행찻길을 어찌 어지럽히는가. 우리와는 떨어져 물아래로 지나가거라." 하였다. 할마님은 물아래로 지나가란 말에 화가 나, "대별상아. 나에게도 한번은 굴복하고 사정할 때가 있을 거다." 하였다. 그리하여 할마님은 먼저 서신국의 부인에게 포태胞胎를 주었지만, 해복해산解腹解産을 시켜주지 않았다. 서신국의 부인은 해복을 못해서 죽을 지경이 되어갔다. 부인은 남편 대별상을 불러, "난 이제 다 죽게 되었으니, 마지막으로 생불할마님이나 청해 달라." 하였다.

고개를 숙일 줄 모르는 건방진 대별상이었지만 부인을 살리기 위해 명진국에 들어가 할마님 앞에 부인을 살려 달라 부탁했지만, 할마님은 거들떠보지도 않았다. "나를 너의 집에 청하고 싶으면, 대공단고칼로 머리 삭발하고, 한침 질른 굴송낙 둘러쓰고, 두 귀 누른 굴장삼 둘러입고, 면보선 신은 채로 이 아래 와 엎드려 있으면 내가 가겠다." 하였다. 대별상님은 먼 올레 바깥에 가 노람지 펴 엎드려 이레 동안 밤낮 주야 모진 광풍이 불어도 그대로 엎드려 눈보라가 몰아쳐 수염에 고드름이 서고 얼굴이 얼어붙어도 그대로 엎드려 있었다.

그렇게 하늘 높은 줄 모르고 놉드는(날뛰는) 건방진 마마신 서신국에게서 사과를 받은 할마님은 괘씸하고 섭섭하지만 너희 부인 해복해 산 시켜주겠다 하였다. "그만하면, 하늘 높고 땅 낮은 줄 알겠느냐? 뛰는 재주가 좋다 해도 나는 재주가 있다."고 충고해 주었다. 대별상은 무릎을 꿇고 엎드려서, "예, 무조건 잘못했습니다." 하며 크게 사과하였다. 할마님은 "나를 너의 집에 청하려면, 물명주 강명주로 서천강에 연다리를 놓으면 가겠노라." 하여 대별상이 물명주 강명주로 서천강 연다리를 놓으니, 할마님이 서신국에 들어가 은길 같은 손으로 사경에 처한 서신국 부인의 허리를 삼세 번 쓸어내리고 궁애문을 열어 환생을 시켜 왔다. 하늘 높은 줄 모르고 날뛰는 마마신 대별상의 죄목죄상을 은결 같은 손으로 제압하는 생불 할마님을 청하시던 서천강 연다리 이야기이다.

아래 표는 생불을 주고 환생을 주는 할마님이 자손에게 준 고운 얼굴이 하늘 높은 줄 모르고 날뛰는 마마신의 오만과 횡포에 의해 어떻게 뒤틀릴 수 있는가를 보여주고 있다.

신의 나라	명진국(본국)	서신국(외국)
신의 기능	생불 환생	호명정구(마마), 피부병
신의 태도	남녀평등	남존여비
신명	명진국 따님아기	서신국 대별상
관련된 굿	불도맞이	마누라 배송

중요한 신물	북덕자리와 치셋메	배송뒷개 차롱
할망의 화(有無)	하루 만 명 유태 해산	해복을 못해 사경을 헤매게 함
신의 얼굴(本)	고운 얼굴(건강과 美)	뒤웅박 얼굴(병과 醜)
당신은 왜(충고)	왜 하늘 높은 줄 모르는가?	여자는 꿈에만 나타나도 사물

마누라 배송

'마누라 배송'은 마마에 걸리면 하는 굿이다. 굿 마지막 날은 마마 신을 보낸다. 이를 '배송'이라 한다. 마마에 걸려 굿을 하게 되면, 호 명정구, 마마를 불러주는 마마신, 서신국 대별상, 홍진국 마누라 신이 떠날 때 차롱을 가마처럼 만들어 네 귀에 기를 달고 차롱 안에 제물을 차리고 종이를 덮는다.

삼승할망상을 놓고 배웅한 다음 마마신 상을 놓고 집안 문전 성주 조왕, 아기 아방, 아기 어멍 다 하직하고 "삼만관숙 육방하인 자 대별 상 마누라님 떠날 시간 되었구나. 어서 가자. 호호." 하고 병풍을 싸 가지고 가서 차롱을 정결한 데 갖다 놓는다.

아기가 호명정구, 마마를 할 때, '마누라 배송굿'을 하지 않으면, 마 마 군졸 잡귀들이 들어 아기에게 피부병도 불러준다고 한다. 그리고 호명정구, 마마를 할 때는 빨래 같은 거 삶아도 흉을 보고, 풀을 해 도 흉이 된다. 이때는 집안에 목이 쉬어 말 못하는 환자가 생긴다 고 한다.

「마누라 본풀이」

난산국(본초, 본디 태어난 곳과 그 내력) 본을 풀면 신나게 내리소서.

인간불도 할마님은

병인년 병인월 병인일 병인시에 탄생하여

아방 몸에 흰 피 석 달 열흘 백일,

어멍 몸에 검은 피 석 달 열흘 백일,

아홉 달 열 달 준삭準朔 기망既望 채워

포태 환생시켜 주시던 영급 좋은 할마님.

하루에 만 명 아이에게 포태胞胎를 주고,

하루에 아이(생불) 만 명을 내워주는 할마님은

하늘옥황 명진국 따님아기입니다.

할마님이 하늘에서 인간 세상에 내려오신 때는,

삼진 정월 초사흘날(1월 3일).

왼손에 환생꽃, 오른손에 번성꽃 들고

만민자손에 생불(아이)을 주시려고

하루 천 명 생불을 주고, 하루 만 명 환생을 주실 때,

할마님이 서천강 다리에 나가 보니

인간 세계가 눈앞에 열려오는구나.

어떤 비주리초막(아주 작은 초가)에서 아기 울음소리가 탱천하여,

무슨 곡절이 있는 듯해 집안을 둘러보니,

아기 어멍 열 달 기망既望을 다 채워도 해산을 못해

죽억살악, 고생고생 하고 있는 것 같아,

할마님은 은길 같은 손으로, 금길같이 은길같이

아기 어멍 상가마를 왼쪽에서 오른쪽으로 삼세 번 쓸어가니,

배 안에 아기胎兒 머리가 돋아난 듯하였다.

방 안이 청결하지 못한 것 같아 할마님이 말하시길,

우린 이런 누추한 자리에는 다니질 못합니다.

하늘 가득한 북덕자리(보리짚을 깔아 놓은 자리)를 차려 달라 하였다.

주인이 보릿대 타다가 북덕자리 차려주니,

그때서야 영급 좋은 할마님은

아기 어멍 뼈끝마다 살끝마다 조근조근 궁애문(여자의 음문) 열어,

잦은 맥脈을 주어 생불 아기 탄생을 시켜 주니,

아기는 눈이 붙어 태어나

이도 혀도 설설이 돋아서

천금千金 같은 동자童子 아기 탄생誕生하니,

대나무 갈라 왕대구덕을 마련하고,

눕혀서 재우는 애기구덕 법 마련하고,

오른쪽에 국사발, 왼쪽에는 밥사발 식사법 마련하고,

할마님은 우리 인간에

좋은 포태胞胎를 주려고 내려서다 보니,

마마신 서신국 대별상을 만나게 되었구나.

할마님 자손들 내우는 건

밭에서 농사지음과 다를 수 있습니까?

농사農事도 하면 손을 봐서

초벌 이벌 세벌 김을 매어야 곡식이 되는 법이니

할마님은 막 달리는 말안장에

금지옥엽 같은 아기들 포태를 내어주려고

물명주[水禾紬] 단속옷, 코제비 백릉白綾 버선,

검은 창신, 구슬든 겹저고리, 열두 폭[十二幅] 금삼錦衫아치,

홑단[單短] 치마 차려입고 한길을 걸어가시는데,

마마신 서신국 대별상은 할마님이 내운 아기에게

좋은 호명(마마)을 불러주러,

앞에는 영기令旗, 뒤엔 몸기[命旗],

벌련독교別輦獨轎 쌍가마雙駕馬,

삼만관속三萬官屬 육방하인六房下人 거느리고

내려오고 있었구나. 할마님이 공손하게 말하시길,

"대별상님아, 저가 생불을 주고 환생을 준 자손에게

고운 얼굴로 호명하여 주십시오." 하니,

대별왕이 그때야 봉의 눈[鳳眼]을 부릅뜨고,

"이게 왠일이냐? 여성이란 족속은 꿈에만 나타나도 사물邪物인데,

남자 대장부 행찻길에 망령된 여자가 웬일이야? 괘씸하구나."

우리와는 떨어져 물아래로 지나가는 게 어떠하냐?" 하니,

할마님은 물 아래로 지나가란 마을 듣고 화가 나 말하기를

"대별상의 하는 짓이 괘씸하구나.

나에게도 한번은 굴복하고 사정할 때가 있을 거다." 하여

서신국 부인에게 포태胞胎를 주었지만,

열 달 채워도 해복해산解腹解産시켜주지 않았구나.

서신국 부인님이 말하기를,

"야, 이건 그냥 넘길 일이 아닙니다."

"대별상님, 당신은 할마님께 섭섭케 한 일 없습니까?"

대별상님이 사실은 이만 저만 하였다고 하니,

할마님이 우리 아이[生佛] 포태를 준 게 틀림없으니,

어서 가서 서신국 대별상님은

아양안동 금백상 안상 밧상 독석獨席으로 차려

팔십 영청營廳 안에 할마님이 앉아 계실 테니,

거기 가서 원수룩願水陸(아이를 낳게 해달라고 비는 제)을 드려 보십시오.

할마님이 생불꽃[生佛花]를 가져다가

대별상 부인 서신국 마누라에게 유태有胎를 불러주니

한 두 달이 지나고 열 달이 지나고 열두 달이 넘어도

해복을 못해서 서신국 마누라는 죽을 사경이 되어 가니,

대별상을 불러 놓고 말하기를,

"난 이제 다 죽게 되었으니, 마지막으로 생불할마님이나

청하여 주십시오."

"남자 대장부가 어찌 여자를 청해 가겠는가,

하지만 마누라가 다 죽게 되었으니 한번 가보자." 하여,

백망건, 백도포에 마부를 거느리고 말을 타

명진국에 들어가 할마님 앞에 왔으나,

할마님은 거들떠보지도 않으니,

대별상은 노둣돌 아래 양 무릎 꿇고 엎드리니

그때야 할마님이 말하기를,

"나를 너의 집에 청하고 싶으면, 바삐 돌아가

　　　　　　　　　두 하늘 이야기

대공단고칼로 머리 삭발하고, 한침 질른 굴송낙 둘러쓰고,

두 귀 누른 굴장삼 둘러입고, 면보선 신은 채로

이 아래 와 엎드려 있으면 내가 가겠다." 하였다.

대별상님은 친양도폭[道袍] 입고,

먼 올레 바깥에 가 노람지 펴 엎드린 것이

하루 이틀 사흘 나흘 이렛 동안을 밤낮 주야

모진 광풍이 불어도 그대로 엎드려 있고,

눈보라가 몰아쳐 수염에 고드름이 서고 얼굴이 얼어붙어도

하루 내내 그대로 엎드려 있고 하니,

할마님은 한편으론 괘씸했지만,

너무 부인 정녀가 불쌍하다 하여,

괘씸은 해서 섭섭하기는 하다만 너 하는 일을 봐서

너희 부인 해복해산 시켜주마.

"그만하면 하늘 높고 땅 낮은 줄 알겠느냐?

뛰는 재주가 좋다 해도 나는 재주가 있다 하여라."

"예, 무조건 잘못했습니다."

"나를 너의 집에 청하려면, 물명주 강명주로

서천강에 연다리를 놓으면 가겠노라. "

대별상이 물명주 강명주로 서천강 연다리를 놓으니

할마님이 서신국에 들어가보니,

서신국 부인님은 죽을 사경을 헤매고 있었다.

할마님이 은길 같은 손으로 허리를 삼세 번 쓸어내려

궁애문을 열고 환생을 시켜주었던

물명주 강명주 서천강 연다리가 됩니다. 그러니

대별상은 서벽좌西壁坐로 좌정하여 상을 받거들랑

할마님이랑 동벽좌東壁坐로 좌정하여 상 받는 법 마련하고

할마님이 받은 자손들은 다 호명정구 때가 되면,

서신국 대별상은 좋은 호명정구를 시켜주고,

좋은 복 말[斗]로 줍서, 섬[石]으로 줍서.

아기 본 얼굴 본 모습[相]이 없어 고운 자국이 풀어지였구나.

할마님은 많은 자손子孫들에 포태胞胎만 잘 시키다 보니,

내 자손은 이렇게 되었구나.

이젠 시기를 보아 대별상님께 가서

내 아기 본 얼굴 본 바탕을 만들어 달라 하니,

그때엔 서신국 대별상이 말하기를,

높은 동산이랑 낮게 하고, 낮은 동산이랑 높게 하여

본 얼굴 본 호명을 어서 가서 만들어 두고 오라 하니

작은 마마신 홍진국이 와서 열이틀 만에(마마가 발병하여 회복되는 기
간으로, 사흘은 앓고, 사흘은 솟아나고, 사흘은 불리고, 사흘은 들기 때문
에 12일이 된다)

'마누라 배송'을 받으려 한 게 작은 마누라가 되었구나.

할마님은 하루 만 명 포태를 주고,

하루 만 명 내우고, 지켜주는 할마님.

자손 동서벽좌東西壁坐로 상 받읍서.

우리 인간 백성 아들이나 딸이나

낳고 위해주던 권勸을 받아

백일 안에는 서신국 대별상이

호명정구를 아니 부리는 법이옵고,

돌 넘어 한 살, 두 살, 세 살, 다섯 살 미만에

서신국 대별상님이 호명정구를 불러주려 하여

한편으로 동백좌東壁坐에 할마님 상벌일 때는

서신국이 올습니다. 그런데 인간은 모르고 커 가다가

어떤 몸이 괴로워 따뜻해 가면,

어딜 어디라 합니까. 하나님 전에 등장을 바치려 해도,

후망장성堠望長城 높은 하늘이라

노각성자부연줄 없어서 올라갈 수 없고

지하地下님 전 등장을 들려 해도

거구巨軀한 체 헤쳐진 너른 땅이 되니,

궁리窮理할 줄 몰라 못 되어도 할마님입니다.

할마님으로 못할 일이 있습니까.

할마님 전으로 메, 시루떡 지어 올리고

깊은 바당 미역채 연찻물 떠 놓아서

할마님에 무릎 꿇려 앉아 열 손가락 아래로 들어

올리며 내리며 축원을 올려 가면,

할마님에선 여래십일제如來十日祭로 통촉을 하여서

할마님의 자손에 생불生佛을 주어서

"흉凶 관계랑 다 자부감재(흉이 있는 것을 너그러이 감해주는 일)." 시켜주어

할마님이 억조창생億兆蒼生 만민자손들 내우고

지켜주어 자손 번성繁盛시켜주던 영급靈驗 좋은 할마님,

이 다음에 할마님 이룬 역사는

서신국이랑 다 호명정구를 부르게 하여

의논議論하며 공논公論하며

편안便安하게 시켜주시라고

할마님 자손 열다섯 안 된 아기들은

할마님이 다 풀려 주는 법입니다.

할마님은 앉아 천리 서서 만리를 보며

우리 인간 백성들은 할마님이 포태를 내와 주는 법입니다.

할마님은 영급이 좋고 수덕이 좋은 할마님.

할마님은 자손들에 들어서

들며 나며 풍운조화風雲造化 불러주지 말고

한 우영 걸러서 많은 자손들을 지켜주며

할마님이랑 만민자손들 가는 데 오는 데 있다가

다 어린 자손들이랑 밤에 단잠 재워주고 단밥 먹여 줍서

요새 세상 아들이나 딸이나 탄생하면

가로 안아 젖을 안 먹입니다. 우유가 주장이난,

먹일 시간이랑 먹이고, 놀릴 시간이랑 놀리고, 재우고 하며,

할마님 자손들에게 천왕손 지왕손 인왕손 같은

각기 자손에 다 제초를 시켜줍서.

그리하여 천황가면 열두매증[十二魔症]

지황가면 열한매[十一魔], 인황 아홉매[九魔],

동해 청매[靑魔] 서해 백매[白魔] 남해 적매[赤魔]

북해 흑매[黑魔] 천지 중앙 황신매[黃魔] 제초를 시겨줍서.

정월 상원매[上元魔] 이월 영등매, 삼월 삼진매,

사월 파일매, 오월 단오매[端午魔] 제초를 시겨줍서.

야, 유월은 유두매, 칠월은 칠석매[七夕魔] 팔월 추석매[秋夕魔]

구월 당줏매[堂主魔] 시월 단풍매[丹楓魔] 오동짓달 동지매[冬至魔]

육섯달은 대한매, 늦인매 보뜬매 차아래 깔린매,

이불 위에 덮은매, 베개 아래 묻어준 매를 다 제초시겨줍서

천정에 붙은매 축보름에 붙은매

한 이레 늦은 매, 한 사흘 보뜬 매

든징 난징 경풍 경세 불러주어 얻어먹자 얻어쓰자 하는

할마님 누이 동경국 할망이랑 다 물 아래로 소멸을 시켜가며,

할마님에서랑 한 달 주기 사흘 이레(삼칠일)

한 달이면 초사흘 초일뤠, 열사흘 열일뤠, 스무사흘 스무일뤠,

한 달주기 들어서며 나서며 지켜주고

그런 자손 편안하게 시켜줍서

은자기 덕은 있고 놋자기 타야 있는 법입니다.

사람의 머리는 천天에서 둘러주고

후망堠望하라는 사람이 둘르는 법입니다.

주인 없는 권력을 사시오. 할마님으로 못할 일이 있습니까.

공든 탑塔을 일으켜 세워 줍서. 지든 탑을 제겨줍서.

일천선비들 놀고 간 덴 천당 방에 글발을 두고 가는 법이옵고,

청용황용이 놀고 간 덴 별 흔적을 두고 가는 법으로서

할마님 위해 할마님 전에 축수하는 말씀을 올리면

백에 열 말이나 열에 한 말이라도

우리 인간들은 아무 철도 모릅니다.

길짐승은 길 줄 알고 날짐승은 날줄 알아도

인간백성들은 무쇠 솥에 화식하고,

밤이 오면 잠을 자는 인간백성들이 무슨 때[時]를 압니까.

졸卒하고 때 모른 자손들입니다.

한강을 많이 먹어 짠 줄 압니까.

조금만 먹어도 짜고 싱거운 줄 알고 있습니다. 그러니,

할마님이 궂은 액년厄年을 다 면송시켜서

동서남북 사위팔방四圍八方으로 오는 액살厄煞을 제초시켜주고

열다섯 안에 아기들은 저 길에 다니며

어느 달리는 차에 다치게 마시고

오토바이에 자동차에 넋 날 일 혼날 일

높은 데 올라서서 아래로 어마나 깜짝 돌아 누워 떨어지게 맙서.

어느 임수 깊은 물도 물이고 얕은 물도 물입니다.

어느 수중水中에 다니다 넋 날 일 혼날 일을 다 면송시겨줍서.

할마님 전에 오르며 내리며 길길이 이 원정을 드렸습니다.

할마님아, 정구 일에 잘못한 일이 있으나,

후일後日에 몽롱한 일이 있으나,

차차次次로 불착된 죄목죄상罪目罪狀이랑

다 여기서 벌석 처벌處罰하여 줍서.

할마님 뒤에 어깨삼승, 걸레삼승 군졸軍卒들

다 저 올레 바깥으로

청감주 찬 냉수로 많이많이 배례拜禮하겠습니다.

할마님이랑 자손들 머리 지붕으로(머리의 가마를 집의 지붕으로 생각함)

상가마, 중가마, 하가마로 들 틈 없이 인도하여 주십시오.

제4부
차사 본풀이

❶° 시왕올레
두 번째 하늘, 열두시왕의 문을 열다

시왕올레

1) 시왕은 사람이 죽어서 가는 저승

시왕[十王]은 두 개의 하늘, 하늘 제1궁 삼천천제석궁(＝삼시왕)과 하늘 제2궁 열두시왕(＝시왕) 중 두 번째 하늘, 열두시왕[十二十王]을 말한다. 시왕올레는 '시왕으로 들어가는 입구'란 의미를 지닌다. 삼시왕(＝삼천천제석궁)과 시왕(＝열두시왕) 두 하늘은 제주 큰굿의 굿청[祭廳], 상방 마루 사방四方에 당클을 매어 설치해 놓은 '우주의 모형'이라 할 수 있다.

삼천천제석궁과 열두시왕궁은 전혀 다른 세계다. 이 하늘 이궁二宮은 어떻게 다른가. 다시 그려본다. 집안 굿청 상방 마루 위쪽에 가설된 '우주의 모형도' 네 당클에서 보자. 땅의 영역은 수평적인 두 영역,

집으로 들어가는 입구인 남쪽을 문전, 즉 본향 당클로 잡고, 문전의 맞은편 북쪽을 마을, 즉 영신 당클로 잡아 신들을 두 당클에 나누어 모신다. 하늘에서 하강한 신들의 수직적인 두 영역에서 제일 높은 하늘은 서쪽을 삼천천제석궁 당클로 잡고, 그 맞은편 동쪽을 열두시왕 당클로 잡아 하늘의 신들을 이궁으로 나누어 모신다. 이렇게 상방 마루 사면 네 당클에 하늘과 땅의 신들을 모두 좌정시켜 '우주의 모형'을 굿판에 완성하였다. 하늘과 땅 사궁에 나누어 모신 신들을 가장 높은 하늘에서 가장 낮은 땅에까지 수직으로 세워놓고 보면, 제2의 하늘, 열두시왕의 영역은 어디일까 생각할 수 있을 것이다.

두 하늘의 신들을 이렇게 구분하기도 한다.

큰굿의 모든 신들을 제청에 모셔 들이는 청신의례에서 초감제(군문열림)→초신맞이(오리정 신청궤)→초상계의 진행을 관찰해 보면 아래의 것들을 알 수 있다. 15일~17일 동안 하는 심방 집 큰굿에서 맨 처음 하는 '초감제'는 두 하늘의 모든 신들을 지상에 하강시키는 과정이다. 맞이굿 초감제의 군문열림 제순도 이와 같다. 그다음에 진행하는 '초신맞이'에서는 초감제 때, 하늘에서 내려온 신들과 땅의 모든 신들을 함께 맞이하여 재차 굿청에 모셔들이는 것이 초감제의 신맞이굿 '초신맞이'다. '오리정 신청궤'에서 신을 모셔오는 것도 같다. 그다음에 진행되는 '초상계'는 초감제를 하여 하늘에서 하강시킨 신들, 초신맞이와 초감제에서 하늘에서 내려온 신들과 땅의 신들을 재차 모으고 집안에 모신 조상신 마을, 즉 영신까지 모든 신들을 모셔와 네 당클에 나누어 모시고 모든 신들을 집 밖으로 나갈 수 없게 문을 잠그는 의식, 문마다 백지를 오려 만든 오방각기를 붙여 문을 잠그는 의식, 이를 「오방각기 시군문잡음」이라 한다. 이와 같이 오방각기를 두 장씩 문마다 오방에 붙이면, 신들은 집안을 떠날 수 없고, 이때부터 네 당클은 우주를 고스란히 상방 마루 위에 옮겨다 놓은 '우주의 모형도'이며, 축소된 신의 세계가 된다. 집안에 임시로 가설한 작은 우주가 된다. 청신은 굿이 끝날 때까지 신들을 청하여 당클 위에 모셔두는 의식이다. 그리하여 청신이 끝나면, 하늘 제1궁 삼천천제석궁 당클에 모신 신들부터 마당에 따로 맞이굿 상을 마련하여 본풀이를 굿본으로 하여 맞이굿을 하고 신다리를 안방으로 매어들어 맞이굿을 마친다. 이와 같이 하늘 제1궁 삼천천제석궁의 굿은 천지왕 본풀이, 초공본 풀어 초공맞이, 이공본 풀어 이공맞이, 삼공 전상신 본풀어 삼공맞이, 생불할망 본풀어 불도맞이, 세경 본풀어 세경놀이로 진행된다. 삼천천제석궁의 신들을 위한 굿이 다 끝나면, 하늘 제2궁 열두시왕 당클의 굿으로 넘어가게 되는데, 시왕올레는 하늘 제2궁 열두시왕 당클의 굿으로 들어가는 굿 시왕맞이를 시작하기 전 '시왕'의 입구라는 의미를 지닌다.

시왕올레는 다시 새로운 신들, 시왕에 모실 신들 중 빠뜨린 신위가 없는지 확인하고, 다시 청신하는 청신의례 '제오상계'를 시작으로, 하늘 제2궁 열두시왕 당클에서 해야 할 시왕 신들의 의례, '시왕맞이'를 시작하는 출발점이다. '시왕맞이'를 나누어 말하면, 차사, 명감, 지장 본풀이, 방광침, 차사영맞이, 시왕질치기, 액막이 등 열두시왕 당클의 굿들이다.

시왕올레에 들어가기 전에 하늘 제1궁과 제2궁의 특징과 차이를 다시 정리해 보자. 가장 높은 곳에 있는 하늘 제1궁 삼천천제석궁을 '삼시왕'이라 한다. '삼시왕'은 심방이 죽어서 가는 저승이란 뜻이다. 그렇다면 저승은 두 개다. 사람이 죽어서 가는 '시왕'과 심방이 죽어서 가는 '삼시왕'이 두 저승이다. '삼시왕'은 무조 신화 「초공 본풀이」에 의하면, 초공 '젯부기 삼형제'가 하늘옥황 깊은 궁에 갇혀 있는 어머니 '자주명왕 아기씨'를 구하기 위하여 과거에 급제했던 임명장을 반납하고 심방의 신 삼시왕이 돼 어머니를 구했던 이야기에 의한다. 그러므로 굿을 하는 샤먼왕 무조 '젯부기 삼형제'를 '삼시왕'이라 하는 것이다. 삼시왕은 삼천천제석궁 어궁御宮 왕인데, 경우에 따라서 삼시왕은 하늘 옥황천지왕 또는 옥황상제라고도 한다. 시왕올레는 삼시왕을 나와 '시왕으로 들어가는 입구'다.

2) 시왕 당클에서 꼭 해야 할 이야기

제오상계에서 연행되는 '용놀이'는 우리 한민족 고대의 용봉문화龍鳳文化와 대사퇴치신화大蛇退治神話라는 고대 조선 하늘굿[天祭]의 흔적을 보여준다. 용놀이는 용龍 또는 '천구아구대맹이'라는 큰뱀[大蛇]을 잡는 희극적인 놀이굿이다. 용놀이는 신성한 공간인 굿청의 부정不淨을 말끔히 씻는 일종의 정화의례다. 이 용놀이를 다른 이름으로 갈룡머리 또는 아공이굿이라 하며, 큰굿의 젯상계에서나 제오상계에서 행해진다. 이 용놀이는 나주 금성산신과 같이 하늘과 땅에 붙은 큰뱀 또는 용을 잡는 대사퇴치신화를 놀이굿으로 보여주는 것으로, 큰굿이 아니면 볼 수 없는 굿이다. 이 굿은 1984년 6월 14일, 박인주(남무男巫, 62세) 옹의 댁에서 치러진 당주연맞이(신굿)의 제오상계에서 연행되었다. 심방집 큰굿이라고 하는 신굿은 형식이나 내용이 어김없는 '차례

차례 재 차례 굿'이라 하며, '두 이레 열나흘 굿'이라고 한다. 제오상계
는 간단히 하면, 시왕맞이를 하기 전에 미참한 신들을 재차 불러들이
는 청신의례지만, 격식을 갖추어 하면, 대사퇴치신화를 의례화한 용
놀이가 '굿 중 굿'으로 삽입되는 아공이굿(뱀굿)이 되는 것이다. 제오
상계는 굿의 절정이라 할 수 있는 시왕맞이와 삼시왕맞이(당주연맞이)
에 들어가는 예비 굿으로, 이들 굿에 미참한 신들을 재차 정하여 모셔
놓고, 화려하고 웅장한 자리에서 신들에게 향응 접대하고, 굿을 준비
하는 과정을 보여준다. 제오상계 놀이굿의 제순은 아래와 같다.

①풍류놀이→②방애놀이→③전상놀림→④용놀이(갈룡머리)→⑤뱀
장사놀이

용놀이 때 신들을 모시는 당클에는 청룡과 황룡 두 구렁이가 들어
서 있다. 시각적 효과를 위해 양쪽 당클에 긴 광목천을 바닥까지 늘어
지게 드리워 놓은 것이다. 당클이 하늘이고 바닥이 땅이라면, 구렁이
가 머리는 하늘에, 꼬리는 땅에 드리워진 것이며, 이는 신성한 공간인
굿청이 부정을 탄 것이다. 그러므로 심방은 이 두 구렁이를 술을 먹여
잠들게 하고, 잠든 뱀 '천구아구대맹이'를 신칼로 죽이고, 뱀의 골을
후벼 약으로 파는 '뱀장사놀이'를 한 뒤, 제장에서 뱀을 퇴치하여 치워
버리는 순서로 진행된다.
심방은 뱀을 발견하면, 제 힘으로 뱀을 죽일 자신이 없다 하며 구경
꾼과 의논하여 술을 먹이기로 한다. 청룡과 황룡이 술을 먹고 잠이 들
면 그때서야 자신만만하게 왕년에 중국에서 무술을 배우던 자랑을 하

　　　　　　　　　　　　　　　　　　　　　　　　　두 하늘 이야기

며 제장을 웃기고, 뱀 있는 데로 살며시 기어가서 신칼로 단숨에 뱀을 쳐 죽인다. 이때 신칼은 뱀을 물리치는 영웅의 신검이다. 뱀장사놀이는 사악한 뱀을 죽여 그 골을 후벼 파서, 인간의 생명을 살려내는 약으로 파는 데 극적인 풍자가 있다. 이리하여 수심방은 이곳저곳 약을 팔려 하지만 아무도 사지 않는다. 왜냐면 뱀의 골수는 사신의 원한이며 죽음이며 병이기 때문이다. '사람을 죽이고 병을 고치는' 약이라는 뱀골은 '나쁜 전상'으로 제장 밖으로 청소해야 할 대상이다. 따라서 심방은 본주의 인정을 받고서, 집안의 우환과 흉험을 가져오는 '나쁜 전상'을 밖으로 내놀리는 것으로 용놀이가 끝난다. 용놀이는 풍류놀이 → 방애놀이 → 전상내놀림(전상놀이) → 용놀이(갈룡머리) → 뱀장사놀이로 구성돼 있는데, 풍류놀이는 제오상계의 오리정 신청궤의 막판에 삼시왕을 비롯한 모든 신들과 삼시왕의 이승 행차의 안내를 맡은 감상관(본향당신本鄕堂神)이 본향당신의 역을 맡아 청신請神하는 것이다. 본향당신이 신을 오리 밖까지 가서 맞이해 오는 것을 오리정 신청궤라 한다. 풍류놀이는 신청궤의 끝에 각 고을의 당신, 신당 군졸들이 모인 자리에서 가무오신歌舞娛神하는 놀이굿이다. 이때 심방이 본향당신이 되어 "니나난니 난니야" 하는 노래를 부르며 연물 가락에 맞춰 춤을 추어 신들을 즐겁게 하면, 제장의 모든 구경꾼들도 따라서 노래하고 춤을 춘다.

  방애놀이는 굿을 준비하기 위하여, 술을 빚는 노동의 과정을 연출한다. 수심방이 얼굴에 밀가루를 발라 부스럼이 난 험한 모습으로 등장하면, 소미[小巫]는 "소록이여!" 하며 외친다. '소록'은 악惡, 병病 또는 전상의 다른 표현이다. 소록에는 상소록과 하소록이 있으며, 상소록은 좋은 전상, 하소록은 나쁜 전상이라 생각하면 된다. 여기에서의 소록은 '나쁜 전상'이니, 나쁜 버릇, 악, 부정不淨, 사邪, 병病 따위를 말한다. 수심방의 얼굴에 난 부스럼이 그것이다. 이러한 '소록'을 없애기 위해 '뱀을 없애는 굿'을 해야 하며, 굿을 위한 제주祭酒를 마련해야 한다. 소무와 수심방에 의해 진행되는 대화는 굿하는 집에서 부지런히 움직이는 노동의 현장을 재현한다. 이들은 떡과 가루를 가지고 그릇에 물과 섞어가며 게걸스럽게 만든 술을 가지고 본주의 집안 어른들에게 먹이려 한다. 만일 안 먹으려면 인정(돈)을 내어야 한다. 모든 집안사람들이 안 먹으려 하면, 침까지 뱉어 놓은 더러운 물(잘 익은 술)을 수심방이 홀짝 홀짝 마셔 버리면서 "영 ㅎ멍 심방질 흡네께(이렇게 하면서 심방 노릇을 하지요)." 하고, 일동 웃음을 터뜨린다.

전상내놀림(또는 전상놀이)은 장님 거지가 등장하는 전상놀이가 아니다. 제주도 놀이굿에는 장님 거지가 등장하는 전상놀이(삼공맞이)라는 심방굿놀이가 있는데, 여기에서는 '전상을 내놀리는 굿'으로, 전자와 혼동을 피하기 위해서는 전상놀림굿이라 해야 할 것이다. '전상'이 '전생의 업보'로서 '팔자' '직업' '버릇'이라면, 여기에서의 전상놀이는 '나쁜 전상'을 내놀리는 놀이다. 놀이의 진행은 고리동반(떡 이름)을 수심방이 머리에서부터 얹고, '소록'이라 하면서 발끝까지 내려오는 장면을 연출하는데, 이때 떡이 있는 곳은 병의 환부에 해당한다. 발끝까지 내려온 떡을 밖으로 내어놀리는 과정을 보여준 후, 제주 전 지역 심방의 이름을 부르며 "○○○도 내놀리자!" 하며 창을 한다.

용놀이(갈룡머리)를 할 때는 신들을 모시는 당클(선반에 매어 놓은 제붕)에 청룡과 황룡 두 구렁이가 들어서 있다. 심방은 제장을 더럽히

　　　　　　　　　　　　　　　　　　　　　　두 하늘 이야기

는 이 두 구렁이에게 술을 먹여 잠들게 하고, 잠이 든 뱀을 신칼로 죽이고 골을 후벼 약으로 파는 '뱀장사놀이'를 한 뒤, 제장에서 뱀을 치워버리는 순서로 진행된다. 우선 심방의 사설 속에 등장하는 '천구아구대맹이'라는 용이 노는 길은 천지 사이의 험악한 장소, 불길한 장소다. 이와 같이 용이 노는 곳은 구름이 많은 길, 궂은 바람이 휘몰아치는 길, 무조 삼형제를 유배한 길, 간질 병을 옮기는 길, 뻘 많은 구렁텅이다. 따라서 용은 불길하고 사악한 존재이며, 바다로부터 밀려온 외세外勢라 할 수 있다. 또 놀이의 내용을 보면, 심방은 용이 있는 곳을 신칼로 점치고 나서 멀찍이서 엎드려 소무와 대화를 한다. 이렇게 하여 뱀을 발견하면, 제 힘으로 뱀을 죽일 자신이 없다 하며 구경꾼과 의논하여 술을 먹이기로 한다. 청룡과 황룡이 술을 먹고 잠들면, 그때서야 신칼로 뱀을 쳐 죽인다. 이때 신칼은 대사大蛇를 퇴치한 영웅의 신검이 된다.

　뱀장사놀이는 뱀을 죽이고 끝나는 것이 아니라 뱀의 골을 파 약으로 속여 장사를 하는 데까지 이어진다. 이로써 뱀의 골은 생명력으로 환치되어 정력을 주는 약이 된다. 이리하여 수심방은 이곳저곳 약을 팔려 하지만 아무도 사지 않는다. 왜냐면 뱀골은 사신의 원한이며 죽음이며 병이기 때문이다. 뱀골은 '나쁜 전상'으로 제장 밖으로 청소해야 할 것이다. 따라서 심방이 본주의 인정을 받고서, 집안의 우환과 흉험을 가져오는 '나쁜 전상'을 밖으로 내놀리는 것으로 용놀이는 끝난다.

　시왕올레에 들어선 연구자가 '열두시왕 당클'에서 다시 살펴봐야 할 이야기는 죽음에 대한 이야기다. '죽음'은 목숨[定命]이 다해 저승에 가는 이야기이며, 제주 신화 열두 본풀이 중 열두시왕당클에서 다루어야 할 이야기는 「차사 본풀이」, 「명감 본풀이」, 「지장 본풀이」다.

아이가 자라 열다섯 살이 지나면 성인이 된다. 어른이 되면, 모두 저승 명부에 이승[현실 세계]에서의 정해진 수명이 기록된다. 아무도 자신의 운명을 모르고 살지만, 신의 명부에는 기록돼 있다. 이를 정해진 목숨 즉 '정명定命'이라 한다. 그러므로 '죽음'은 정명이 다 되어 목숨이 끊어져 저승에 가는 것이다. 이승, 현실 세계에서의 삶이 끝나고, 죽음을 맞이하고, 다음에 오는 또 하나의 새로운 삶으로서 저승에서의 삶을 풀이한 신화가 「차사 본풀이」다. 「차사 본풀이」는 '죽음'과 죽은 영혼을 저승으로 보내는 장례, 저승에서의 삶과 이승과 저승의 시간과 공간의 관계를 풀이한 저승 법전이다. 저승법은 순리에 어긋난 죽음, 악연에 의해 만들어지는 모순된 이승에서의 삶을 바로잡는 과정에서 맑고 공정한 굿법으로 풀이해 나간다. 굿을 통하여 모순된 세상을 바른 저승법으로 풀어나가는 것이다.

2° 저승의 서사시 시왕맞이 1

시왕맞이 초감제

　시왕맞이 초감제는 관세우→삼석울림→베포도업침→날과국 섬김
→집안연유 닦음→군문열림→산받아 분부사룀→주잔넘김→새ᄃ림→
도레둘러맴→신청궤로 진행된다.

　관세우는 하늘의 신들이 땅으로 내려와 다시 하늘로 올라가기 전까
지 집안에 머무는 동안, 매일 아침 제장(당클)에 모신 신들이 일어나
세수하고 의관을 정제하며 담배도 한 대 피우며 하루의 일과를 준비
하는 내용의 제차다.

　생인은 세숫법이 있고, 신전엔 관세우법이 있습니다. 동해바다 은하봉
천수 입이 넓은 차대접에 떠다 석자오치 관세우 수건으로 팔천 신전님 관

세우시키러 가자. (악기가 울리며 수건에 물을 적셔 뿌리며 그 수건을 각 당클마다 걸었다 걸었다 한다.)

삼석울림은 초감제를 시작하기 전에 악사석에서 소무들이 설쇠, 북, 징을 쳐 하늘에 굿 시작을 알리는 동시에 악기를 점검해 보고 시험해 보는 의미도 지닌다. 삼석울림이 끝나면, 소무는 공싯상에 놓인 술잔에 제물을 조금씩 뜯어 놓고 잡식하여 바깥에 던진다. 삼석울림은 굿 준비가 덜 되어도 굿을 시작하는 택일된 시간을 어기지 못한다. 삼석울림이 끝나면, 제장의 준비, 상차림 등 미비한 준비를 갖춘다. 수심방은 관복 차림의 정장을 하고 신칼과 요령을 들고 신자리 앞에 서서 악기에 맞추어 춤을 추고, 요령을 흔들고 신칼채를 놀리며 두 손을 모두어 제장에 절 삼배를 드린 후, 장고를 놓고 앉아서 무가를 부르기 시작한다.

베포도업침은 천지혼합으로부터 우주개벽, 일월성신의 발생, 산수 국토의 형성, 국가, 인물의 발생 등 지리적 · 역사적 사건의 발생을 차례차례 노래해 나가는 발생 신화이다. 이 자연 사상의 발생에 대해 노래하는 것을 '베포[配布] 친다'(나누어 펼치다)고 하고, 인문 사상의 발생에 대해 노래하는 것을 '도업[都邑] 친다(도읍하다. 새로 시작함을 아뢰다)'고 하므로 베포도업 신화라 할 수 있다.

'날과국 섬김'은 아무 날 어디에서 굿을 하게 되었다는 것을 알리는 대목이다. 날과국 섬김에서는 시간과 공간을 역사 속에 파악하고 굿판이 세계의 중심에 있다는 제주 사람들의 세계관 그리고 굿하는 자리가 하늘과 땅, 이승과 저승이 만나 공존하며, 신들이 내려와 인간과

 두 하늘 이야기

만날 수 있는 입체적인 공간이라는 제주인의 공간 의식이 나타나 있다.

'집안연유 닦음'은 무엇 때문에 굿을 할 수밖에 없었다는 이야기, 집 안의 내력을 신과 더불어 신의 이야기(분부)를 들으며 풀어 나간다.

'군문열림'은 심방이 하늘 신궁의 문을 여는 과정이다. 심방은 감상 기라는 생죽生竹이 달린 깃발을 들고 신들을 안내하는 춤, 요령춤, 신 칼춤, 신에게 고마움을 표현하는 손바닥춤을 춰 신의 뜻을 점치며, 도 랑춤[回轉舞] 등 요란하고 격렬한 춤으로 신명나는 한판을 만든다. 그 런 다음 신칼점을 치는 '산받음'으로 신의 뜻을 알고 그 분부를 아뢰는 '분부사룀' 그리고 모든 신에게 술을 권하는 '주잔권잔'을 하고 나면 끝난다. 군문열림을 하여 하늘에서 내려온 신들을 굿판으로 안내하는 신을 감상관이라 하는데, 당신이 감상관 역할을 한다. 그러나 실제 굿 에서는 당신을 대신하여 심방이 감상관의 역할을 하게 되므로 심방이 하늘에서 내려온 신들을 굿판으로 모시는 것이다.

'새ᄃ림'은 하늘의 은하 봉천수 맑은 물을 떠다가 제장의 부정을 씻 는 '부정신가임', 신이 하강하는 길의 모든 사邪를 쫓아, 굿판의 부정 을 씻어내는 '새ᄃ림', 환자의 몸을 아프게 하는 병, 마음의 부정까지 쫓아내는 '푸다시'를 하고 '젯북제맞이굿'까지 이어진다.

'도레둘러맴'은 악기의 신 '너사무너 도령 삼형제'에게 악기가 잘 울 리게 해달라고 비는 굿이다. 심방은 북, 설쇠, 징 앞에서 연물[樂器]이 잘 울리도록 기원하며 향로를 돌리며 춤을 추고, 도레상의 도레떡과 과일 등이 든 채롱을 악기 위에 얹어 놓고 대접하며, 굿판에 모인 구 경꾼과 단골들에게도 인정을 받는다.

'오리정신청궤'는 심방이 하늘에서 내려온 신들과 땅의 모든 신들을 함께 오리 밖 본향당 신목(우주목)이 있는 곳까지 가 굿청까지 모셔오는 신맞이굿이다.

큰굿의 '시왕맞이'는 하늘 제2궁 열두시왕 궁의 신들을 맞이하여 대접하고 기원 천도하여 송신하는 종합적인 사자천도의례다. 그러나 여기서는 시왕맞이를 종합적인 의례가 아니라 신화 또는 신화 스토리텔링으로 다루려 한다. 그러므로 보름이나 걸리는 '차례차례 재 차례 굿' '밤낮 두 이레 열나흘'에서 하루가 꼬박 걸리는 시왕맞이는 저승의 서사시다. 의례의 절차 하나하나를 들여다보면 거기에 신화가 있다. 고대 우리 민족의 역사 속에 간신히 남아 전하는 굿의 얘기에 환국, 배달, 단군 조선, 고구려, 부여의 고대사가 조금씩 보인다. 제청에 모인 신들 중 태호복희씨, 염제신농씨, 황제헌원씨 등은 중국의 신으로만 알았던 신들인데, 초감제의 베포도업 신화, 제청신도업에서, 15성인도읍에 보면, 이 세상에 오신 성인, 죽어서 삼천천제석궁의 신이 된 우리 하늘의 신들이다. 그러므로 필자는 시왕맞이 제차를 살펴가면서 본풀이와 무당서 3,000권의 굿법을 찾아 의미를 붙여보기로 하였다.

제청신도업: 열다섯 성인, 세상에 오다

천황씨天皇氏 일만팔천세一萬八千歲 도읍하고,

지황씨地皇氏 일만팔천세一萬八千歲 도읍하고,

일월성신日月星辰 생겨나고, 초목금수草木禽獸 생겨나니,

인황씨人皇氏는 문장구주分掌九州 하니,

형제구인兄弟九人 사만오천육백년四萬五千六百年 도읍한

성인聖人님도 도읍입니다.

그 뒤에 수인씨燧人氏 나무를 세워서 집을 지어 살고,

유소씨는 나무를 깨어 불을 얻어 도인화식법導人火食法 마련하고,

여와씨女媧氏는 옷을 지어 입는 법을 마련한 성인聖人님도 도읍입니다.

그 뒤에 태호복희씨太昊伏羲氏는 사신인수蛇身人首

머리는 사람 머리요 몸은 뱀 몸이 되니,

팔괘八卦를 그려 글 쓰는 법 가르치고,

시집가고 장가들어 남녀구별법 마련하고,

그물을 놓아 사냥하는 법을 마련한 성인님도 도읍입니다.

그 뒤에, 염제신농씨炎帝神農氏는 인신우수人身牛首

머리는 소의 머리 몸뚱인 사람 몸이 되니,

따비와 쟁기를 만들어 농사農事를 짓고,

백 가지 풀을 맛보아 이약감물법以藥鑑物法을 마련한 성인님도 도읍이고,

그 후 황제헌농씨黃帝軒轅氏는 방패防牌를 지어 불량배를 막고,

활을 지어 난리亂離를 막고, 수레를 지어서 먼 길을 통행通行하고,

배를 지어 저 바다를 넘나들던 성인님도 도읍입니다.

그 후엔 전오고양씨顓頊高陽氏는 책력冊曆을 지어,

밤과 낫(낮)을 분간分揀하고,

그림자를 모아서 시간법時間法을 마련한 성인님 도읍하시니,

그 후 주양씨朱陽氏 혁선씨赫先氏 갈천씨葛川氏

호양씨浩陽氏 혼돈씨混沌氏가 나오셨고,

그 후 하은왕夏殷王 상탕商湯 주무왕周武王이 나시고,

공자孔子 하늘에서 낳은 성인聖人님은

서역주역을 지어서 악惡한 사람 선善하게

책冊을 내어 글을 배워 선비 됨을 가르치시던 성인님도 도읍하니

십오성인十五聖人 도읍입니다.

고대 탐라국의 당신화 「송당 본풀이」

탐라 땅에 하늘의 신과 땅의 사람이 함께 살기 시작한 성지聖地는 탐라의 최초의 마을, 송당리 '당오름'이었다. 신화의 공간과 역사의 공간이 공존하는 신당의 메카는 구좌읍 송당리 당오름 자락에 자리 잡은 웃손당 금백주할망당이다.

고대 제주 중산간 마을의 축제는 한라산에서 솟아난 천지창조의 신 설문대할망과 그녀의 아들 오백 장군, 장수신으로 태어나 '밥도 장군, 떡도 장군, 술도 장군, 힘도 장군'이라는 한라산의 산신 '하로산또'들이 한라산을 떠돌며 대각록(큰뿔 사슴)·소각록(작은뿔 사슴)을 사냥하던 옛날의 조상들을 기리는 산신제(사냥제)였으며, 이들 오백이나 되는 한라산의 신들 중에 마을에 내려와 최초의 당신이 되었다는 송당리 알손당의 산신 소로소천국을 기리는 사냥제, 제주 자왈곶(가시덤불) 돌밭에 뿌리는 바람의 축제였다.

고대의 당오름 송당리는 한라산을 내려온 신들이 마을의 당신으로 좌정하던 시기였다. 떠돌아다니던 사농바치(사냥꾼) 신들이 결혼을 하여 마을의 신으로 좌정한 곳, 신화의 메카, 당의 불휘공이라 일컫는

                                    두 하늘 이야기

이곳 송당리에는 당굿, 정월의 신년제, 2월의 영등제, 7월의 백중마불림제, 시월의 시만곡대제가 있었다.

이와 같은 탐라 고대의 축제에는 한라산 신제의 혼례의식, "산으로 오르실 때 대각록(큰뿔 달린 사슴) 천 마리, 산에서 내려올 때 소각록(작은뿔 사슴) 천 마리" 잡아 신에게 바쳤던 희생제의 의미가 고스란히 전승되고 있다.

그러므로 백주할망당의 당굿은 고대 축제의 원형을 전승하고 있으며, '당 본풀이'는 큰굿의 초감제 날과국 섬김에 나오는 탐라국 건국신화로 전해오는 이야기 "영평팔년에 고량부 삼성친이 탐라국을 건국했다"는 송당리 당 본풀이와 신화의 화소가 거의 같다.

송당 성지 신화 「백주할망 본풀이」에 의하면, 한라산을 떠돌며 사냥을 하던 사냥의 신 '소로소천국'이 서울 안동 땅에서 오곡의 종자와 송아지, 망아지를 가지고 제주도에 들어와 당오름 자락에 자리잡아 '금백주 할망'과 결혼하여 농사를 지으며 마을을 이루어 살게 되었다고 하다. 이 이야기는 큰굿의 초감제인 날과국 섬김에 구전되어 온 탐라국 건국 시조 신화의 모티프 '고량부 삼신인이 벽랑국의 삼공주를 맞이하는 이야기'보다 먼저 완성된 것이다.

고량부 삼성친이 탐라국을 건국한 것은 AD 65년이고 역사 시대 이야기지만, 성지 신화 「백주할망 본풀이」와 굿의 날과국 섬김은 세상이 창조된 당시의 시간과 공간을 신들과 구경꾼에게 아뢰는 것으로, 굿의 순서를 설명하는 작은 굿 속에 나온다는 것은 건국 시조 신화의 원형은 송당 당오름 신화 「송당 금백주할망 본풀이」가 분명함을 입증하는 것이다.

날과국 섬김, 굿의 시간과 공간의 의미와 「모흥혈 삼을나 신화」

　날과국 섬김은 굿하는 장소, 땅에 대한 풀이로서의 땅풀이의 의미를 지니고 있다. 땅은 크게 보면 세계이며, 작게 보면 굿판이다. 그리하여 만국蠻國이라는 미개하고 작은 나라도 나라라는 전제 아래 제주도를 중심에 두고 주변에 있는 국가에 대한 인식을 바탕으로 제주인의 수평적 세계관을 전개해 나간다.

　제주도 주위에는 여덟 개의 미개한 작은 나라와 열두 개의 제도가 정비된 큰 나라가 있으며, 그중 동양에는 삼국이 있고, 서양 여러 나라가 있다. 동양 삼국은 중국 천자대국, 일본 주년소국, 우리나라 해동 조선국이다. 나라를 소개한 다음에는 해동조선국의 도읍 변천통한 역사를 서술하고, 팔도의 인문지리적 환경과 조선국의 제일 큰 섬 제주도를 설명한다.

　이러한 서술 방식은 제주가 변방이 아니라 우주의 중심이라는 제주인의 세계관을 반영하는 것이다. 또한 탐라국 시조 신화를 통해 민족의식과 독립국가 의식을 고취하고, 무교와 불교가 융성한 곳이라는 종교적 지역성을 강조하며, 한라산을 중심으로 한 제주도의 역사를 노래함으로써 굿판을 풀이하고 있다.

　　국國을 가릅니다.
　　해단국도 국이요, 달단국韃靼國도 국입니다.
　　주위는 팔만八蠻 십이지 제국十二之諸國인데,
　　동양 삼국 서양 각국을 마련하니,

강남은 천자대국天子大國, 일본은 주년소국,

천하해동天下海東 대한민국입니다.

안동밧골, 좌동밧골, 먹자고을, 모시정골 수박골, 불칸대궐 마련하고,

경상도는 칠십칠관, 전라도 오십삼관, 충청도 삼십삼관,

일제주一濟州는 이거제二巨濟, 삼진도三珍島, 사남해四南海,

오강화五江華 땅, 육한도六莞島, 그중 큰 섬 제주도인데,

장강 청수 사벡리四百里 물로 빙빙 테두리 두른 섬입니다.

산은 갈라 한라산漢拏山, 성산 가면 일출봉日出峯, 대정 가면 산방산,

땅은 보니 노고짓鹿下地 땅, 물은 갈라 황해수黃海水,

저 산 앞은 당오백堂五百 이 산 앞은 절오백寺五百,

어승생御乘生岳 단골머리 아흔아홉九十九谷,

백록담白鹿潭 오백장군五百將軍 오백선생五百先生 마련하고

한 골谷 부족하여 범도 곰도 왕도 나지 못한 섬입니다.

영평 팔년永平八年 을축년乙丑年. 을축 삼월 열사흘 날,

모인굴毛興穴 삼성혈에서,

자시子時에는 고을라高乙那,

축시丑時에는 양을라良乙那,

인시寅時에는 부을라夫乙那(가 태어나),

고량부高良夫 삼성친三姓親이 도읍입니다.

　　제주도의 굿판은 결국 우주의 중심에 있다. 굿하는 자리인 이 집안의 사정을 이야기하는 연유닦음 이전까지의 날과국 섬김에서 보여주는 공간 의식은 굿판이 세계의 중심에 있다는 제주 사람들의 세계관

과 함께, 굿하는 자리가 하늘과 땅, 이승과 저승이 만나는 곳이라는
제주인의 우주관을 포함하여, 굿판은 저승과 이승이 공존하며, 신들
이 내려와 인간과 만날 수 있는 입체적인 공간이라는 제주인의 공간
개념이 나타나고 있다.

저승의 서사시 시왕맞이 2

영게울림: 영혼을 울림

  '시왕맞이'는 사람이 죽어서 간다는 '시왕' 또는 '열두시왕' 당클에 좌정한 저승 명부冥府의 신들을 맞이하여 집안의 죽은 영혼들의 억울함을 풀어주고[解冤] 넋을 극락 세계로 인도하는[薦度] 맞이굿이다. 시왕맞이는 15일 동안 하는 큰굿의 절정에서 이루어지는 굿이다. 「초공본풀이」에 의하면, 무조 삼형제는 어머니를 살리기 위하여 심방이 되어 어머니를 구하고, 삼천천제석궁에 올라가 삼시왕이 되었다. 삼시왕이 된 후, 양반집에 병과 재앙을 주고, 염라대왕에 명령하여 정명이 다 된 환자를 잡아오게 한다. 그러면 염라대왕은 저승 삼차사에게, 저승 삼차사는 강림차사에게, 강림차사는 본향당신에게 명령하면, 본향당신을 통하여 죽음이 인간에게 내려지는 것이다. 이때 인간은 병고

와 죽음의 문제를 해결하기 위하여 굿을 하게 되는데, 이때 하는 시왕맞이는 죽음의 문제를 해결하는 굿이다. 굿에서 심방은 무점巫占을 통하여 신의 뜻을 알아내 그를 인간에게 전달하게 되는데, 이와 같이 신의 뜻을 인간에게 전달하는 제차祭次를 '분부사룀'이라 하며, 시왕맞이에서의 심방이 신과 인간 사이에 말을 전하는 분부사룀을 '영혼을 울리며 말한다'는 의미를 지닌 영게울림이라 한다. 영게울림은 시왕맞이 때 하는 분부사룀이다. 심방은 영게울림을 통하여, 죽은 영혼[死靈]의 맺힌 한, 이승에 있을 때 풀지 못해 가슴에 맺힌 미련과 죄업을 말끔히 씻어 준다. 그리고 집안에 환자가 있는 경우, "이 주당住堂 안에 아무개 몇 살 난 아이 정명이 다하였으니 시왕에서 천명을 보존시켜 달라."고 빌고, 그 대신 천하에 동성, 동년, 동배의 사람이 있을 터이니 환자 대신 잡아가 달라고 '대명대충代命代充'으로 액을 막는 것이다. 따라서 시왕맞이와 질치기 단계는 큰굿에서 최고의 절정이며, 사령의 길을 잘 치워 닦아 '저승 상마을'로 보내는 사자 천도를 통하여 산 사람[患者]의 병[恨]을 고치는 실제적인 문제를 푸는 단계다.

시왕맞이를 하여 죽은 영혼들의 길을 닦아주고 '저승 상마을'로 보낼 때, 심방의 입을 빌려 말하는 시왕맞이의 분부사룀을 영게울림이라 한다. 죽은 영혼이 그 서러움을 울면서 말하기 때문에 영게울림이라 하는 것이다. '영게'는 영혼의 뜻이고, '울림'은 '울게 함[泣]'의 뜻이다. 심방은 이 영게울림을 할 때, 죽은 영혼을 청해 놓고, "심방의 입을 빌려 말한다."고 하면서 영혼의 생전의 심회, 죽어갈 때의 서러움, 저승에서의 생활, 근친들에 대한 부탁의 말들을 울면서 고한다. 그러면 그 근친들은 영혼이 직접 이야기하는 것을 듣고 울음을 터뜨리게

　　　　　　　　　　　　　　　　　　　　　　　두 하늘 이야기

된다. 이때 심방은 사령死靈의 역할을 하고 있는 것이 아니라 그 자체로 곧 사령이다. 그러므로 신과 직접 대면한 인간과 신의 비극적 상황에 대한 아이덴티티가 이루어져 서로 울면서 한을 풀어 나가는 것이 영게울림이다. 즉 사령이 울면서 이야기하면, 그 이야기를 인간이 울면서 듣는 것이 영게울림에 의한 '한풀이'인 것이다.

시왕의 굿본 「천지왕 본풀이」

「천지왕 본풀이」는 하늘옥황 천지왕의 본풀이이며, 삼천천제석궁 삼시왕의 왕인 천지왕은 하늘의 왕이다. 그리하여 하늘옥황의 왕은 삼천천제들 중의 왕이며 조선의 상제上帝로 옥황상제, 또는 천제와 같은 뜻으로 쓰인다. 하늘 제1궁 심방이 죽어서 간다는 삼천천제석궁의 굿에서도 「천지왕 본풀이」가 구송되며, 사람이 죽어서 간다는 열두시왕궁의 굿에서도 「천지왕 본풀이」가 구송된다. 본래 천지왕은 어느 당클에 속하는 신인지 확실하지 않은데, 시왕 당클의 굿에도 삼천천제석궁 당클의 굿과 마찬가지로 「천지왕 본풀이」를 구송하고 있어 하늘 두 궁과 관련이 있는 신임을 알게 되었다. 그러므로 「천지왕 본풀이」는 15일 동안 하는 심방집 굿에서는 전체 초감제에서, 하늘 제1궁 삼천천제석궁의 굿에서, 그리고 하늘 제2궁 열두시왕 당클의 굿에서 모두 두세 번 구송된다. 이는 「천지왕 본풀이」가 큰굿의 굿본 역할을 하고 있음을 말해 주는 것이다. 필자는 이전에 「천지왕 본풀이」를 여러 번 다루었는데 「시왕맞이」에서 다시 거론하는 것은 「천지왕 본풀이」

가 두 하늘의 굿뿐 아니라 굿 전체의 진행과 관련된 굿본이라는 의미를 부여하기 위해서다. 이와 같이 「천지왕 본풀이」는 두 개의 하늘 양궁의 굿본이라는 뜻을 지닌다. 하늘 제1궁 삼천천제석궁의 굿과 하늘 제2궁 열두시왕의 굿이 모두 「천지왕 본풀이」를 굿본으로 하여 이루어지고 있다. 큰굿의 초감제에서는 「천지왕 본풀이」가 구송되는 경우도 있고 구송되지 않는 경우도 있지만, 하늘 제1궁 삼천천제석궁의 굿들, 신의 뿌리인 초공맞이, 꽃의 뿌리인 이공맞이, 전상의 뿌리인 삼공맞이가 끝나고 불도맞이에 들어가면 초감제가 끝날 때쯤 「천지왕 본풀이」를 구송한다. 그 이전에 초공, 이공, 삼공 본풀이도 함께 구송되며, 하늘 제2궁 시왕 당클의 굿에서도 시왕맞이가 시작되면 초감제가 끝나고 마찬가지로 「천지왕 본풀이」가 구송된다. 천지왕은 삼시왕에 속한 신이지만 큰굿의 진행에서 보면, 삼천천제석궁 삼시왕의 왕은 무조巫祖 젯부기 삼형제이며 천지왕은 그보다 더 큰 신, 하늘 2궁과 땅의 2궁을 다 관리하는 천지의 왕이다. 맞이굿은 두 개의 하늘 굿을 하기 위해 석살림굿에서 토산본향을 놀리게 되는데, 이때 하늘의 신들을 모시고 석살림굿을 하려면 땅의 2궁과 토산당신을 놀려야 한다. 맞이굿의 막판에는 큰심방이 본향당신의 역할을 하는 감상관으로서 굿을 집행해 나간다. 결국 맞이굿은 하늘의 신들을 모시고 지상에서 하는 굿이며, 이 맞이굿에서 하늘과 땅의 원리를 담고 있는 「천지왕 본풀이」가 굿본의 역할을 하고 있는 것이다. 분명한 것은 천지왕은 하늘과 땅을 통틀어 우주를 다스리는 하늘옥황의 천지왕이고, 삼천천제석궁의 삼시왕은 초공 젯부기 삼형제이며, 하늘 제2궁 시왕은 열두시왕이라는 것이다. 그러므로 시왕의 굿 시왕맞이에도 「천지왕 본풀이」

가 구송되고 있는 것이다.

천지왕은 두 하늘 삼시왕에도, 열두시왕에도, 지부왕 총명부인의 가슴속에도, 천지인 어디에서도 신 중의 신으로 존재한다. 천지왕은 하늘의 신이며, 땅의 신, 삼시왕이며 시왕이다. 인간의 왕 중의 왕이기도 하다. 그러므로 시왕맞이굿에서는 「차사 본풀이」, 「명감 본풀이」, 「지장 본풀이」와 같은 일반 신화 열두 본풀이 중 세 개의 본풀이 이외에도 「천지왕 본풀이」가 중요한 역할을 한다. 여기에는 이 세상의 열다섯 성현이 죽어서 된 역사시대의 신들, 열다섯 성인 도읍까지 노래하는 아득한 옛날 이야기 속 7000년 환웅천왕의 배달국, 5000년 단군시대 고조선의 신들까지 청신하는 스펙터클한 신화 세계가 그려지고 있다. 두 하늘의 신들은 천지인에서부터 고대 우리 조선의 신들이다.

토산당신 놀림

토산당굿은 나주 금성산錦城山의 사신蛇神이 제주도에 들어와 도민에게 숭앙崇仰을 받기 위하여 6월 방아를 찧는 아가씨에게 급질을 주어 긴 하품 짧은 하품을 하며 쓰러져 뒹굴게 하고, 치제를 받은 뒤 병을 낫게 한 「토산리 사신당 여드레할망 본풀이」에서 비롯된 굿이다. 그리고 이 신을 놀리는 굿을 토산당신놀림이라 한다. 이때 토산당신 여드레할망[八日神]을 놀리는 것이 '방울품'이다. 놀이굿 형태의 이 굿의 마지막에는 언제나 '좋은 전상'은 안으로 내놀리고, '나쁜 전상'은 밖으로 쫓아서 병든 환자의 몸 속에 빙의한 원령의 한(방울)을 풀어 치병의 효과를 달성하고 있다.

방울풂은 토산당신놀림에서 긴 무명을 매듭지어 놓고, 그것을 하나하나 풀어 나가는 상징적인 극 의례의 하나로 한국 본토의 고풀이와 유사하다. 이러한 굿은 대개 사신蛇神을 조상으로 모시는 집안에서만 행해진다. 그 제차祭次의 진행은 토산여드렛당 본풀이, 방울풂, 토산이렛당 본풀이, 아기놀림 순으로 되는데, 방울풂은 「토산 여드렛당 본풀이」에 근거한다. 「토산당 본풀이」의 전단은 「당 본풀이」, 후단은 「조상 본풀이」의 성격을 지니고 있다.

방울풂은 전단의 신화적 이야기보다는 후단의 역사적 사실에 근거하여 원령의 한을 푸는 내용이다. 즉 생자의 병은 원령이 들린 것이므로, 원령의 한은 곧 생자의 병이며 방울이다. 방울의 상징은 왜적들로부터 겁탈당한 원령의 가슴에 맺힌 응어리의 상징이며, 한의 상징이다. 그러므로 방울풂에서 방울을 푸는 행위는 원령의 맺힌 한이 풀리면 동시에 생자의 병(=맺힘)이 낫는다(풀린다)는 유감주술이며, '맺힘과 풀림'의 형상화인 것이다. 그러므로 한의 응어리인 매듭이 풀리면, 사신蛇神의 노여움이 풀리는 것이며, 겁탈 당한 처녀의 원한이 풀리는 것이다. 따라서 원령이 빙의한 환자의 병이 낫는다. 병을 방울로 시각화하여 현장에서 '맺힘과 풀림'으로 현시되는 방울풂은 신앙민들이 병의 원인을 너무나도 뚜렷하게 인식하고 있음을 보여 준다. '왜구에 겁탈 당해 죽은 처녀의 원한'을 역사적 사실로 공유하면서 의례적으로 풀어내고 있는 '역사적 해원의 굿'이라 할 만하다.

「토산 여드레할망 본풀이」와 방울품

　토산 여드레할망, 토산 여드레또, 토산 서편한집, 동의할망이라 부르는 여드레할망을 모시는 여드렛당 신앙은 한반도 논농사 지역의 문화와 곡물신穀物神, 부신富神으로 모시는 뱀[蛇神] 신앙이 제주에 들어와 여드렛당 신앙권을 형성했음을 보여 준다.

　석살림굿의 토산당신놀림에서 토산당의 당신을 놀리는 심방굿놀이로 일뤠할망[七日神]을 놀리는 아기놀림과 ᄋᆞ드레할망[八日神]을 놀리는 방울품이 있다. 제주 사람들은 한 아가리가 하늘에 붙고, 또 다른 아가리는 지하에 붙은 '천구아구대맹이'라는 나주 금성산의 뱀신이 아름다운 여인으로 변하여 토산리 당신이 되었다고 믿는다. 이 신이 제주도에 입도할 때는 강씨, 오씨, 한씨 선주를 따라 왔다. 처음에는 그 집안의 조상신으로 따라왔지만, 이 여인은 마을 수호신이 되고자 했다. 그러나 제주의 본향당신들은 외면했고, 추잡한 수렵신이 그녀의 손목을 잡고 같이 살자고 했다. 여인은 부정한 남자에게 잡혔던 더러운 손목을 칼로 깎아내고 붕대를 감고 토산리에 왔다. 토산리 마을 사람들은 이 순결한 여신을 대접하지 않았다. 화가 난 여신은 바람을 일으켜 수평선에 떠 있는 왜구의 배를 불러들여 난파시키고, 난파당한 왜구들은 토산리 '메뚜기ᄆᆞ루'로 올라와 강씨 선주의 딸을 겁탈하여 죽인다. 왜구에 겁탈 당해 죽은 처녀의 원한은 마을 사람들에게 홀연 광증을 일으킨다. 그때에서야 신의 노여움을 알게 된 마을 사람들은 굿을 하여 신의 노여움을 풀어주었고, 처녀 원령의 한을 풀어주었다. 그때부터 이 토산리 ᄋᆞ드렛당의 뱀신은 시집가기 전 처녀의 순결을 지켜주는 당신이 되었다. 이 신은 어머니로부터 딸에게 유전한다. 딸은 시집갈 때 이 신을 모시고 간다. 이 여신은 잘 모시면 집안에 부를 가져다주고 처녀의 순결을 지켜주지만, 잘 모시지 않으면 뱀이 똬리를 틀고 '방울'로 맺혀 그 원한이 병을 일으킨다. 방울은 나주 금성산의 화신인 사신의 노여움이며, 이 사신의 노여움 때문에 토산리 강씨 처녀가 순결을 잃고 겁탈 당해 '처녀 원령의 한'으로 맺히는 것이다. 굿을 하여 방울을 풀어야 병이 낫는다. 때문에 토산리의 뱀신은 처녀의 순결을 지켜주고 집안에 부를 가져다주는 긍정적인 면보다는 두려움과 병을 주는 부정적인 측면을 지나치게 강조해 온 폐단이 있었다. 제주 사람들은 뱀을 집안과 마을을 수호해 주는 토지신, 처녀의 순결을 지켜주는 신이라 믿는다. 그러나 뱀 신앙에 대한 부정적 인식은 '정의 여자'와 결혼하면 뱀이 따라간다 하여 결혼을 꺼리는 풍속이 되기도 하였다. 어머니에서 딸에게 이어지는 내훈과 같은 신앙 속에 시집가기 전 여자가 지켜야 할 덕성을 가르치던 신화의 문법이 일본 학자나 조선의 관료들에 의해 혹세무민하는 미신으로 취급받은 것이다. 그러나 제주 사람들에게는 아름다운 미덕과 도덕을 전승해 온 저승법, 큰굿 속의 작은굿 토산당신놀림으로 어머니가 딸에게 가르치는 내훈이 전해 내려온 것이다.

「토산 여드렛당 본풀이」

「토산 여드렛당 본풀이」는 일종의 농경 신화이며, 미식米食의 식성

두 하늘 이야기

을 가진 곡물신, 부신富神의 신화다. 「토산 여드렛당 본풀이」의 두 번째 무대가 되는 곳은 제주도와 육지에 걸쳐서 오씨·강씨·한씨가 서울을 왕래하는 항해 중의 일이다. 그리고 「토산당 본풀이」의 세 번째 무대가 되는 곳은 제주도다. 나주 금성산의 사신蛇神은 제주에 입도하면서 아름다운 미모의 여신으로 변신하여 온평리 본향당신 '멩오부인'에게 현신 문안을 드리고 좌정할 곳을 문의하였으나, 땅도 내 땅 물도 내가 차지했으니, 토산리 '메뚜기ㅁ루'로 가라 한다. 그리하여 아름다운 여신 ㅇ드레할망은 토산리 메뚜기ㅁ루에 와서 좌정坐定하였는데 누구 하나 신으로 대접해 주는 이가 없었다. 여기서 알 수 있는 것은 금성산 뱀신[蛇神]은 입도 후에 마을 토주관(본향당신)으로 좌정하려 하였다는 점이다.

제주도에 입도한 금성산의 사신은 두 번째 무대인 진상선을 타고 왕래하던 도중의 이야기에서 나타나는 풍우신風雨神·무역신貿易神의 성격에서 농경신 격으로 변화하고 있는 것이다. 입도 후에 이 사신은 미식米食의 농경신으로 신의 기능과 역할이 변하고 있으며, 아름다운 미모의 여신으로 그려지고 있다. 제주도 표선면 토산리의 완성된 여신 여드레할망은 미식 농경신이며 미모의 신으로 처녀의 순결과 정절을 지켜주는 처녀 수호신이다. 그러나 여드레할망이 토산리에 좌정하자, 누구 하나 신으로 대접해 주는 이가 없었다. 신은 화가 났다. 여드레할망은 바람을 일으켜 왜선을 난파시키고, 왜구로 하여금 토산리의 처녀, 오씨 아미를 왜구에게 강간당해 죽게 하고, 이 처녀의 원령이 강씨 아미, 한씨 아미에게 빙의憑依하여 병들게 만들어 버린다. 따라서 여드레할망은 재앙신災殃神으로 두려움의 대상이 되어 비로소 토산당 본향당신으로 모셔지게 되었다. 오씨·강씨·한씨 집안에서 조상신으로 모시고, 나아가 토산리 마을사람 전부가 위하는 본향신이 되었기 때문에 마을의 단골 조직도 오씨, 강씨, 한씨 차례대로 상·중·하 단골로 삼게 되었던 것이다.

「토산 여드렛당 본풀이」는 신화와 역사가 전단과 후단으로 구성되어 있다. 전단은 뱀[龍] 토템 신앙의 씨족 공동체(강씨·오씨·한씨) 형성과 문화 수용 과정을 설명하는 신화 이야기이고, 후단은 마을 수난의 역사, 즉 왜구의 침입으로 인하여 겁탈당한 처녀 원령의 한을 기술하고 있다.

Ⅰ. 전단: 금성산신 뱀 → 바둑돌(신의 징표: 상징물) → 미모의 처녀
Ⅱ. 후단: 오씨의 딸 처녀 → 방울(원령의 한: 빙의물) → 병든 처녀
Ⅲ. 굿: 병든 처녀(처녀＋방울(뱀)) → 방울품(한풀이) → 건강한 처녀

제주도의 여드렛당 신앙은 조선 중기 천미포川尾浦 왜침(1552년) 이후의 일이다. 토산리 처녀가 왜구에 강간당하여 죽은 역사적 사건을 겪은 이후 토산 여드렛당 신화의 후단부에 이 천미포 왜침을 반영하여, 왜침이라는 역사적 사건에 대한 반외세의 집단적 대응이 원령의 한을 달랜다는 신앙 심리 속에 내포된 것이다. 즉 역사적 사건을 신의 노여움 때문에 내린 재앙이라 믿고, 다시 역사적 사건을 신화화하고 있는 것이다. 토신당신놀림의 방울품에서 보면, 신화의 후반부를 극적으로 의례화하고 있는데, 이는 죽은 처녀의 원령을 달래면 산 사람의 병이 낫는다고 하는 도민의 신앙 심리를 상징적으로 보여주고 있

두 하늘 이야기

는 것이다.

방울풂은 토산 ᄋᆞ드렛당신을 놀리는 굿이다. 사신 칠성을 안내하는 본도지관 본향당신은 '토산 ᄋᆞ드렛도'이기 때문이다. '토산당신놀림' 나주금성산 산신 천구아구대멩이란 구렁이가 제주도에 들어와 여드레할망이란 토산리 알당의 당신을 놀리는 굿인데 이 굿은 육지의 고풀이처럼 긴 광목천으로 고를 만들어 '방울'이라 하며, 방울을 환자의 아픈 곳에 대고 당겨 풀어가는 굿으로 "마흔여덟 상방울도 풀어내자. 서른여덟 중방울도 풀어내자. 스물여덟 하방울도 풀어내자." 하며 방울을 풀어 환자를 치료하는 치병굿이다. 이는 사신蛇神 여드렛도의 '본풀이'를 창하고, 환자의 몸에 빙의한 강씨·오씨·한씨 아미라는 처녀 원령의 맺힌 한의 '방울'이라 하고, 이 방울을 푸는 굿이다.

「토산 일뤠할망 본풀이」와 아기놀림

아기놀림은 토산 일뤠할망의 본을 풀고, 그 일뤠할망이 낳은 일곱 아들을 놀리는 굿이다. 그러므로 아기놀림은 일뤠할망 본풀이를 해나가다 잃은 아기를 찾는 대목에서부터 신화의 내용을 극화한다. 그 순서는 심방이 먼저 아기를 찾아 돌아다니는 춤을 추다가 젯상 앞에 놓여 있는 아기 인형을 등에 업고 업은 아기를 놀리며 짝자꿍 죄암질을 하고, 인형 아기를 업은 채로 힘겹게 신칼을 들고 방아를 찧는다. 이때는 「방아노래」를 한다. 방아를 찧은 다음, 산대를 가지고 체질하는 모습의 춤을 추고, 쾌자 앞자락으로 키질하는 시늉을 하고, 이어서 아

이를 부리고 목욕을 시키는 시늉, 아기를 구덕에 놓고 흔들어 재우는
시늉을 하며, 자장가를 부르고, 또 아기의 몸에서 이를 잡아주는 시늉
을 하며 제장을 한바탕 웃기고, 밤이 되면 발로 아기 구덕을 흔들며,
손으로는 삼실을 뽑고 감는 시늉을 하며, 마지막에는 아기 인형을 눕
힌 채롱을 들고 본주와 구경꾼에게 인정을 받고 아기 인형을 젯상에
올리면, 아기놀림은 끝난다.

　　　　　　　　　　　　　　　　　　　　　　　

4° 저승의 서사시 시왕맞이 3: 방광침

방광을 치다

제주 무악巫樂에서 징을 쳐 영혼을 달래는 의식은 불도맞이의 수룩침과 시왕맞이의 방광침이 있다. 수룩침은 불도맞이에서 아기 낳기를 간절히 비는 '원불수룩제', 즉 '젯북제맞이굿'이다. '수룩'은 수룩재水陸齋, 바다와 육지의 귀신을 위하여 지내는 제사에서 따온 말이지만, 제주큰굿에서는 "법당에 가서 부처님에게 원불수룩을 드린다."는 의미로 쓰인다. 따라서 수룩침은 '수룩연물을 친다'는 뜻이다. 그러므로 수룩침은 심방이 2 · 3박 '당당 당당당'을 기본음으로 하는 '수룩연물'을 치면, 심방이 이 연물에 맞춰 '수룩춤'을 추면서 삼승할망에게 아기 낳기를 간절히 기원하는 불도맞이의 춤굿[祈願舞]이다. 방광침은 시왕맞이에서 징을 치며 망자의 영혼이 지옥에 빠지지 않고 극락왕생하길 간절히 비는 기원굿이다. '방광'은 쇠북소리(징소리)이다. 그러므로 방광침은 '쇠북소리를 저승까지 울린다'는 뜻이며, '쇠북소리를 저승까지 들리게 하여 저승 열대왕의 마음을 움직여 영혼을 인도한다'는 의미를 지닌다. 방광침은 시왕맞이나 삼시왕맞이에서 영혼을 불러내어 달래고 위무慰撫하여 부정된 것을 다 풀어서 저승으로 천도하는 해원상생의 기원 의식이다. 심방이 서서 울면서 징(대양)을 두드리며 진행해 나가는 가락을 음영조라 하는데, '방광을 치는 가락', '영혼을 저승으로 인도하는 슬픈 가락'이다. 중간 중간에 징으로 '♩ ♩ ♪ ♩ ♪ ♩' 하고 친다. 이어 3소박 2박으로 무가를 부른 다음 마친다.

'방광을 치다'는 의미는 굿에서 "시방광 서불로(방광을 쳐) 월일객[月日刻] 새나웁네다(살려냅니다)."라 하는데, 영혼을 인도하여 저승에 가면, 저승에는 열두 문이 있는데, 입구와 출구 두 문을 빼면, 열 문[十門]이고, 문마다 열 지옥[十獄] 열 대왕[十王]이 있다. 입구를 지나 제1문에 들어서면, 도산지옥刀山地獄이 있는데 이곳은 제1 진광대왕秦廣大王이 지키고 있다. 여기 잡혀 오는 사람의 생년의 간지干支는 갑자생, 갑인생, 갑진생, 갑오생, 갑신생, 갑술생이다. 제2문에 들어서면 화탕지옥火蕩地獄이 있는데, 이곳은 제2 초강대왕初江大王이 지키고 있다. 여기 잡혀오는 사람의 생년의 간지는 을축생, 을묘생, 을사생, 을미생, 을유생, 을해생이다. 제3문에 들어서면 한빙지옥寒氷地獄이 있는데, 이곳은 제3 송제대왕宋帝大王이 지키고 있다. 여기 잡혀오는 사람의 생년의 간지는 병자생, 병인생, 병진생, 병오생, 병신생, 병술생이다. 제4문에 들어서면 검수지옥劍樹地獄이 있는데 이곳은 제4 오관대왕五官大王이 지키고 있다. 여기 잡혀오는 사람의 생년의 간지는 정축생, 정묘생, 정

   두 하늘 이야기

사생, 정미생, 정유생, 정해생이다. 제5문에 들어서면 발설지옥拔舌地獄
이 있는데, 이곳은 제5 염라대왕閻羅大王이 지키고 있으며 여기 잡혀오
는 사람의 생년의 간지는 무자생, 무인생, 무진생, 무오생, 무신생, 무
술생이다. 제6문에 들어서면 독사지옥毒蛇地獄이 있는데, 이곳은 변성
대왕變成大王이 지키고 있으며 여기 잡혀오는 사람의 생년의 간지는 기
축생, 기묘생, 기사생, 기미생, 기유생, 기해생이다. 제7문에 들어서면
거해지옥鉅骸地獄이 있는데, 이곳은 태산대왕泰山大王이 지키고 있다. 여
기 잡혀오는 사람의 생년의 간지는 경자생, 경인생, 경진생, 경오생,
경신생, 경술생이다. 제8문에 들어서면, 철상지옥鐵末地獄이 있는데, 이
곳은 평등대왕平等大王이 지키고 있다. 여기 잡혀오는 사람의 생년 간
지는 신축생, 신묘생, 신사생, 신미생, 신유생, 신해생이다. 제9문에
들어서면 풍도지옥風途地獄이 있는데 이곳은 도시대왕都市大王이 지키
고 있다. 여기 잡혀오는 사람의 생년의 간지는 임자생, 임인생, 임진
생, 임오생, 임신생, 임술생이다. 제10문에 들어서면 흑암지옥黑暗地獄
이 있는데, 이곳은 전륜대왕轉輪大王이 지키고 있다. 여기 잡혀오는 사
람의 생년의 간지는 계축생, 계묘생, 계사생, 계미생, 계유생, 계해
생이다. 이 시왕의 뒤에는 다시 지장대왕地藏大王, 생불대왕生佛大王, 좌
두대왕左頭大王, 우두대왕右頭大王, 동자판관童子判官이 있다. 이들 대왕의
기능은 분명하지 않으나, 생불대왕은 열다섯 살 이하의 영혼을 돌보
며, 다른 대왕은 죄罪가 있고 없는지를 심사한다.

극락왕생을 비는 기원시 방광침

　망자를 지옥에 떨어뜨리지 않고 저승[極樂]으로 천도하는 「방광침」
은 한 편의 기원서사시[祈願敍事詩]로 보아야 한다. 다음에 소개하는 「방
광침」은 큰굿 시왕맞이 「방광침」의 전 과정을 줄인 것이다.
　「방광침」은 초방광쳐서 지옥을 새내움 → 추물공연 → 이방광쳐서
지옥을 새내움 → 추물공연 → 막방광쳐서 지옥을 새내움 → 추물공
연으로 초방광침, 이방광침, 막방광침 세 번의 방광침과 세 번의 추물
공연으로 이루어진다.

　심방은 간절하게 기원하여 영혼들을 시왕에 보낸다.
　(큰심방이 징을 들어 치면서) 목숨 잡은 열시왕전[十王前]이 날로 달로
“시방광 서불로 월일객 새나웁니다(방광을 쳐서 월일객으로 살려냅니
다).”

　○○부터 옵서옵서
　청하신 신전님 오늘은 ○○나흘쨋날입니다.
　뜨고 오던 시왕전입니다 놀고 오던 시왕전
　십육사자 삼차사 삼명감 일월제석님네
　안으로 연향탁상 차려 청하시고 삼사오 본향
　불쌍한 영혼님네 문씨 삼촌님 몸 받은
　옛 황수님 옛 선생님을 옵서옵서 청하는 것은
　(옛 황수, 옛 선생은 심방이 죽으면 삼시왕에 올라가 신의 서열에 오르

　　　　　　　　　　　　　　　　　

게 되는데 이를 옛 황수 또는 옛 선생이라 한다.)

[날과국 섬김]

국은 갈라 갑니다.

강남은 천자국, 일본은 주년국,

우리나라 대한민국은 해동조선국

제주 땅은 노고짓땅[鹿下之地]

산은 한라산 물은 황해수

물로 빙빙 둘러진 설운 섬입니다.

저 산 앞은 당 오백, 이 산 앞은 절 오백,

오백 장군 오백 선생,

한 골[谷] 없어 곰도 왕도 못 난다는 섬입니다.

동문 밖 나서면 국은 갈립니다.

구좌읍 동김녕은 각성받이 사는 마을입니다.

소로小路 가면 소로 삼경, 대로大路 가면 대로연길(큰길로 이어지는 길),

신길 연길(신길로 이어진 길), 가지 높은 신전집도 아닙니다.

기와[蓋瓦]넓은 절간집 아닙니다.

한 전생 팔자 궂고 한 전생 사주 궂고,

안으로 연향당주 삼시왕 어간하여 사는 주당主堂 아닙니까.

[연유닦음]

동헌 대주님은 올 금년 성은 김씨로 곧 마흔 받은 공사,

안 성방 문씨 안전, 서른넷 받아든 공삽니다.

할머니 지키는 자손입니다.

남자 자손(아들)은 김씨로 여섯 살 받은 공사.

산천 여궁녀(딸) 아홉 살 받아든 공삽니다.

시부모 아버지, 시부모 어머님네 받아든 공삽니다.

친정부모 어머님 같은 팔자 같은 사주 됩니다.

김씨로 이른 셋 받아든 공삽니다.

어떤 일로 이 공서 이 축원 올리느냐 하면,

밥이 없어 하는 공사 아닙니다.

옷이 없어 하는 축원도 아닙니다.

옷과 밥은 빌어도 밥이고 얻어서도 옷입니다.

하늘과 땅 사이에 정말 귀중한 것은

우리 인생 목숨보다 귀한 것은 없습니다.

저 산천의 풀잎새도 구시월 설한풍이 불면,

잎잎마다 낙엽되었다가도 봄이 돌아오면,

꽃은 피어 화산花山 되고, 잎도 피어 청산靑山 되어,

제 몸 자랑 하건마는 바람 같은 인생은

양친부모 혈속에 아버님전 뼈 빌고,

어머님전 살 빌고, 칠성님에 명을 빌고,

제석님전에 복을 빌어 석가여래 공덕으로

좋은 몸천 좋은 얼굴 탄생하여서,

열다섯 십오 세 이 안쪽엔

양친부모 손에 호의호식하며 살건마는

이십 스물이 넘어가면 시집가고 장가가서

입장갈림(결혼)하게 되면, 아들 딸 낳고 살다가

병든 날은 병든 시간, 잠든 날은 잠든 시간,

걱정근심 다 제해버리면, 단 사십도 못 살아

지난날 성한 몸 오늘 아침 보니 병이 들어

부르는 건 어머니요, 찾는 건 찬 냉수라,

약방 약도 허사가 되고, 아이고 불쌍한 인간

녹이 있어도 명命이 없으면 못 사는 것

명이 있어도 녹이 없으면 못 사는

초로草露 같은 인생들 아닙니까.

이간 군문 안에 곧이 곧 마흔님과 서른넷 자손들,

이 자손 내외간 원통하고 칭원하여,

이 자손 소원성취 시켜주십사 하여

이 원정 말씀 여쭙기는, 이제 곧 마흔님도

양친부모 혈속에 떨어져 여러 형제 가운데 나

부모님들 조상님네 벌어놓은 재산 없고 벌어놓은 금전 없으니

남과 같이 높은 학교 못 마쳐 바다에 다니며

시어머님과 남편하고 의좋게 살자 하니

남편 죽어 이별하고 부모님 따라서

외친外親 땅 외친 녘에 와서 살려 하니

요새는 빌어도 쌀밥이고 얻어도 쌀밥이지만

그때 시절에는 보리밥 세 끼, 조밥 세 끼 먹기 어려워,

친정어머님도 여러 아기 낳고 살다

남편 죽어 이별하여 살자니 어느 일가 없고,

이 장사 저 장사 다니며 한다는 장사 다 해 봤지만

좋은 금전 못 벌고,

(생략)

'원천강 팔자사주(심방팔자)' 어머님 손목 잡고

가자 하면 가고, 오라 하면 오고 하는 것이

이제 스무 살 넘어가니 김씨 댁에 신역들어(결혼하여, 시집가서)

저 아기들 오누이 탄생하니,

나도 좋은 금전 벌어서 남들처럼 한번

제집이나 지어서 살아보자 한 것이

이거 밭떼기 이 터 사 놓고 이리 붙이고 저리 붙이며 사는 것이

아기들도 잘 되어 손목 잡고 대궐 같은 집 지어 놓으니,

돈이 있으면 보태는 바에 대를 세워 굿이라도 하려는 게

빚도 빚이 되고 성주님에나 위로적선해서

새해나 나거들랑 조금씩 벌어놓았다

굿이라도 해볼려고 살펴보니 이 일 하려니 꿈에 현몽도 되어

날삼제日三災도 되어가고,

연삼제年三災도 되어가고 하다 보니

(생략)

이녁 혼자만 동으로 돌아서서 긴 한숨 짧은 한숨 쉬며

설운 어머님 하나 믿어 이리 뛰고 저리 뛰며

어머님아, 이걸 어찌하면 좋습니까 하여

어머님과 싸우며 틀으면서,

어머님아, 서러운 어머님아.

아이고, 이 딸 팔자 궂은 날 낳아서 좋은 전생 그르치난,

저 어머님이 이 딸아이 초신길이나 내 손으로 바로잡아 주고,

저승 가게 되면, 나서다니던 이 조상 이 당주로

저 딸아이 전대유전 시켜주고 가야지 하여

저 아랫집에 살 때에 삼대 풀어 놓아서

밤도 영청 낮도 영청 이거 방광 울려서

저 애기 초신 길 바로잡아주어도

어머님 병도 아니 낫고 모든 이력이 아니 되어가고 하니

정씨 하르바님 데려다 이승길 바로잡고

저 아들네 사는 문간으로 밖거리 고쳐서

들어와 사는 것이 이젠 몸도 편안하고,

이 딸아기도 이젠 돈 벌어 좋은 집 지어 살고,

작은 딸도 이녁 집 마련하고 밭도 사고,

이 아기들 여러 오누이 잘 돼 가고

설운 형제간들도 잘 돼 가고 하는 것이

어찌하면 좋고 하던 것이

아무 때 해도 한번 할 일이니,

이번에 마음먹고 뜻먹은 대로 하지 했던 것이

천황 왕도 신내린 날 지황 왕도 신내린 날 인황 왕도 신내린 날

신전에는 하강일下降日 생인에는 생기복덕 제맞잇날 골라잡아

애산 신구월 스무하룻날 날택일 달택일 받아놓아서

전싱 궂인 이씨로

스무날 몸 받은 연양 당주문 열었습니다. 몸주문 열었습니다.

일만기덕 삼만제기 궁전궁납 거느려

마을 넘고 재 넘으며 이간 군문 안으로 들어와

기매설연 당반설연 하였습니다

백근 들어서 천지월덕기 하늘 삼아서

스무 날 자손들 지체하였다가

스무하룻날 아침에는 삼석울려 옥황으로 쇠북소리 울려두고

일문전 초감제상 삼도리대전상 내어놓고

일만팔천신전님, 가랑빗발 새빗발 영실당 놀던 신전 조상님

옵서옵서 다 청하였습니다.

(생략)

오늘은 스무나흘날

살아 목숨차지도 시왕전입니다.

죽어 목숨 차지도 시왕전입니다.

놀고 오던 시왕전 뜨고 오던 시왕전입니다.

시왕맞이로 다 옵서옵서 청하여 있습니다

옵서(오세요) 청하오니

"시방광 서불 월일격으로 사나와 드립니다."

[징(대양)을 친다.]

어느 신전인가 하시면,

혼합시 이 아래 개벽시 이 아래

천지왕 지부왕 대별왕 소별왕,

올라 옥황상제 내려서면 지부사천대왕님,

산으로 가면 산신대왕님, 물로 가면 다섯 용궁,

절로 가면, 서산대사, 원효대사님네,

인간불도 명진국 할머님네도

"시방광 서불 월일격으로 사나와 드립니다."

[초방광 쳐드립니다.]

드려가며 날궁전 궁입니다. 달궁전 궁입니다.

깊어 얕아 삼진삼궁 스님 초공 불법 삼시당은

성친 땅은 황금산 주접 선생,

외친 땅은 천하대궐 임정국 대감님과 지하대궐 김진국 부인님과

노가단풍 자주명왕 아기씨, 궁의 아들 삼형제

오늘은 오시라 청하여 있습니다.

이공 서천도산국, 삼공 안땅 주년국,

시왕감사 신병서나 원앙감사 원병서,

김치 염라 태산대왕 범 같은 사천대왕,

초제 진광대왕님, 이제 초강대왕님, 제삼은 송제대왕님,

제사는 오관대왕님, 다섯은 염라대왕님, 여섯은 번성대왕님,

일곱은 태산대왕님, 여덟은 평등대왕님, 아홉은 도시대왕님,

열번째는 십전대왕님네,

날로 달로 월로 일로 초방광 서불 월일격[月日刻]으로

맺힌 간장이랑 풀어(사나와) 드립니다.

[징(대양)을 친다.]

열하나 지장대왕, 열둘은 생불대왕, 열셋 좌도, 열넷 우도,

열다섯 십오 동자판관님, 열여섯은 십육사제님네 삼명감은 삼차사,

일월제석님네, 삼사오본향님네들,

이 집안 일월제석은

당주도 일월입니다, 몸주도 일월 아닙니까.

당주 하르바님네 당주 할마님네 당주도령 당주별감님네

마흔여덟 초간주, 서른여덟 이간주 스물여덟 하간주,

바람분다 바람도벽, 뜻분다 뜻도벽, 상간주 매어,

안으로 안삼공 밖으로 밧삼공,

육고비 고무살장 동심결 매어서 있는 게 아닙니까.

드립니다 드려가며

옛 선생님네, 고 옛선생님네 오시라 했습니다.

면공원 면황소 놀던 선생님네들,

옵서옵서 맺힌 간장이랑 다 풀어드립니다.

마을엔 낳은 날 생산, 죽은 날 물고, 장적, 호적 받으시던

삼사오 본향 한집님네 옵서옵서 청하여 있습니다

한집님과 여드레 이레 한집님과

양재 하르바님네 양재 할마님네 옵센허곡

전생궂어 다니던 각서본향 한집님네

전송처로 다 옵서옵서 청하여 있습니다.

맺힌 간장이랑은 시방광 서불입니다.

드려가면, 상청가면 상마을, 중청가면 중마을,

양사돈 육 마을 가까운 궨당(친족) 먼 궨당

곧 마흔 양친부모 하르바님네 할마님네랑

외친外親 하르바님네 외친 할마님네

불쌍하신 삼촌님네영 설운 형수님네영 다 오시라 해서

전승 아니 굿인 영혼은 시왕 앞으로 질치여(길을 닦아) 드리고

전승굿인 어른들은 삼시왕 앞으로 저승길 치워 닦아 드리렵니다.

(생략)

길 못 닦은 영혼영신님네들은

너무 애달프게 칭원하게 생각하지 마세요.

돌아가실 때엔 수월미 청감주 자소주에

눈물수건 땀수건 의복의장을 태워드리려고 준비하고 있습니다.

길 아니 치는 영혼영신님이랑

저승돈으로 이승돈으로 절간 다라니로 어서 받으시고

저승 가서 열시왕에 등장들어서

곧 마흔(남편) 다니는 길도 바로잡아주게 하시고,

서른넷(부인) 다니는 길도 바로잡아주게 하시고,

아기들 여섯살 아홉살 다니는 길 바로잡아주게 하시고,

길 닦아 드리는 영혼들은

활대같이 굽은 길도 살대같이 곧은 길로 바로잡아주게 하고,

좋은 의복 입성 초상 옷 차려드리면 받으시고

저승극락으로 어서 가 열 시왕에 가 등장 들어

자손들 아기들 다니는 길 바로잡아 주시라 하여

이 자손 마음먹고 뜻 먹어 하는 일 아닙니까.

영혼영신님아 애딮은 일이나 칭원한 일이나 원통한 일이나

곧이 곧 마흔 서른넷 이 아기가

부모조상 생각해서 공 갚아 드리고 있습니다.

어두운 가슴 열어주고 가십시오.

얼음같이 얼어버린 가슴 풀어주고 가십시오.

먹장같이 어두운 가슴 풀려서 어서 저승 가시라고

날로 달로 월로 일로

"시방광 서불 월일격으로 사나와 드립니다."

(생략)

[징(대양)을 친다.]

사나와드려 가면서

각항 지방 오방 지방 제 토신들도 옵서 다 청하였습니다.

시방광 월일격으로 다 사나와 드리니

저 만정 나서면 '어시럭이 멩도발 더시럭이 멩도발(부정 탄 명두)'

샘을 내고 투기하던 이런 멩도발들이랑,

울담 넘고 부정한 멩도발들이랑

어느 명실에 탐하고 보십쌀에 탐하고,

부정 서정하던 멩도빨들이랑

이 집안 안에 어느

꿈에 현몽現夢 남가일몽南柯一夢 비몽사몽 불러주고,

열두 흉험 불러주고, 얻어 먹저 얻어 쓰자 하던 시군졸들

이런 하군졸들, 선왕 군졸들랑

어느 영감참봉에 놀아오던 이런 하군졸들

두 하늘 이야기

많이많이들 주잔은 지넘겨 드려가며 옵서옵서 청하니

자손들 이룬 역가役價입니다.

이룬 정성 맛이 좋은 금공사 초화정 설운 원정을 올리렵니다.

삼미올라 삼선향 삼주잔 금탑금보십쌀 신갈아 위 올려드리며,

오르며 내리며 금공사는 초화정 설운 원정 올리면

받아 드십시오.

[추물공연]

(앉아서 장구치며 노래부르기 시작한다.)

공사는 공사는 가신 공삽니다.

제저 남산은 본은 갈라 인도역

서준왕 서준공사 말씀 전 공손히 여쭈어 드립니다

날은 갈라 어느 전 날이며

달은 갈라 어느 전 달입니까

(생략)

[이방광침]

[막방광침]

(생략)

　위의 자료는 서순실 큰심방이 34세 때인 1994년 동김녕 서심방의 집에서 행한 중당클굿의 넷째 날 시왕맞이 방광침의 대목이다. 이때

는 어머니의 성을 써 문순실이라 하였다. (후에 어머니로부터 아버지의 성을 찾아 지금은 서순실이 되었다. 이 이야기는 서순실 심방의 공시풀이를 들으면 알 수 있다.) 여기 소개한 열흘 동안 하였던 신굿(중당클굿)은 서 순실 심방이 그녀의 심방 선생 고 이중춘 옹을 큰심방으로 모시고 초 신길을 발루는(바로잡는) 당주맞이 큰굿(신굿)이었다. 초감제의 날과 국 섬김, 연유닦음에 나오는 동헌 대주 김씨(40세)는 서심방의 남편 이고 안 성방 문씨는 지금의 서순실 큰심방이다. 그러니 이 신굿은 서 심방이 '초신질 발루는 큰굿'(처음 신길을 바로잡는 큰굿)이었다. 이 자 료는 필자가 채록 정리한 제주도·제주전통문화연구소 편, 『제주도 큰굿 자료』에서 인용하였다.

                                                      두 하늘 이야기

5° 차사 본풀이 1:
해심곡, 마음을 풀이하는 노래

저승으로 떠나는 마음을 풀이한 노래

「차사 본풀이」를 부르기 전에 먼저 불러야 하는 마음 노래가 있다. 저승 세계로 들어가는 마음 노래, 우리는 이를 해심곡解心曲이라 한다.

차사가 죽은 영혼들을 데리고 저승으로 떠나는 분위기는 무겁다. 해심곡이라 하는 것은 슬픔을 삭이며, 비조悲鳥처럼 울며 죽음을 맞이하는 마음의 노래다. 그리고 해심곡은 '차사差使의 노래'지만, 차사가 저승으로 데려가는 죽음을 맞이한 사람의 입장에서, 덤덤하게 죽음을 풀이하는 '영신靈神의 노래'이며, 죽음의 세계를 풀이하는 서사시다. 그러므로 차사 본풀이의 서시序詩 해심곡解心曲은 '죽음의 노래', 죽음에 대한 마음의 노래, 영혼을 동반하고 저승으로 떠나는 차사의 심정을 노래하는 구비 서사시, '지옥풀이'라 하는 것이다. 해심곡은 열지옥

[十王]풀이다.

첫 번째 지옥 진광대왕秦廣大王이 지키는 도산지옥刀山地獄은 칼선다리[刀山橋] 위에 칼날 타 나가고 칼날 타고 들어오는 지옥이다.

두 번째 지옥 초강대왕初江大王이 지키는 화탕지옥火湯地獄은 끓는 물에 담가서 죄를 주는 지옥이다.

세 번째 지옥 송제대왕宋帝大王이 지키는 한빙지옥寒氷地獄은 얼음 속에 묻어놓고 죄를 주는 지옥이다.

네 번째 지옥 오관대왕伍官大王이 지키는 검수지옥劍樹地獄은 시퍼런 은장도로 살 한 점씩 떨어놓으며 죄를 마련하는 지옥이다.

다섯 번째 지옥 염라대왕閻羅大王이 지키는 발설지옥拔舌地獄은 집게를 가져 들어 혀를 뽑는 지옥이다.

여섯 번째 지옥 변성대왕變成大王이 지키는 독사지옥毒死地獄은 독사로 몸을 감아 죄를 마련하는 지옥이다.

일곱 번째 지옥 태산대왕泰山大王이 지키는 거해지옥拒骸地獄은 큰 톱 작은 톱 가지고 들어와 열두 뼈 켜가며 죄를 마련하는 지옥이다.

여덟 번째 지옥 평등대왕平等大王이 지키는 철상지옥鐵床地獄은 철판鐵板 위에 올려 앉혀 밑으로 풀무질해 죄를 마련하는 지옥이다.

아홉 번째 지옥 도시대왕都市大王이 지키는 풍도지옥風塗地獄은 남자 죄인 항아리 씌워 바람 길에 앉혀 놓고, 여자 죄인 솥[釜]을 씌워 바람 길에 앉혀 놓고 죄를 마련하는 지옥이다.

열 번째 지옥 십전대왕十轉大王이 지키는 흑암지옥黑暗地獄은 서천 꽃밭에 올려 보내, 업게나청(아기업저지들)을 마련하는 지옥이다.

　두 하늘 이야기

열주육 풀이. 해심곡

시주施主님아, 시주님아 이 내 말을 들어보소.

인간세상에 사람이 탄생할 때,

석가여래[釋迦如來] 공덕으로

아버님 앞에 흰 피 받고, 어머님 앞에 검은 피 얻어

살 설어 석 달, 오장五臟 설어 석 달, 뼈 설어 석 달,

아홉 달 열 달 준삭準朔 채워

어머님 몸에서 금세상今世上에 탄생하면,

한두 살엔 철을 몰라 부모 몸에 자라나고

열다섯 십오 세가 넘고 이십 스물 가까워지면,

부모의 예문예장禮文禮狀 들여 혼인婚姻을 하면

백년동거百年同居하며 고대광실高臺廣室 높은 집에서

영화롭게 살려다가 성하던 몸에 병病이 드니

인삼 녹용이 허사虛事되고 불사약不死藥도 허사로다.

열시왕 장적帳籍 보니 검은 낙점落點이 절로 찍혀

이 내 정명定命은 끝이로구나.

〔이렇게 죽음을 맞이하게 되면, 「차사 본풀이」의 연행자는 해심곡을 부르며 영혼을 동반하고 저승으로 떠나는 차사의 심정으로 풀어 나간다.〕

천황차사天皇差使 월직사자月直使者 지황차사地皇差使 일직日直님

인황차사人皇差使 어금부도사御禁府都事

저승 가면 이원사자 적패지赤牌旨 받아 인간세상 내려올 때,

차사의 차림을 보니,

남방사주藍紡紗紬 솜 담은 바지,

백방사주白紡絲紬 저고리에

자주명주紫朱明紬 벌통행전[筒行纏] 백릉白綾 버선

섭숭[夾袖]미투리 낙곡지紙類로 들메끈 메고

산쉐털[野牛毛] 흑두전립黑頭戰笠 망에 붙인 굴망깃털

허우레비 허튼짓(허울허울 흩어진 깃) 눌롸ᄇᄯᅳᆫ 조심친[蜜花貝纓],

한산韓山 모시 겹두루마기 남수화주 적쾌자藍水禾紬 赤快子

옆에 찬 건 홍삿줄[紅絲繩] 적패지赤牌旨는 옷고름에 차고,

말방울에 더거리(미상)여 석자오치 팔찌거리(활통을 소매에 걸어 매는 띠) 용두머리 행차行次 베(용두머리에 감아 죄인을 잡아 묶어 옮길 때 쓰는 밧줄) 등에 지고, 앞에는 날 용자龍字, 뒤에는 임금 왕자王字,

봉의 눈[鳳眼]을 부릅뜨니, 차사행차 완연하다.

차사님이 인간세상 내리시니 강림차사가 적패지 받아,

벌떼 같은 강림차사 '나이 ○○살' 신병身病으로 뉴울어(쇠약해져)

천정을 벗 삼고, 축보름(흰벽)을 의지 삼아

찾는 것은 찬 냉수, 부르는 건 가속家屬일세.

지남석[磁石]처럼 눌러붙어 일어나지 못하니,

약을 쓴들 약효가 있으며, 향로향합香爐香盒 불을 피워

산천기도山川祈禱 하실망정 산신령인들 있겠는가.

중을 불러 목탁을 쳐 부처님께 불공 한들 부처님 은덕이 있겠는가.

무녀巫女 불러 굿을 한들 굿덕인들 있겠는가.

먹던 수저 그만 두니 내 갈 길이 막연하구나.

벌떼 같은 강림차사姜林差使 신당에다 적패지 붙여

이내 생명 알게 되니 차사님이 달려들고

문전님전 세어서 문전으로 못내 들고

뒷문으로 들자 하니 뒷문전이 세어서 뒷문으로 못내 들고

조왕竈王으로 들자 하니 조왕할망 세어서 조왕으로 못내 들어,

벌떼 같은 강림차사 지붕상상 주추마루 상구멍을 뚫어서

부엌[竈王間]을 바라보니 조왕할망 소닥소닥(꾸벅꾸벅)

삼덕앉아(엉덩이를 붙이고 두 다리를 구부려 세워 앉은 모양, '덕'은 솥을 받혀 앉히는 돌) 졸고 있더니,

강림차사 옆에 찬 홍삿줄[紅絲]을 내어놓고

조왕 할망 결박시켜 한 발로 밟아가니 조왕 할망 말을 하되,

"한 베 코만 누겨줍서. '나이 ○○ 아무개' 누운 방을 이르겠습니다."

조왕 할망이 조단조단(자상하게) 이르니,

벌떼 같은 차사님은

누운 방을 열어놓고 우레 같은 소리 벌떼같이 울려가니

'나이는 ○○ 아무개' 초혼 이혼 삼혼三魂이야 창문밖에 나갔구나.

원구자願求者가 말하기를 "차사님아, 차사님아, 한 배코만 누겨줍서. 부모 처가속妻家屬 어린 자식 불러놓고 만단사실萬端事實 일러두고 가오리다."

인정人情 없는 차사님은

"행찻길이 바빴으니 어서 가자. 어서 가자."

손에 오라 발에 족쇄足鎖 채워가니, 손톱 발톱 검은 피가 서 가고,

"차사님아, 차사님아, 마지막에 찬 냉수 한 술 먹고 가오리다."

인정 없는 차사님은 발뒤축 삼세 번 차 놓으니 눈동자도 저승이요.

목에 큰칼 씌워가니 목에서는 대톱소리 소톱소리가 절로 나고,

이별이여, 이별이여, 저승길이 어딜런고.

창문밖에 나서니 저승길이 완연하고,

대문밖에 나서니 명왕길이 완연하구나.

초혼初魂 불러 초혼 씌우고,

이혼二魂 불러 이혼 씌우고,

삼혼三魂 불러 삼혼 씌우니,

천년만년 살 데 저승길이 내 살 길이네.

무주공지無主空地 낙낙장송落落長松 군왕지지君王之地 엄토掩土하니

진토塵土는 집을 삼고, 두견새는 벗을 삼아

천년만년 살 데가 세경 땅이 진토로다.

저승이여, 저승이여, 멀다더니

갈 때의 길도 열네 거림길(열늬 징거)

올 때의 길도 열네 거림길, 가고 옴에 스물여덟 거림길이로다.

창문 밖을 나서니 저승길이 완연하고,

명왕길冥王路이 멀다더니 대문 밖에 명왕길이로다.

인간세상 살고 보니 역적도모逆賊圖謀 살인강도殺人強盜

불효不孝한 행동이 많건만 저승길은 맑고 맑은 능수능장법(모든 것이 사리가 바르고 맑은 법)이로다.

초군문初軍門을 들어서니,

초대장初大將이 말을 하되, "인정 내라(재화를 내놓으라). 사정事情 내라."

무엇으로 인정 걸까 입은 입성(옷) 한 폭 뜯어

초군문에 초대장에 인정걸어(지달래고) 초군문을 넘어서니,

이군문二軍門이 가까이 있구나.

이군문에 도대장都大將을

입은 입성 한 폭 뜯어 이군문에 인정걸고(지달래고),

삼시도군문三都軍門에 인정거니 오군문五軍門 도대장이

"감옥으로 들어오라." 하여 감옥을 들어가니,

"인정달라. 사정달라." 하여, 입은 입성 벗어 바치니,

감옥성방監獄刑房 말을 하되

"네가 갈 지옥으로 들어가라."

지옥을 들어가니,

초제 올라 진광대왕秦廣大王 도산지옥刀山地獄 가보니,

갑자, 갑인, 갑진, 갑오, 갑신, 갑술 여섯 생갑生甲 차지로다.

진광대왕 말을 하되,

"너는 인간에서 부모에 탄생하여 깊은 물에 다리 놓아 월천공덕越川功德

하였느냐?"

"그런 바 없습니다."

"너는 인간에서 배고픈 사람 밥을 주어 급식공덕給食功德하였느냐?"

"그런 바 없습니다."

칼선다리 칼날 타 나가고 들어오는 초지옥初地獄이 됩니다.

이제第二 올라 초강대왕初江大王 화탕지옥火湯地獄 들어가니,

"너는 인간에서 목마른 사람 물을 주어 급수공덕給水功德 하였느냐?"

"그런 바 없습니다."

"벗은 사람 옷을 주어 착복공덕着服功德 하였느냐?"

"그런 바 없습니다."

을축, 을묘, 을사, 을미, 을유, 을해생乙亥生이 차지한 지옥,

끓는 물에 담그면서 죄 마련하는 지옥, 이 지옥을 넘어가니,

제삼第三 올라 송제대왕宋帝大王 한빙지옥寒氷地獄 들어가니,

병자, 병인, 병진, 병오, 병신, 병술생丙戌生 차지

"너는 인간에서 부모 효심孝心 하였느냐? 일가친족 화목和睦하고 동네 존장尊長 하였느냐?"

"그런 바 없습니다."

얼음 속에 묻어놓고 죄罪 마련하는 지옥,

이 대왕 이 지옥을 넘어가니,

정축, 정묘, 정사, 정미, 정유, 정해생丁亥生 차지 지옥인데,

제사第四 올라 오관대왕五官大王 검수지옥劍樹地獄,

이 대왕 이 지옥을 들어가니,

"너는 인간에서 함정陷穽에 빠진 사람 건져주고 길 막힌 사람 길을 터주었느냐?" "그런 바 없습니다."

시퍼런 은장도銀粧刀로 살 한 점씩 떨어놓으며 죄罪 마련하는 지옥,

이 지옥을 넘어가니.

무자, 무인, 무진, 무오, 무신, 무술년戊戌 차지 지옥인데,

제오第五는 염라대왕閻羅大王 발설지옥拔舌地獄 들어가니,

인간죄人間罪가 절로 나와, 염라대왕 말을 하되,

"너는 인간에서 부모 조상 말끝에 말대꾸 하였구나. 일가친족 불목하고 동네 존장尊長 박접薄接하였구나."

집게를 가져 들어 혀를 뽑는 지옥이로구나.

이 대왕 이 지옥을 지나가니,

기축, 기묘, 기사, 기미, 기유, 기해생己亥生 차지 지옥인데,

제육第六 변성대왕變成大王 이 대왕에 들어가니,

"너는 인간에서 역적 도모 하였구나. 살인, 강도, 고문, 도적질 못할 일
하였구나."

독사毒蛇로 몸을 감아 죄罪를 마련하는 지옥. 이 대왕을 지나가니,

경자, 경인, 경진, 경오, 경신, 경술생庚戌生 차지 지옥인데,

제 일곱은 태산대왕泰山大王 거해지옥拒骸地獄 들어가니,

"너도 인간에서 큰길가에 앉아서 돈은 많이 받고 나쁜 음식 주었구나.
되[升] 곯게 주었구나. 말[斗] 곯게 주었구나. 남의 눈 속였구나."

큰 톱 작은 톱 가지고 들어와 열두 뼈 켜가며 죄罪 마련하는 지옥,

이 대왕 이 지옥을 넘어가니,

신축, 신묘, 신사, 신미, 신유, 신해생辛亥生 차지한 지옥인데,

제팔第八은 평등대왕平等大王 철상지옥鐵床地獄 들어가니,

"너는 인간에서 내 남편 놔두고 남의 남편 우러러 보았구나. 내 부인 놔
두고 남의 부인 우러러 보았구나."

철판鐵板 위에 올려 앉혀 밑으로 풀무질 해 죄罪 마련하는 지옥,

이 대왕 이 지옥을 넘어가니,

임자, 임인, 임진, 임오, 임신, 임술생壬戌生 차지한 지옥인데,

제 아홉第九은 도시대왕都市大王 풍도지옥風塗地獄 들어가니,

"너는 인간에서 인간 도리 못하고 혼인 풍덕風德 못하고 사모관대 만상
족두리 얹고 혼인식을 못했구나."

남자 죄인 항아리 씌워 바람 길에 앉혀 놓고 여자 죄인 솥[釜]을 씌워 바람 길에 앉혀 놓고 죄罪 마련하는 지옥,

이 대왕 이 지옥을 지나가니,

계축, 계묘, 계사, 계미, 계유, 계해생癸亥生이 차지한 지옥인데,

제십第十 십전대왕十轉大王 밤도 캄캄 (왁왁) 낮도 캄캄 (왁왁)

흑암지옥黑暗地獄 들어가니,

"너는 인간에서 남녀구별 모르고 자식 하나 못 나보았구나."

흑암지옥黑暗地獄에 앉혀놓고 서천꽃밭西天花田 올려 보내,

업게나청(아기업저지들)을 마련하는 지옥, 이 지옥을 지나가니,

열하나, 지장대왕地藏大王, 이 대왕 이 지옥을 들어가니,

지장의 몸으로써, 열둘은 생불대왕生佛大王

서천꽃밭 궁녀시녀宮女侍女 정소남청(미혼남자) 모아놓고,

열다섯 이내가 되는 아기, 간곤艱困한 부모에 태어난 아기,

동고랑(도시락) 사기沙器 그릇 나무바가지 파먹던 아기,

서천꽃밭 물을 주려 물을 이어 꽃밭 가다

도랑치마(무릎 위에 오르는 짧은 치마) 발 걸려 넘어지던

사기그릇 나무바가지 깨어져서, 서천꽃밭 물을 못 줘

꽃감관花監官 꽃성인花聖人에 족낭막뎅이(때죽나무 막대기)로 세 번

얻어맞아 인간아방[人間父] 인간어멍[人間母] 부르며 외치며 우는 아기,

"엄마야." 못 불러본 아기.

"언제면 이 해가 서산에 기울어져 토란 잎에 이슬이나 지면 인간 어머니 젖맛같이 여이단목 싫던 가슴이나 즌질루리(가라앉히리)." 비새같이 우는 아기.

인간에서 자식 못난 늙은 노인도 아기업저지 마련하는 이 대왕 됩니다.

열셋 좌두대왕左頭大王 심사審査하여 들어가니,

열넷 우두대왕右頭大王 문서文書하여 들어가니,

열다섯 동자판관 문서 거둬 말을 하되,

"나는 인간에 살아 죄 많으니, 저승에서도 지옥죄를 마련하지 못할 테니 귀양살아 또 한 번 죽어서 와야 저승죄를 마련하리라."

인간으로 귀양을 보내되 우마牛馬 마소 동물로나

청구렁이 흑구렁이 청지네 흑지네, 만물 푸십새(초목류)로

인간에 귀양 보내고, 인간에서 죄없이 공드린 사람

동자판관童子判官 말하기를,

"너의 소견대로 이르라. 시왕 상마을로 가겠느냐? 중마을로 가겠느냐? 하마을로 가겠느냐? 줄염당, 말염당, 색효산 노상대, 죽성도 상시당(줄염당에서 상시당까지는 저승 하마을 다음 좋은 곳), 좋은 곳으로 가겠느냐?"

향교훈장鄕校訓長 유향좌수留鄕座首 별감別監 통정대부通政大夫

가선대부嘉善大夫 가겠느냐?

부인청은 들어서면,

"부인夫人, 감부인甘夫人, 도대부인, 수절부인守節婦人, 열녀부인烈女婦人 부인청으로 가겠느냐? 삼천 선비 노는 들로, 궁녀청, 시녀, 정소남貞小男(미혼 남자) 노는 들로 가겠느냐? 청나비, 흑나비, 줄전나비, 꽃 본 나비, 불 본 나비, 나비 몸으로 가겠느냐? 청새, 흑새 몸으로 가겠느냐?"

동자판관童子判官 판결대로 죄 없는 인간 사람 소원대로 가는 법이 됩니다.

천당天堂이 있다 한들 천당이 어디 있으며,

왕생극락往生極樂이 있다 한들 저승에 왕생극락이 있으리까?

극락極樂이라는 것은 우리 인간에 있는 법으로

고대광실高臺廣室 높은 집 남전북답南田北畓 넓은 밭

유기재물鍮器財物이 넉넉해서 호의호식好衣好食하며

근심 수심愁心 없이 사는 게 극락입니다.

우리 인간은 부모에 탄생하여 칠십고래희하고

팔십이 정명이라도 잠든 날, 잠든 시,

병든 날, 병든 시, 근심 수심을 다 버려

단 사오십을 지낼 수 있으리까?

부모 놓아두고 자식 가고, 조상 버려두고 자손 가고,

아이 갈 데 어른 가고 어른 갈 데 아이 가는,

저승길은 거슬러 오르는 물, 거슬러 오르는 다리가 됩니다.

울며 따르는 아기를 버려두고 갈지라도 돌아오지 못하는 이 길은

산이 막혀 못 오며 물이 막혀 못 옵니까?

몇 백 년 몇 천 년이 되어도 인간에 돌아 환생 못하는

'토란 잎에 이슬 같은 인생' 아닙니까?

저승길이란 것은 아이나 어른이나 거역할 수 없는 길입니다.

우리나라 외팔백外八百 내팔백內八百

주문천신朱門千臣 만국제왕萬國諸王

제 대신大臣이나 왕의 손손孫이라도

양반이나 중인이나 한번 가면 돌아오지 못하는 저승길입니다.

그날 적패지赤牌旨 받아오던 차사가

오늘 영신靈神을 편히 대동하고 온 차삽니다.

차사님 앞에 본디 태어난 곳의 신풀어 드립니다.

 # 차사 본풀이 2: 차사 본풀이의 인물과 배경

신화는 이야기다

굿본으로서 「차사 본풀이」 앞에 부르는 「해심곡」 이야기는 좀 넓게 파악해 둘 필요가 있을 것 같다. 생각해 보니 내가 중학교 3학년 때 (1965년) 제주시 동문동 구중동네 할머니 댁에 여름방학 때 잠시 방 빌려 살 때, 앞집에 살던 우리 할머니 동생뻘 되시는 ᄋᆞ멩이(똑똑이) 할망이 공책에 긴 사설을 한글로 적어놓고 시간만 나면 암송하시던 「회심곡」도 생각해 보니 「해심곡」과 같았고, 절간에서 사십구재 때 부르던 스님의 독경도 굿에서 부르는 「해심곡」과 비슷했던 것 같고, 조선 중기 서산대사 휴정이 민중을 교화하기 위해 지었다는 불교 가사 「회심곡」도, 민요에서 상여노래로 불리는 「회심곡」도 뿌리가 같은 것 이었다. 노래 제목만 「해심곡解心曲」, 「회심곡回心曲」 또는 「회심곡悔心

曲」이라 할 뿐, 가사는 대동소이 하다는 것을 알았다. 결국 「해심곡」
은 '마음을 풀이한다[解]' '마음을 돌이킨다[回]' '마음을 뉘우친다[悔]'
는 식으로 한자만 다를 뿐이다. 그렇지만 제주의 큰굿 시왕맞이에서
「차사 본풀이」의 서곡으로 부르는 저승 노래, 죽음을 맞이하는 마음의
노래 「해심곡」이 가장 적절한 지점에서 불리는 지옥풀이라 생각한다.
「해심곡」은 제주에서 완성된 「강림차사 본풀이」에서 "강림차사가 정
명이 다 된 망자의 육신의 껍데기만 이 세상에 두고 영혼을 데리고 저
세상으로 떠나가는 슬픈 행렬을 생각하게 하는" 노래, 굿의 미학이 느껴
지는 영혼의 노래였음을 다시 한번 강조하고자 한다.

　시간과 공간은 신화 속에서 서로 통제하여 그 관계를 좁히기도 하
고 넓히기도 한다. 신화의 시간은 아득한 옛날부터 과거 어느 한 시점
또는 현재까지를 이야기한다. 신화의 시간에는 선사시대, 역사 이전
의 시대부터 역사시대의 이야기까지 섞여 있다. 신화의 이야기는 아
득한 옛날부터 시작해 역사 속에서 신화에 필요한 사람을 뽑아내어
신격화한다. 그러므로 「강림차사 본풀이」에 등장하는 인물들은 역사
에 등장하는 인물이어도, 신격화되면 신이거나 인간적인 신(역사시대
의 영웅) 또는 샤먼(성직자)과 같은 신적 인간이 된다. 제주의 굿에서
심방은 죽어서 시왕으로 가는 인간이 아니라 죽어서 삼시왕으로 가
는 심방, 옛 선생, 죽어서 저승으로 가는 심방을 말한다. 그러므로 모
든 인간은 죽어서 귀신이 되지만, 신이 되는 인간은 선택된 인간이다.
「강림차사 본풀이」에 등장하는 신들을 보자. 동경국 버무왕(버물왕)
과 그의 일곱 아들(아홉 아들) 중에 열다섯 살을 정명으로 태어난 아래
로 삼형제, 동개남은중절[東觀音寺]을 지키는 대사大師, 그리고 그를 돕

　　　　　　　　　　　　　　　　　　　　　　두 하늘 이야기

는 상좌승 소사小師, 과양생의 처, 과양생의 처가 낳은 아들, 한날한시에 낳고 한날한시에 과거하고 한날한시에 죽은 삼형제, 김치 원님, 관장 강림이, 강림의 큰 각시와 열여덟의 작은 각시, 염라대왕과 열시왕의 신들, 강림이 큰 각시네 집 문전하르방, 조왕할망, 뱀과 까마귀 등 「강림차사 본풀이」 속의 인물들은 동시대의 인물이 아니다. 역사는 동시대 인물들의 이야기지만 신화는 시대를 넘나드는 선택된(신격화된) 인물의 세계다. 「강림차사 본풀이」에서 신으로 그려지는 강림은 차사가 된 제주를 본本으로 하는 신이지, 조선시대 제주에서 난 인물로만 보거나 강림이 조선시대 사람이니까 「강림차사 본풀이」가 조선시대에 만들어졌다고 단정하면 신화가 되지 않는다. 신화는 아득한 옛날에 만들어지기 시작하여 지금도 만들어지고 있기 때문이다.

　신화의 인물을 이야기하게 되면, 그 인물이 사는 지명이나 마을이나 나라를 얘기하게 된다. 신들이 위치하는 공간은 방위를 가지며, 신화는 신들이 존재하는 풍수를 점치게 된다. 공간은 수직적으로 보면, 하늘과 땅 그리고 산과 바다이며, 수평적으로는 동서남북, 세계 중심이며 우주의 옴팔로스(배꼽)인 제주, 강남천자국(중국), 천하해동조선국(한국), 일본주년국, 서양 각국으로 나뉜다. 「강림차사 본풀이」의 시작에 등장하는 동경국 버무왕의 칠형제 중에 정명이 열다섯으로 단명한 운명을 타고난 밑으로 삼형제의 이동을 살펴보자. 동경국은 확대된 신화 세계의 주변 '바다 건너 아득히 먼 동쪽 나라'이며, 신화의 중심인 '대사가 살고 있는 제주의 동개남은중절' 사이에는 신화의 공간이 생겨난다. 그리고 신화의 공간에서는 동경국 버무왕의 단명한 운명을 타고난 삼형제가 동개남은중절에 부처를 지키는 대사를 찾아가 부처님께 빌고, 짧은 명과 복을 이어주는 이야기가 완성된다. 「강림차사 본풀이」의 화소들은 모두 그런 방식으로 신화를 완성해 나간다. 신화에서 계속 수정되는 이야기들의 어느 부분은 화석화되기도 하고, 제주형으로 토착화되기도 하며, 주변부에서 유입된 이야기에 의해 세계화·보편화되기도 한다. 이렇게 아득한 세계의 이야기, 주변부의 반역적인 이야기까지도 흡수하면서 신화의 세계는 확대된다. 그리하여 신화는 알 수 없는 힘을 가진 이야기가 된다. 신화는 싸움이 되며, 재미있는 이야기가 된다. 신화는 이야기다. 헛소리가 아니다. 그리하여 그때 낸 법으로 신화의 문법, 이런 삶의 문법들이 생겨났던 것이다. 우리나라의 차사본은 제주를 중심으로 놓고 이루어진 「강림차사 본풀이」이고, 강림차사는 신이 된 제주 사람 '인간신'이다. 변화 속에 살아남은 것, 더 오래된 우리 것, 민족의 원류인 신화와 역사가 살아 있는 신화를 만들고 있다.

「강림차사 본풀이」는 제주를 세계의 중심으로 하여 완성된 신화다. 제주의 신화이며 우리 민족의 신화가 된 제주의 열두 본풀이도 모두 그렇게 만들어진 우리의 신화다.

「강림차사 본풀이」의 줄거리

옛날 동경국 버무왕에게 아들 칠형제가 있었다. 위로 사형제는 사주팔자가 좋아 장가들어 잘 살고, 아래로 삼형제는 장가를 들지 못했다. 동개남절 대사가 사주를 보니 80세가 정명이라 상좌를 불러 앞으로의 일을 자

    두 하늘 이야기

상하게 일러주었다. "내가 죽거든 화장을 해 금법당에 모셔 왕생극락시키고, 동경국 버무왕의 아래로 삼형제는 열다섯이 정명이니, 이 아이들을 법당으로 데려다가 부처님께 공양을 하여 명과 복을 이어주라." 소사중은 유언대로 화장을 하여 장례를 치르고 동경국 버무왕 아들에게 가서 열다섯이 정명임을 일러준다.

삼형제는 부모님에게 왜 우리는 명과 복을 짧게 낳았느냐고 따진다. 버무왕은 중에게 쌀을 시주하고, 칠형제 사주팔자를 가려 달라 부탁한다. 중은 위로 사형제는 사주팔자가 좋아 장가들어 잘 살지만, 아래로 삼형제는 열다섯이 정명이니, 중의 차림으로 법당에 와서 연 삼 년 불공을 드리면 명과 복을 이을 수 있다고 한다. 삼형제는 머리 삭발하고 장삼을 입고 가사를 걸쳐 부모님과 작별하고 동개남은중절로 올라가 부처님께 불공을 드렸다.

삼 년 불공이 끝나는 날, 삼형제는 부모님을 만나기 위하여 절을 떠났다. 대사는 과양땅을 지날 때는 법당 공양이 허사가 될 우려가 있으니 조심하라 일러준다. 그런데 과양 땅에 당도하니 이상하게 시장기가 일어나 더 이상 걸을 수가 없었다. 길 건너에 기와집이 보였다. 이 집은 과양생의 집이었다. 과양생의 처는 중 차림의 삼형제를 문전박대하였다. 삼형제는 애원하였다. "우린 본래 중이 아닙니다. 정명이 짧다 하여 동개남절에 명과 복을 잇는 불공을 마치고 오는 길에 시장기가 나서 들렀습니다." 하니, 과양생의 처는 개밥 주는 바가지에 식은 밥을 말아 주었다. 삼형제가 시장기를 멀리고 명주와 비단 아홉 자를 끊어 밥값으로 주니, 과양생의 처는 눈이 휘둥그레 반기면서 사랑방으로 들어와 쉬었다 가라며 주안상을 차려 주었다. 삼형제가 술에 취해 잠이 들자, 과양생의 처는 삼 년 묵은 참기름을 청동화로에 놓고 끓여 왼쪽 귀로부터 오른쪽 귀로 부으니 삼형제는 아버지 어머니 말도 못하고 죽어 버렸다. 과양생의 처는 명주, 비단, 은그릇, 놋그릇을 모두 빼앗고 그날 밤 시체를 주천강 연못에 수장을 해버린다.

과양생의 처는 주천강 연못에 빨래하러 가보았다. 연못에는 꽃 세 송이가 떠 있었다. 세 송이를 꺾어 집으로 가져와 앞문, 뒷문과 대청 기둥에 걸었다. 앞문에 걸어 놓은 꽃은 과양생의 처가 마당으로 나갈 때 머리를 매고, 뒷문에 걸어 놓은 꽃은 장독대에 나갈 때 머리를 매고, 대청 기둥에 걸어 놓은 꽃은 밥상을 받고 앉아 있을 때 머리를 매는 것이었다. 과양생의 처는 화가 나서 꽃을 청동화로에 놓고 태워 버렸다. 꽃은 타서 삼색 구슬이 되었다. 과양생의 처는 보물을 얻었다고 입에 물어 놀리다 그만 삼켜 버렸다. 구슬을 삼킨 후 태기가 있어 만삭이 되어 하루에 세 아이가 태어났다.

과양생의 아들들은 자라면서 머리가 영특했다. 열다섯 나는 해에 삼형제는 과거에 장원급제하였다. 삼형제는 일만 관속 육방 하인을 거느리고 사또에게 인사하고 집으로 오고 있었다. 과양생의 처는 동헌 마당에 과거기가 떠 있는 것을 보고 "저기 과거하고 오는 놈은 내 앞에서 모가지가 세 도막에 부러져 뒤여져라." 하고 저주를 하였다. 욕이 떨어지기 전에 아들 삼형제가 과거에 급제했다는 기별이 왔다. 급제한 아이들이 오자, 문전상 門祭床 앞에 한 번, 두 번, 세 번 절을 하더니, 그 자리에 쓰러져 일어나지 않는다. 삼형제는 한날한시에 태어나고 한날한시에 과거하고 한날한시에 죽어 버린 것이다.

과양생의 처는 고을의 김치 원님에게 소지를 올렸다. 한날한시에 태어나고 한날한시에 과거하고 한날한시에 죽은 원인을 알아내고 풀어줄 수

　　　　　　　　　　　　　　　　　　　　　　　　두 하늘 이야기

있는가. 김치 원님의 부인은 원님에게 제일 똑똑한 관장이 누구냐고 물었다. 강림이가 문 안에 아홉 각시 문 밖에도 아홉 각시 열여덟 각시를 거느려 사는 똑똑하고 영리한 관장이라 했다. 부인의 의견은 똑똑한 강림이로 하여금 염라대왕을 잡아다가 이 사건을 판결하자는 것이었다. 원님은 강림을 잡아들여 저승 염라대왕을 잡아올 테냐 그렇지 않으면 죽을 테냐고 다그쳤다. 결국 저승에 가서 염라대왕을 잡아오겠다는 다짐을 받고 흰 종이에 검은 글씨로 써서 영을 내렸다.

강림은 염라대왕을 잡아오겠다 약속을 한 뒤, 첩들을 찾아다니며 도움을 청했으나, 첩들은 모두 홱 돌아서 버린다. 강림은 남문 바깥에 사는 큰 부인을 찾아갔다. 큰 부인은 얼굴 한 번 비치지 않던 남편이 섭섭하긴 하였으나 박대할 수는 없어 밥상을 차려 들어가 보니, 강림의 눈물이 한강수가 되어 있었다. "이게 어떤 일입니까? 죽을 일인지 살 일인지 한마디만 일러주십시오" 하니, 그제야 자초지종을 얘기하며 염라대왕을 잡아올 수 있겠느냐며 다시 울음을 터뜨리는 것이다. "설운 낭군님아 그만한 일로 탄식을 합니까? 걱정 말고 진지나 드십시오." 한다. 그 말에 허우덩싹 웃으며 강림은 밥상을 받는다. 큰 부인은 그날부터 나주영산 은옥미를 방아에 놓아 얼음같이 찧어 놓고 가루를 빻아 시루떡을 쪘다. 첫째 시루는 문전[門神] 시루, 둘째 시루는 조왕竈王 시루, 셋째 시루는 강림이 저승 가며 먹을 시루. 떡을 다 쪄 놓고 목욕재계하여 부엌을 청결하게 청소하고 조왕님께 축원을 올려 "강림의 저승길을 잘 인도하여 주옵소서." 하는 축원을 올려 이레째 되는 날, 조왕할망의 꿈의 계시를 받고 강림을 저승으로 보내게 되었다.

남방사주 바지에 백방사주 저고리, 자지명주 통행경, 백릉 버선 미투리에 백지로 들메를 메고, 한산 모시 두루마기에 남수화주, 적쾌자에 운문 대단 안을 받치고, 산소 털 흑두전립에 허울거리는 상모象毛하며, 밀화패 영密花貝纓 늘어뜨리고, 관장패官長牌는 등에 지고, 앞에는 날랠 용勇 자, 뒤 에는 임금 왕王 자, 홍사紅絲 줄은 옆에 차고 적패지赤牌旨는 옷고름에 채워 문 앞에 내세우니 저승 차림이 완연하였다.

큰 부인은 저승 가는 증거물을 내어보라 한다. 흰 종이에 검은 글씨로 쓰여 있었다. 부인은 원님을 찾아가 "생인에 소지는 흰 종이에 검은 글이 나, 저승 글이야 어찌 이리 되옵니까? 붉은 종이에 흰 글자를 써 주옵소 서." 하였다. 붉은 종이에 흰 글자를 써 주니, 그때 낸 법으로 사람이 죽어 명정을 쓸 때는 붉은 바탕에 흰 글자를 쓰는 법이다. 강림이 저승 의복을 입고 보니 감탄이 대단하였다. "이 의복을 언제 차렸느냐?" "벌써 이런 일 이 있을 줄 알았습니다." 그때 낸 법으로 우리 인간 법도, 사람이 죽기 전 에 미리 수의를 차려 놓는 법이다.

저승으로 가는 길에 부인은 전대를 허리에 감아 주며, 저승 초군문을 들 어가기 전에 급한 일이 닥치면 이 전대를 풀어 보면 알 도리가 있을 거란 다. 큰 부인은 이별이 섭섭하여 버선·행전·대님·신발을 드렸다. 그때 낸 법 으로 신발이나 버선이나 새 것을 신을 때는 좋았지만, 갔다 와서 벗어 던 져 버리면 다시 돌아보지 않는 부부 간의 법이 마련된 것이다. 강림은 저 승길을 향했다. 강림은 어느 것이 저승으로 가는 길인지 몰라 한참을 울다 앞을 보니 행주치마를 입고 꼬부랑 막대기를 짚고 앞을 걸어가는 할머니 가 보였다. 강림은 그 할머니를 따라갔다. 강림이 지쳐 쉬려고 하자 할머 니도 긴 한숨을 쉬며 길에 앉는다.

"어디로 가는 도령입니까?"

　　　　　　　　　　　　　　　　　　두 하늘 이야기

"저승 염라대왕을 잡으러 가는 길입니다."

"먼 길 가는데 점심이나 나눠 먹기 어쩝니까?"

둘이 꼭 같은 시루떡 점심이었다.

"어떤 일로 점심이 한 솜씨 한 맛입니까?"

"이놈아, 나를 모르겠느냐? 네 하는 일 괘씸하나 네 큰 부인 정성이 기특하여 저승길을 인도하러 온 네 큰 부인 집 조왕할멈이노라."

할머니는 일흔여덟 갈림길을 안내하고, 거기에 이르면 노인이 있을 테니 그 노인에게 인사를 드리면 알 도리가 있으리라 하고는 온 데 간 데 없이 사라져 버렸다. 강림은 조왕할머니가 가르쳐 준 대로 한없이 걸었다. 일흔여덟 갈림길이 나타났다. 백발노인이 걸어왔다. 강림은 공손히 절을 하였다.

"어디로 가는 도령입니까?"

"저승 염라대왕을 잡으러 갑니다."

"먼 길 가는데 점심이나 나눠 먹기 어쩝니까?"

할아버지도 똑 같은 시루떡 점심이었다.

"어떤 일로 점심이 한 솜씨 한 맛이 되옵니까?"

"이놈아, 나를 모르겠느냐? 네 하는 일은 괘씸하나 네 큰 부인 정성이 기특하여 저승길을 인도하러 온 네 큰 부인 집 일문전[門神]이 되노라."

그때 낸 법으로 집안에 궂은 일이 있을 때, 문전門前과 조왕竈王에 축원하면 궂은 일이 면해지는 법이다.

할아버지는 일흔여덟 갈림길을 다 알아야 저승 가는 법이라며 길을 차례차례 세어 가기 시작하였다.

천지혼합시天地混合時 들어간 길, 천지개벽시天地開闢時 들어간 길, 인황

도읍시人皇都邑時 들어간 길, 천지천황天地天皇 들어간 길, 천지지황天地地皇 들어간 길, 천지인황天地人皇 들어간 길, 산배포山排布 들어간 길, 물배포 들어간 길, 원배포 들어간 길, 신배포 들어간 길, 왕배포 들어간 길, 국배포 들어간 길, 제청도읍시祭廳都邑時 들어간 길, 산신대왕山神大王 들어간 길, 산신백관山神百官 들어간 길, 대사용궁大使龍宮 들어간 길, 서산대사西山大師 들어간 길, 사명당四溟堂도 들어간 길, 육관대사六觀大師 들어간 길, 인간불도 할마님 들어간 길, 혼합천자混合天子 들어간 길, 날궁전日宮前 들어간 길, 달궁전 들어간 길, 천제석궁天帝釋宮 들어간 길, 사님초공 들어간 길, 이궁서천二宮西天 들어간 길, 삼궁주년국 들어간 길, 원왕감사 들어간 길, 원왕도사 들어간 길, 시왕감사 들어간 길, 시왕도사 들어간 길, 진병사鎭兵使 들어간 길, 원병사 들어간 길, 전일월 전병사 들어간 길, 신일월 신병사 들어간 길, 짐추염라태산왕金緻閻羅泰山王 들어간 길, 버물 지어 사천왕四天王 들어간 길, 제초일第初一에 진광왕秦廣王 들어간 길, 제이第二 초강왕初江王 들어간 길, 제삼第三 송제왕宋帝王 들어간 길, 제사第四 오관왕五官王 들어간 길, 제오第五 염라왕閻羅王 들어간 길, 제육第六 변성왕變成王 들어간 길, 제칠第七 태산왕泰山王 들어간 길, 제팔第八 평등왕平等王 들어간 길, 제구第九 도시왕都市王 들어간 길, 제십第十 십전왕十轉王 들어간 길, 십일十一 지장왕地藏王 들어간 길, 십이十二 생불왕生佛王 들어간 길, 십삼十三 좌두왕左頭王 들어간 길, 십사十四 우두왕右頭王 들어간 길, 십오十五 동자판관童子判官 들어간 길, 십육十六 사자使者 들어간 길, 천왕차사天皇差使 월직사자月直使者 들어간 길, 지황차사 일직사자 들어간 길, 인황차사 어금부도사 나장御禁府都事羅將 들어간 길, 옥황금부도사玉皇禁府都事 들어간 길, 저승 이원사자 들어간 길, 물로 용왕국 대방황수 들어간 길, 단물[淡水] 용궁차사 들어간 길, 나무에 결항차사結項差使 들어간 길, 물에 엄사차사淹死差使 들어간 길, 대로大路에 객사차사客死差使 들어간 길, 비명차사非命差使 들어간 길, 노불법 노차사 들어간 길, 명도명관 삼차사 들어간 길, 화덕차사火德差使 들어간 길, 신금차사 들어간 길, 발금차사 들어간 길, 모람차사 들어간 길, 적차사赤差使 들어간 길, 강림차사 들어간 길.

문전신은 하나 남은 길을 가리키며 "이 길이 바로 네가 들어갈 길이다." 하며 가리켜 준다. 그 길은 개미 왼쪽 뿔 한 쪼가리만 하고 가시덤불 뒤얽힌 험한 길이었다. 저승길 안내인은 저승의 차사 이원사자였다. 이원사자는 시장기가 나서 졸고 있었다. 문전신이 말해 준 대로 전대에서 떡을 꺼내 주고 저승길 안내를 부탁했다. 이승 사람 저승 못 가는 법이지만, 음식을 얻어먹었기에 도와주어야겠다고 생각했다. "적삼을 가졌습니까?" "예, 있습니다." "삼혼을 불러 드리거든 혼정으로나 저승 초군문에 가 보십시오. 모래 사오시巳午時가 되면 염라대왕이 아래녘의 자부장자 집 외딸아기 전새남굿을 하는 데 내려올 것입니다. 초군문에 적패지를 붙였다가, 행차가 지나가거든 다섯 번째 가마를 놓치지 마십시오. 저승 초군문 가기 전에는 행기못이 있습니다. 못가에는 비명에 죽어 저승도 못 가고 이승에도 못 와 울고 있는 사람들이 저승에 데려가 달라고 쾌자 자락을 잡고 놓지 않을 것입니다. 그러면 전대의 떡을 잘게 부수어서 동서로 뿌리고 보면 저승 초군문에 붙어질 것입니다." "저승 본매를 가졌습니까?" "못 가졌습니다."

저승 본매가 없으면 저승에 가도 돌아올 수 없다는 것이다. 강림은 큰부인이 준 명주 전대를 풀어 보았다. 동심결同心結·운삽雲翣·불삽黻翣이 나왔다.

"바로 그것이 저승 본매입니다."

그때 낸 법으로 사람이 죽으면 동심결·운삽·불삽을 만들어 매장하게 된 것이다. 이원사자가 가르쳐준 대로 해서 강림은 연추문에 적패지를 붙여 두고 염라대왕을 기다렸다. 다섯 번째 마차가 오더니 멈칫 서서 호통을 치는 것이다.

"연추문에 붙은 적패지가 어떤 적패지냐?"

"이승 강림이 저승 염라대왕을 잡으러 와서 붙인 적패지입니다."

"어떤 놈이 나를 잡겠느냐?"

강림은 이때다 하고 구리쇠 같은 팔뚝을 걷어붙이고 우레같이 소리를 지르며 달려들었다. 몇 놈을 메어다치니 삼만관속 육방하인 온데간데없고 염라대왕은 가마에 앉아서 벌벌 떨고 있었다. 염라대왕 손목엔 수갑이 채워지고, 발엔 차꼬가 끼워지고, 몸에는 밧줄이 감겼다.

그때 낸 법으로, 우리 인간도 죽어 갈 때엔 이 차사가 앞장을 서서 이 밧줄로 결박하여 가는 것이다.

강림은 염라대왕을 다라 자부장자 집 전새남(굿)을 받아먹으러 갔다. 심방이 모든 신을 오십사 청하는데, 강림이는 청하지 않았다. 강림은 화가 나서 심방을 잡아 묶었다. 외딸아기 살리려고 하는 굿에 심방이 새파랗게 죽어 가니 굿은 엉망이 되었다. 영리한 소무가 데령상을 앞에 놓고 강림을 청한다.

"살아 있는 차사도 차사입니다. 우리 인간 강림차사도 저승에 가서 염라대왕과 같이 내려오는 듯합니다. 강림차사도 오십시오."

그때 낸 법으로, 시왕맞이 때는 시왕의 제상 밑에 사자상을 놓고 큰 시루떡을 쪄 올리는 것이다.

강림이 술에 취해 잠든 사이에 염라대왕은 온데간데없이 사라져 버린다. 강림은 겁이 나 문 밖으로 내달아 보니, 조왕할머님이 나타나 손짓하고 있었다.

"염라대왕은 새 몸으로 변신하여 큰대 꼭대기에 앉아 있으니, 큰톱으로 대를 끊고 있으면 알 도리가 있으리라."

큰대를 끊으려 하니 염라대왕이 내려와 사정을 한다. 먼저 이승에 가 있으면 모레 사오시에 동헌 마당으로 내려가겠다는 것이다. 염라대왕은 강림의 적삼에 저승 글자 셋을 써 주었다. 그것을 받아 들고 이승으로 내려오려니, 그 방법을 몰랐다. 염라대왕에게 길 인도를 부탁하니, 흰 강아지와 돌래떡 셋을 겨드랑이에 품겨 준다. 떡을 강아지에게 끊어주어 달래며 뒤를 따라가라는 것이다. 강아지를 따라가다 보니 행기못이 있었다. 못 가에 이르자 강아지가 달려들어 강림의 모가지를 물고 행기못으로 풍덩 빠지는 것이었다. 정신이 아찔했다. 눈을 뜨니 강림은 바로 이승 길에 와 있었다.

그때 낸 법으로, 사람이 죽으면 겨드랑이에 떡을 품기고 묻는 것이다. 그리고, 흰 강아지가 강림이 목덜미를 물었기 때문에, 여자에겐 없으나 남자에겐 목덜미에 뼈가 튀어 나는 법이다.

강림이 이승에 내렸을 때는 캄캄한 밤이었다. 불빛을 따라가니 집이 한 채 있었다. "지나가는 사람인데, 하룻밤만 머물러 가게 해주십시오." "오늘밤은 우리 집에 손님 재울 수 없습니다. 우리 집 낭군님이 강림이 되는데, 저승 가서 삼년상 첫 제사가 됩니다." "내가 강림이노라."

큰 부인은 장옷 앞섶에 저승 갈 때 증거로 삼으려고 귀 없는 바늘 한 쌈을 꽂아 둔 것이 삭아서 바스락 부러지는 것을 확인하고 낭군임을 알았다.

문을 열고 손을 잡아 방안으로 들어갔다.

"나는 저승 가서 삼 일을 살았는데 이승은 삼 년이 되었구나."

이래서 저승 하루가 이승 일 년이 되는 법이다. 첫 제사는 큰 잔치로 음복을 했다. 날이 밝자 강림은 부모님께 인사를 갔다.

"아버님, 제가 없으니 어떤 생각이 납디까?"

"설운 아기 없어지니 마디마디 생각나더라."

그래서 아버지가 돌아가시면, 여섯 마디의 왕대로 상장을 마련하여 대 마디마디마다 아버님 생각하고, 모든 것을 풀어 너그러이 해주시니, 옷자락 밑을 풀어놓은 상복을 입어 연 삼 년 공을 갚는 법이 마련되었다.

"어머님, 제가 없으니 어떤 생각이 납디까?"

"설운 아기 없으니 먹먹하여지더라. 길을 걷다가도 자주자주 생각나더라."

그래서 어머님이 돌아가시면 머구나무 상장대를 만들어 먹먹하게 생각하고, 자주자주 생각하고, 자식에 대한 마음 밑을 감춰 주시니, 밑을 감친 상복을 입는 법이 마련되었다.

"설운 형님들 제가 없으니 어떤 생각이 납디까?"

"열두 달까지 생각나다가, 차차 잊혀지더구나."

그래서 형제간은 열두 달 소기까지 복 입게 마련했다.

"먼 친족, 가까운 친족은 어찌 생각되옵디까?"

"설운 친족 없어지니 큰일 때만 생각납디다."

그래서 친족이 죽으면 의무적으로 떡을 부조하는 '고적' 법이 마련되었다.

"열여덟 호첩들은 내 없으니 어찌 생각되더냐?"

"길을 걷다가도 미끈하게 생긴 놈만 보면 언뜩언뜩 생각납디다."

그래서 호첩들과는 모두 살림을 갈라 동서로 보내 버렸다.

"큰 부인은 내 없으니 어떤 생각 나더냐?"

"설운 남인님 없으니, 인간의 정의를 생각하는 게, 소기 대기를 다 넘기고 첫 제사까지 지내고 보니, 설운 남인님이 오셨습니다."

이로부터 열녀법이 마련되고, 이승에서 예문예장만 드리면 저승에 가서 남매가 되는 법이 되었다. 그날 밤 강림은 오랜만에 큰 부인과 사랑을 나누었다. 이튿날 뒷집 김서방이 강림의 큰 부인에게 남편 첫 제사를 넘기면 개가하겠다는 허락을 받아 내려 왔다가 강림이 살아 있는 것을 보고 원님에게 고발하였다.

"강림은 저승에 가서 염라대왕을 잡아오겠다고 해놓고, 낮에는 병풍 뒤에 숨어 살고, 밤이면 병풍 밖에 나와 부부 살림합니다."

강림은 원님에게 잡혀갔다. 강림의 등에는 염라대왕이 모래 사오시巳午時에 온다고 쓰여 있었다. 그날이 왔다. 쾌청하게 맑은 하늘에 시커먼 구름이 하늘을 덮고, 오색 무지개가 동헌 마당에 걸렸다. 천지가 진동하는 소리와 함께 염라대왕이 왔다. 김치 원님은 동헌의 공주控柱 기둥 뒤에 숨어 버렸다. 강림 혼자만 앉아 있었다. "이집은 누가 지었느냐?" "강태공이 지었습니다." "강태공을 불러들여라." 강태공을 불러 네가 세운 기둥이 아니면 대톱으로 끊어 올리라 하였다. 강태공이 공주 기둥에 톱을 갖다 대니 원님이 발발 떨며 댓돌 아래로 내려섰다.

"이승왕님아, 어떤 일로 나를 청하였습니까?"

"과양 땅에 사는 과양생이 아들 삼형제가 한날한시에 낳고, 그 아들이 한날한시에 과거하고, 또 한날한시에 죽은 소지를 해결하고자 염라대왕을 청하였습니다." 과양생이 부부를 불러다 아들을 매장한 곳을 파 보니 무덤에는 아무것도 없었다. 염라대왕은 연화못으로 갔다. 금부처로 세 번을 때리니 물이 마르고 밑바닥에는 버무왕의 아들 삼형제의 뼈가 남아 있었다. 뼈들을 모아 금부처로 세 번 치니 삼형제가 살아났다. 염라왕은 삼형제에게 부모님을 찾아가라 하고, 과양생의 부부는 사지를 아홉 조각으로 찢어 죽였다. 남은 것은 방아에 넣어 빻아서 바람에 날려 버리니, 각다귀·모기가 되어 날아갔다. 과양생의 부부는 죽어서도 모기가 되어 피를 빨아먹으려고 달려드는 것이다.

염라대왕은 강림이 똑똑하니 저승으로 데려가려 하였다. 김치 원님은 반대하였다. 염라대왕은 반씩 나눠 가지자고 하니, 원님은 허락하였다.

"육신을 가지겠습니까, 정혼을 가지겠습니까?"

"그야 육신을 가지고 말고요."

염라대왕은 강림의 삼혼을 뽑아 가져 저승으로 가 버렸다. 강림은 거품을 물고 죽어 가고 있었다. 큰 부인 달려들어 억울한 김에 원님을 마구 쥐어뜯다 보니 원님도 죽어 갔다. 그래서 사람 죽이는 데에 대살법代殺法이 생긴 것이다.

강림이 큰 부인은 강림의 시체를 염습·성복·일포제·동관을 하고, 좋은 땅에 감장하고, 초우·재우·삼우제를 지내고, 초하루·보름 삭망제를 지내고, 소기·대기를 지내어도 섭섭함이 남아, 잊어버리지 않으려고 삼명절·기일제사법을 마련했다.

강림은 염라대왕의 사자로 일을 하게 되었다. 염라대왕은 이승에 가서 여자는 칠십, 남자는 팔십이 되거든 저승으로 데려오라고 하였다. 강림은 적패지赤牌旨를 등에 지고 이승으로 오다가 도중에 까마귀를 만났다.

"형님, 적패지를 내 날개에 끼워 주면, 내가 이승에 가서 붙여 두고 오리다."

강림은 적패지를 까마귀 날개에 끼워 넣었다. 까마귀는 이승으로 가다

 두 하늘 이야기

가 말죽은 밭에서 말을 잡는 것을 보고 말 피라도 얻어먹으려다 그만 적패지를 떨어뜨렸다. 마침 담구멍에 있는 뱀이 적패지를 삼키고 들어가 버렸다.

그래서 뱀은 죽는 법이 없어 아홉 번 죽었다가도 열 번 살아나는 법이다.

까마귀가 적패지를 잃어버리고 이승에 날아와서 되는대로 외쳐 댔다.

"아이 갈 데 어른 가십시오, 까옥."

"어른 갈 데 아이 가십시오, 까옥."

"부모 갈 데 자식 가십시오, 까옥."

"자식 갈 데 부모 가십시오, 까옥."

"자손 갈 데 조상 가십시오, 까옥."

"조상 갈 데 자손 가십시오, 까옥."

까마귀가 되는대로 전달하는 바람에 사람들은 어른아이 할 것 없이 자꾸 죽어 갔다. 그래서 까마귀가 궂게 울면 좋지 않는 법이다.

염라대왕은 강림에게 동방삭을 잡아오도록 명령하였다. 강림은 사람의 왕래가 많은 길가 시냇물에 숯을 담그고 씻기 시작했다. 어떤 건장한 사내가 지나가다가 물었다. "어째서 숯을 앉아서 씻느냐?" "검은 숯을 백 일만 씻으면 백탄이 되어, 백 가지 약이 된다 하기에 씻습니다." "나 동방삭이 삼천 년을 살아도 그런 말 듣기 처음이다." "옳지, 요놈이로구나." 강림은 날쌔게 달려들어 동방삭을 밧줄로 묶고 염라대왕에게 바쳤다. 염라대왕은 기뻐하여 강림을 사람을 잡아가는 인간차사로 삼았다.

7° 강림차사 본풀이

첫째 이야기: 죽음으로 이끄는 악녀 과양생이 지집년의 송사

제주에서 완성된 우리 민족의 저승 신화 「강림차사 본풀이」 첫 번째 이야기는 악녀 '과양생이 지집년'을 저승 가는 올레, 과양 땅에 사는 악녀[惡神]로 그리고 있다. 생사람을 죽게 하는 진짜 악녀의 모습은 어떤 모습일까? 만약 여러분이 과양생이 지집년의 모습을 제대로 그려 낼 수 있다면, 우리의 저승 신화 「강림차사 본풀이」의 밑그림은 완성된 것이다.

「강림차사 본풀이」는 산 자가 피해 갈 수 없는 죽음이란 악연惡緣의 시작이다. 결국 죽음이란 과양 사는 악녀 과양생이 지집년이 파 놓은 덫에 걸려 그녀에게 죽임을 당하는 선량한 아이들 이야기다.

제주 동개남절에 가려면 반드시 '과양 땅'을 지나야 한다. 과양 땅에는 악독한 과양생이 지집년이 살았다. 과양생이 지집년이 사는 현실의 공간은 제주시 탐라국 고양부 삼성 시조의 발상지 모흥혈 남쪽(한라산 쪽) 1리에 있는 광양리壙陽里다. 그런데 이곳이 「강림차사 본풀이」라는 신화의 공간으로 변하면, 이곳은 제주 사람들이 상상하는 죽음에 이르는 땅으로 변한다. 이는 한라산 동개남절(신계神界=저승)과 성안(인간계人間界=이승)의 중간 지점 과양[壙陽]이며, 이곳은 악녀[惡神] 과양생이 지집년을 만나 죽임을 당하는 '악연의 공간' '죽음의 공간'이다. '과양생이'는 '과양에서 생겨난(태어난)'이라는 뜻이며, '지집년'은 '여자'의 낮춤말이다. 과양생이 지집년은 선량하지만 짧은 명을 타고난 아이를 죽음에 이르게 하는 지독한 악녀다. 죽음에 이르는 저승 올레 광양에 사는 악녀 과양생이 지집년과의 악연을 벗어나는 일, 이것이 「강림차사 본풀이」의 첫 번째 이야기다.

과양생이 지집년이란 악녀를 과양생의 처라 풀이할 때, 광양에 사는 생원의 처, 과양 출신 남자의 부인이란 해석은 악독한 여신을 중심으로 하는 이야기에서는 별 의미가 없을 것이다.

이야기는 짧은 목숨을 타고난 동경국 버물왕의 착한 세 아들에서 시작한다. 이 착한 아이들은 악연의 고리에 의해 악녀 과양생이 지집년에게 죽임을 당해 주천강에 시체로 버려지고, 시체는 아름다운 삼색 연꽃으로 피어난다. 과양생이 지집년이 꽃을 거두어 화로에 넣고 태우니, 아름다운 삼색 구슬이 되었는데, 이를 가지고 놀다 삼색 구슬을 입에 넣어 삼키니 그날 이후 태기가 있어 하루에 세 아이가 태어났다. 악의 씨앗을 잉태한 악녀 과양생이 지집년의 저주를 받아 다시 한날한시에 죽었다는 송사를 푸는 일이, 「강림차사 본풀이」 첫 번째 이야기다.

옛날 옛적에 제주에는 동개남[東觀音] 상좌절[上佐寺]과 서개남[西觀音] 금법당金法堂이 있었다. 동개남절은 동관음사東觀音寺의 '동관음절'이 제 주말로 변한 것이다. 동개남절에는 부처님을 지키는 대사大師님이 상좌스님과 함께 살고 있었다. 그때 동쪽으로 멀리 바다를 건너가면 동경국이란 땅이 있는데, 동경국에는 버물왕이 살았다.

하루는 절간 안에서 대사님이 소사小師 중을 불러다놓고 하는 말이, "소사야, 소사야. 나는 인생칠십고래희人生七十古來稀라는 칠십을 넘기고 팔십을 넘겼으니, 나에게 주어진 목숨, 사고정명定命도 끝이 난 듯하구나. 내가 죽으면, 나무 천 바리를 들여 화장을 시키고 너 혼자서 산중 이 절간 법당을 지켜갈 수 있겠느냐? 그럴 수 없을 테니 동경국 땅으로 내려가 보아라. 그곳에 가면 버물왕의 아홉 아들 중에 아래로 삼형제는 명命이 단단短短 짧아 열다섯 십오 세를 못 넘길 듯하니, 이 아이들을 데려다가 절간을 함께 지키면 어떻겠느냐?" 하였다. 그 말이 있고 나서 대사님은 칠십을 넘기고 팔십을 다 채우는 날 임종臨終을 하였다.

소사님은, 대사님이 인간 세상에 살아계실 때 말씀하신 대로 들은 대로 나무 일천 바리 들여 대사님을 화장시켜 드리고 절간 법당 부처님 전에 들어갔다. 하루는 무정 눈에 깜빡 잠이 들었는데 꿈에 대사님이 현몽現夢을 드리길, "소사야, 소사야. 내가 살았을 때 이르던 말을 벌써 잊었느냐. 어서 동경국 땅 버물왕 집으로 내려가 보아라." 하기에 그 말을 듣고, 번쩍 깨어보니, 몽롱朦朧 속에 꿈이었다. 소사님은 대사님이 꿈에 이른 대로, 한 귀 누른(고깔 꼭지의 모양) 굴송낙 둘러쓰고, 두 귀 누른(장삼의 소맷자락 모양) 비단장삼에 목에는 염주念珠 걸고, 손에는 단주, 금바랑 옥바랑 들어 쥐고, 동경국 땅으로 소곡 소곡 내려가다 보니, 폭낭(팽나무) 그늘 아

     두 하늘 이야기

래서 동경국 버물왕의 아들 삼형제가 한줌 가득 붓을 잡고, 아름 가득 책을 안고, 삼천 선비들과 함께 놀고 있었다. 소사님이 지나가다 멈춰 서서 말을 걸었다.

"애들아. 너희들은 동경국 버물왕의 아들 삼형제가 아니냐?"

"예, 그렇습니다."

"설운 아기들아. 너희들은 글을 잘 하면 무얼 하고, 활을 잘 쏘면 무얼 하겠느냐. 너희들은 명命이 단단 짧아서 열다섯 십오 세가 되면 정한 목숨[四苦定命]이 끝이라 하는구나." 그렇게 말을 하고 소곡 소곡 소사님은 가 버렸다. 그 말을 듣고, 동경국 버물왕의 아들 삼형제는 비새[飛鳥]같이 울며 집으로 돌아왔다. 집에 오자 삼형제는 따져 물었다. "어머니. 아버지. 우리도 다른 아이들처럼 명命이나 길게 날 거 아닙니까?" 하며 하도 울어가니, "설운 아기야. 그게 무슨 말이냐? 거 이상한 말을 하는구나. 어느 누가 그런 말을 하더냐?" "아이고, 어머니. 그런 게 아닙니다. 우리가 폭낭 그늘 아래서 놀고 있는데, 어떤 소사님이 넘어가다가 우리를 보고 열다섯 십오 세가 정명이라 일러주고 넘어가셨습니다."

"느진덕이 정하님아. 저 멀리 정낭에 나가 보아라. 어떤 대사님이 계시거나, 어떤 소사중이 있으면 우리 집으로 어서 청해 데려오라." 하였다. 그때엔 느진덕이 정하님[下女]을 내보내 논두렁에 나가 보니, 소사님은 벌써 논두렁을 빙빙 돌아가고 있었다. "아이고, 소사님. 소서님. 우리 집안 상전上前님이 청하십니다." 하여, 집안으로 모셔오니,

소사님은 들어서며, "이 집 어르신께 소승이 뵙습니다." 하며 들어오니,

안부인이 나서며, "어느 절 대삽니까. 어느 절간 소삽니까?"

"예, 나는 동개남 상좌절, 서개남 금법당을 지키는 소사가 됩니다."

"어째서 인간 땅에 내리셨습니까?"

"예. 내가 인간 땅에 내린 것은 우리 절도 파락擺落되고 우리 당도 파락이 되니, 인간 세상에 내려와 시주를 받아다 헌 당 헌 절을 수리하고 인간에 명命이 없는 자손子孫 명을 주고, 복이 없는 자손은 복을 주고, 아기[生佛還生] 없는 자손엔 생불환생을 시켜주기 위해 시주를 받으러 내려왔습니다."

시주 받는 바라 뚜껑에 쌀을 들어, 높이 들어 스르르르 비우며, 한 방울이 떨어지면, 명命도 떨어집니다. 복福도 떨어지는 법입니다. 시주를 들어다 스르르르 부으며,

"소사님. 소사님. 단수육갑單數六甲이나 한번 짚어 봅서. 오행팔괘五行八卦나 한번 짚어 봅서."

"예, 어째서 당신님은 아들은 낳는 게, 삼삼은 구 아홉 형제가 탄생했으며, 위로 삼형제도 죽어 갈림을 시키고, 아래로 삼형제도 죽어 갈림을 시키고, 지금 현재 남아 있는 아기는 중간으로 삼형제가 있습니다만, 이 아기들은 명과 복이 너무 짧아, 열다섯 십오 세를 못 넘길 듯합니다."

"소사님. 그건 어떤 말입니까. 그러면, 원천강사주역袁天綱四柱易(당나라의 점장이 원천강이 가지고 다니던 사주, 주역과 같은 점서)를 가지고 있습니까?"

"가졌습니다."

"그걸 보여주십서. 보게."

내어 놓고 초장 이장 제삼장을 걷어보니 아닌 게 아니라 동경국 땅 버물왕 아들 삼형제는 열다섯 십오 세를 못 넘길 듯하다는 세 글자가 또렷이 박혀 있었다. "소사님, 소사님. 죽을 점은 할 줄 알고, 살릴 점은 못합니

　　　　　　　　　　　　　　두 하늘 이야기

까? 우리 아이들은 어찌하면 열다섯 십오 세를 넘겨 명과 복을 이을 수 있 겠습니까?" 하니, 그때엔 소사님이 하는 말이, "그런 게 아닙니다. 그리 말 고 우리 절간 법당에 이 아이들을 보내십시오. 우리 절간 안에서 열다섯만 넘기면, 이 아이들 명과 복을 이을 수 있을 것 같습니다."

"소사님, 소사님. 그런 일은 어려운 일이 아니지요. 소사님, 그리 말고 굴송낙도 한 번 빌려줍서. 굴장삼도 벗어 좀 빌려줍서. 우리 아이 큰아들 부터 차례대로 굴송낙을 씌우고, 굴장삼을 입혀, 저 마당에 걸음을 걸려봐 서 소사 차림이 어울리면, 절간 법당으로 보내드리겠습니다."

그러자 소사님은 굴송낙도 벗어서 내어줬다. 굴장삼도 벗어서 내어줬 다. 그걸 씌우고 입혀 설운 내 아기들, 차례대로 저기까지 걸음을 걸어 보 라 하니, 앞에서 보나 뒤에서 보나 소사 행장이 그럴듯했다. 그때는 동경 국 안부인이 말씀하시기를, "소사님. 소사님. 소사님은 먼저 올라 가십서. 우리 아이들 곧 절간 법당으로 보내드리쿠다" 하였다. 이 말 듣고, 소사님 은 소곡 소곡 절간 법당法堂으로 올라갔다. 그때는 동경국 안부인이 아이 들에게 하는 말이, "설운 아기들아. 너희들 죽음과 삶이 맞설 수가 있겠느 냐. 그대로 여기 있다가는 열다섯 십오 세를 못 넘길 듯하니, 절간 법당에 가 어떻게든 열다섯 십오 세만 넘기면, 너희들의 명과 복을 이어준다니까 절간에 가서 살다 오라." "어서 그건 그리 하십서." 그래서 아이들이 가려 니까 은그릇 놋그릇을 내어주려 해도 이걸 등에 지고 다니려면 무거워서 멀고 먼 길 가려면 짐이 될 듯하니, 그리 말고 비단을 삼삼은 구 아홉 필을 내어주면서, "설운 아기들아. 이 비단을 등에 지고 다니다가 사람 일은 모 른다. 난 데 없이 어느 길 노변에서라도 시장기가 몹시 나거들랑 사람 사 는 곳이면 찾아가서, 식은 밥에 물말이라도 얻어먹고 이 비단 아홉 치씩만

끊어주고 시장기라도 멸리며 절간 법당에 올라가거라.” 하였다. 비단 아
홉 필 끊어 주니, 삼형제는 비단을 지고서 나오려다가 비새같이 울었다.
그리고 아버님 전 하직 절을 올렸다. 어머님 전 하직 절을 올렸다.

“설운 아이들아. 몸조심하고 가 살다 오라.”

“아버지, 어머니. 잘 살암십서(살고 계십시오).” 하직을 하고 삼형제는
비새같이 울며 올레 바깥에 나와 소곡 소곡 절간 법당으로 올라가다 보니,
멀고 먼 길이라 저쪽 산중을 바라보니 절간 법당이 있었다.

올레에 문밖에 가 앉아서 비새같이 울고 있자니 절간에 맨 마당 지렁이
에 늬눈이반둥개(눈에 점이 박혀 네 눈으로 보이는 제주산 토종 사냥개)
가 드리쿵쿵 내쿵쿵 짖었다. 소사님은 절간 안에서 가만히 들으니, 하도
드리쿵쿵 내쿵쿵 개가 짖으니, 이거 분명 무슨 곡절이 있구나. 필유곡절
必有曲折한 일이라 하였다. “이 산중에 누가 왔을까?” 하여, 문밖에 나가보
니, 거기에는 동경국 땅 버물왕 아들 삼형제가 와서 앉아 비새같이 울고
있었다.

“설운 아기들아, 어서 안으로 들어오라.” 하며 소사는 삼형제를 절간으
로 데리고 들어가, 상탕上湯에 가서 메를 짓고, 중탕中湯에 가서 손과 발을
씻고, 하탕下湯에 가서 몸 목욕을 시켰다. 그리고 부처님 전에 데리고 들어
가 부처님 전에 절 삼베三拜를 올리고, 칠성단七星壇에 앉아 영가단靈駕壇
에 불공을 하였다. 절간 안에서 하루 이틀, 한 달 두 달 살다 보니, 하루는
따뜻한 봄철이 되었던지 저 산천을 바라보니, 잎은 돋아 청산이 되고, 꽃
은 피어 화산花山이 되어 제 몸 자랑을 하니, 삼형제가 가만히 생각에 잠겼
다가 소사께 물었다. “소사님, 소사님. 저희들 오늘은 저 산중에 올라가 바
람 쏘일 겸, 꽃구경하며 산보를 하다 오면 안 될까요?”

　　　　　　　　　　　　　　　　　　　두 하늘 이야기

"설운 아기들아. 그러면 어서 가서 꽃구경하며 산보를 하고 오너라." 하니 형제는 허가를 맡고 절간 바깥에 나가게 되었다. 절간 법당을 나와 저 산천에 올라 가보니 꽃구경도 좋았고 잎 구경도 좋았다. 이산 저산 구경 좋다 다니다 높은 동산으로 우뚝하게 올라서서 하늘 위론 바라보지 않는 체하며 바라보니 검은 구름이 둥굴둥굴 떠오르고 있었다. 거기 구름을 보니, 갑자기 아버님도 보고 싶었고, 어머님도 보고 싶었다. 아이구, 저 구름은 하늘 위로 떠다니며 동경국 땅을 지나며, 우리 아버지 우리 어머니 얼굴을 보고 넘어 오다가 여기서 저기로 넘어가려면, 우리 삼형제 얼굴도 보며 넘어가고 있겠지만, 우리사 이거 아버님 어머님 살아 이별하고 얼굴 상봉도 못하고 모든 일 생각을 하며, 삼형제는 산중에서 비새같이 울기 시작했다. 한참 울고 있자니, 절간 법당에서 대사님이 꿈에 현몽現夢하여 말하기를, "소사야, 소사야. 누가 저 아기들 산봉山峰 구경 보내라 하였느냐? 이 아기들 돌아오면, 난데없이 아버님 어머님 보고 싶어서 고향에 내려갔다 온다 해도 절대로 보내지 말라." 하였다. 그리고 퍼뜩 깨어보니 몽롱성에 꿈이었다. "참. 필유곡절한 일이로구나." 하며, 앉아서 이런 생각 저런 생각 하다가, 삼형제는 비새같이 울며 절간 법당으로 들어왔다.

"아이구, 소사님. 그럴 줄 알았으면, 우리 산 구경 가지 말 걸. 산 구경 갔다가, 난데없이 아버님도 보고 싶고, 어머님도 보고 싶어, 우리가 아무래도 고향 산천에 가 아버님 어머님 얼굴이나 상봉하고 와서 더 살아도 더 살겠습니다."

"아이구, 설운 애들아. 안 된다. 아무래도 너희들 열다섯 십오 세만 넘기고 가는 것이 어떻겠냐?" "아이구, 그래도 가서 얼굴을 보고 와서 살아도 살아야지, 아무래도 어머님 아버님 보고파 못 살겠소." 하도 그래가니, 그때는 소사님이 못 가게 이르는 소리로, "너희들 그러면 내가 인돌 아래 침을 뱉을 테니 그 춤 마르기 전에 갔다 올 수가 있겠느냐?" 물었다. "예, 그 침이 마르기 전에 갔다 오겠습니다." "이 아기들 이만하면 얼마나 가고 싶어야 이리 할꼬? 그럼 너희들 가기는 가라마는 과양 땅[제주시 광양]에 들어가면, 매우 조심하고 다녀오라 일렀구나." 그리고 비단 삼삼은 구 아홉 필 지어 온 걸 내어줬구나. 그걸 지어 가지고 부처님 전 하직 절을 올리고, 소사님 앞에 "우리는 고향산천 갔다 오겠습니다." 절을 하고 그때엔 삼형제가 절간 밖으로 나와 나비 날 듯 새 날 듯, 어느 제랑 우리 아버지 우리 어머니 얼굴 상봉할까 나비 날 듯 새 날 듯 날아 내려왔다.

과양 땅에 가까이 오니 난데없이 시장기가 너무 났다. 한 발자국은 앞으로 내어 놓으면, 두 발자국은 뒤쪽으로 드려놓는지 도저히 걸어갈 수가 없었다. 삼형제가 허한 눈을 거듭 떠 이거 어데쯤이나 왔나 휙 고개를 들어 보니, 과양셍이 지집년, 버무왕 아들 삼형제를 죽인 악녀의 집은 네 귀에 풍경風磬 달고 와라차라 잘 살고 있었다. 그때 삼형제는 시장기가 나 더 이상 걸을 수가 없었다. 저 집은 네 귀에 풍경 달고 와라차라 과양셍이 지집년이 살고 있으니, "애들아. 우리 저 집에 가서 식은 밥에 물에 말아서라도 한 숟가락 얻어먹고 가자." "어서 그건 그러지 뭐." 하였다. 그때는 큰형부터 대문밖에 들어서며 나서며, "날로 소승 절이 뵈옵니다." 하였다. 과양셍이 지집년 난간에 걸터앉았다가 "야, 이거 오늘은 아침부터 재수가 없을라나. 어째서 소사小師 자식 중 자식이 들어오는가. 수 장남아. 수 별감아. 저 중 귀 잡아 내휘두르거라." 하니, 큰형님 들어서도 귀 잡아 냅다치니 콕하고 박힌다. 둘째 형님 들어서도 귀 잡아 냅다 치니 콕하고 박힌다. 작은 아우도 들어서니 아이고 이거 큰일 났네. 어째서 오늘은 하나도 아니라 셋이 내쫓으면 족족 들어오는 거지. 저 중도 귀 잡아 내휘두르거라 하니, "여보시오. 당신님네, 동냥을 아니 주면, 쪽박조차 깨는 법입니까? 우리도 원래 소사 자식 아닙니다. 우리도 원래는 동경국 땅 버물왕의 아들인데, 명과 복이 짧아 절간에 가 불공을 드리다가, 아버님 어머님 얼굴 잠깐 상봉하러 가는 길에, 하도 배고프고 시장하여, 식은 밥 물 말아 시장기나 멀여 갈까 잠깐 들렀습니다." 그때는 동경국 버물왕의 아들이란 데 겁이 바싹 나서, 식은 밥 한 숟가락 놓아 물에 닥닥 말아, 숟가락 세 개 걸쳐 앞에 가져다가 내어놓았다. 그걸 한 숟가락 떠먹으니 눈이 번쩍 하였다.

산이라도 넘어갈 듯, 물이라도 넘어갈 듯하여, 작은 아우가 말하기를, "형님, 우리가 남의 것 공으로 먹고 공으로 쓰면, 목 걸리고 등 걸린다고 어머님이 말했수다. 과양셍이 지집년은 어느 아기라도 있다면, 속적삼이나 해주라고 비단 아홉 치[九寸]라도 끊어주겠지만, 아기도 없으니, 댕기라도 하고 다니라고, 비단 아홉 치만 끊어주고 가면 어쩔까요?" 비단을 내어놓고 아홉 치 끊어주니, 과양셍이 지집년 그처럼 와라치라 잘 살아도, 비단이란 건 아니 보았던 물건이었다. 그런 비단이 어디서 나왔는가, 비단을 보니 없었던 욕심이 생겨났다. "도련님네, 안으로 들어옵서. 안사랑도 좋습니다. 바깥사랑도 좋습니다." 하도 안으로 들어오시라 청하니, "야, 이거, 우리 비단 끊어주니, 따뜻한 점심이나 해주려고 하는 걸까?" 그렇다면, 우리 점심밥이라도 얻어먹고 가자고 삼형젠 안으로 들어가니, 통영칠 반을 차리고 들어오는데, 술을 들고 들어와, "도련님. 이 술 한 잔 잡수시오. 천년주요 만년주요, 이태백이 먹다 남은 포도주요." 하며, 하도 술을 권하니, "아이구, 우린 절간에서 술도 안 먹고 고기도 안 먹습니다." 하니, "아이구, 그런 소리 맙서. 절간 안에선 안 먹어도 절간 바깥에 나오면 다 먹는 법이우다.” 하도 권하니 권에 겨워, 한 잔씩 호록호록 술을 마신 게 취하여, 동쪽으로도 빗씩한다. 서쪽으로도 빗씩한다. 남쪽으로도 빗씩하며 술이 취해 잠깐 누웠는데, 과양셍이 지집년은 부엌에 가서 솥뚜껑을 가서 왈그랑탕 왈그랑탕 하여가니, 삼형젠 누워 있다가 술에 취한 생각에도, 우리가 비단이랑 끊어주니까 우릴 따뜻한 점심을 대접하려고 부엌에 가 준비를 하고 있으니, 누워 자다가 차려오면, 먹고 가야지 하여, 누운 것이 무정눈에 잠이 실스르르 하고 들었다. 과양셍이 지집년은 삼 년 묵은 간장에 오 년 묵은 참기름을 솥에 놓아, 오근 도근 끓여서 방문을 활짝 열어보니, 삼형젠 무정눈에 잠들었구나. 이놈의 새끼들 잘 됐다. 왼쪽 귀에서 오른쪽 귀로, 오른쪽 귀에서 왼쪽 귀로 소르르 길어 넣었다. 삼형젠 얼음산에 구름 녹듯, 구름산 얼음 녹듯, 삼형제 다 죽으니, 과양생이 지집년이 비단은 모질게 **빼**앗아 이녁 눕는 구들에 가 금동쾌상金銅櫃床 안에 들여놓고 절커덕 잠가두고,

　“야, 수 장남 수 별감아. 이리 와서 보아라. 너희들, 오늘밤 삼경 깊은 밤, 개 고양이 모두 잠이 들고, 인간처가 하나도 없을 때, 이놈의 새끼들 데리고 가 주천강 연내못에 가서, 돌멩이 잔등에 하나씩 달아매어 모두 안으로 밀어 넣고 오라.”고 시켰구나. 혹시나 다니다 잘못되면 큰일이 나니까. 어서 가서 쥐도 새도 모르게 가서 디밀어두고 오라 일렀다. 그때는 어느 영이라 거부할 수 없어 수 장남 수 별감들은 그날 삼경 밤이 깊으니 지게에 지어가지고 주천강 연내못에 가서 잔등에다 돌멩일 달아매며, 그러다 물 위에 뜨면 적발이나 될까 하여 주천강으로 모두 밀어 넣어버렸다. 뒷날 아침엔 도둑놈이 달아날까 문밖 보초 사는 격으로 이녁 했던 짐작은 있고, 잠자는 수 장남들을 아침 동새벽에 가서 잠을 깨웠다.

　　　　　　　　　　　두 하늘 이야기

"야, 너희들. 어서 갔다 오너라. 어떤 표적標的이나 없는지 어서 갔다 오라."고 하니, 그냥은 가면, 남이 알면 이상하게 생각한다. 말을 끌고 가 물 먹이는 핑계를 하고 어서 갔다 오라니, 말을 끌고 물 먹이는 핑계 하고 가서 보니, 아이고 어제도 없던 고장, 삼색 꽃이 동골 동골 주천강에 떴구나. 이거 필아곡절必有曲折한 일이여, 말은 물을 먹으려면, 어느 동안 고장(꽃)에 날려들어 말 주둥이로 박하고 무지르면 말은 앞발로 물을 팡하고 차고, 이제랑 저만쯤 해서 먹여봐야지 해서 고장 없는데 가서, 말 물 먹이다 보면, 어느 동안 천리만리 있던 고장이 날려들어 말 주둥이를 박하게 무지르고 하였다. 말은 물을 못 먹고 앞발로 물만 팡팡 지다가 집으로 끌고 오니,

"아이고, 가서 보니 무슨 표적이 없더냐."

"아이구, 모른 소리 하지 맙서. 어제도 그 고장이 없었수다마는 지난 밤 사이에 삼색 박힌 꽃이 동글동글 떠서, 말이 물 먹으려면 어느새 날려들어 말 주둥이 하도 무지러버리니 물도 못 먹이고 왔수다." 하니, 그때는 고장이라 하니 그것에도 얼씬 욕심이 났다. 가는대 작은 구덕에 연서답(빨래) 담아놓고 홍글 홍글 주천강 연내못蓮花泉에 가서 앉아보니, "아따 꽃도 곱기도 곱다. 삼색 박힌 꽃이 물위에 동글동글 떴구나."

빨래방망이로 물랑 이녁 앞으로 활활 당기며, "이 꽃아, 저 꽃아, 아따 곱기도 곱다. 나에게 타고난 꽃이면 내 앞으로 오렴." 활활 물을 당겨가니 꽃 세 송이가 동글동글 떠 왔다. 손을 물속에 들여 놓고 잔등으로 똑 하고 꽃 세 송이를 꺾어 가는 댓구덕에 담아놓고 집으로 홍글 홍글 들어와, 이 꽃을 어디다 놓아야 들며나며, 자꾸 하루 앉아 몇 천 번이라도 볼까 하여, 문 앞에 한 송이 꽂아놓고, 마루방 큰방 사이 기둥에 한 송이 꽂고, 문 뒤에도 한 송이 꽂아놓았다. 꽃 세 송이 꽂아두고, 과양생이 지집년 마당으로

나가려니, 앞살쩍(귀밑털)도 자꾸 잡아 북하고 당기고, 뒤에 장을 뜨러 가려면, 뒷살짝도 어느 동안 박하고 잡아당기고, 과양생이 밥상 받아놓고 밥상도 들고 가려면, 생깃지둥 밑도 잡아 박하고 당겨버렸다.

"어따, 이 꽃 곱기사 곱다마는 행실이 괘씸한 꽃이여." 하며, 박박하고 비틀어 끊고 청동화로에 놓고 확하고 불을 지펴버렸다. 불은 지펴놓고 생각하니, 내가 사람에게 머리타래를 매었으면 칭원하지만, 저 꽃에 내 머리타래 다 잡혀 칭원하고 원통하여, 부화가 팥죽같이 나니, 올레에 가 서서 이리 갔다 저리 갔다 하고 있으니, 그 동네에 청토산이마구할망은 보릿대 뭉크리고, 검질 뭉크려 가지고 불씨 있으면, 식은 밥 물에 말아 데워먹으러 들어오다 보니, 광양생이 지집년이 올레에 서 있었다.

"아이구, 과양생이 지집년아, 너희 집에 불씨나 있건 한 방울 주면, 나, 식은 밥 물에 말아 데워 먹겠다."

"우리 부엌에 가 솥강알(솥아궁이)을 흩뜨려 보십서."

솥강알은 가서 아무리 헤쌍(흩뜨려) 보아도 불씨도 못 보고, 구들에 청동화리에나 가서 불씨 있는가 해 청동화로 흩뜨리다 보니, 난데없는 구슬[玉] 세 개가 나왔다. 구슬 세 개 들고 올레에 나왔다.

"아이구, 이거 보라 너희 부엌에 가서 보니 아무것도 없고, 청동화로에나 있을까 해서 불씨 주우러 가서 보니, 구슬 세 개 있어서 주워왔네." 하였다. 그 구슬도 말끔히 **뺏어** 가졌다.

"이 늙은 것아. 불망의 불 없으면 그냥 오지. 누가 그거 홈파서 오라고 했나?" 나 아기 낳으면 주려고 더 숨길 데 없어, 불화로 속 잿속에 숨겨둔 걸 가져 왔다며 말끔히 **뺏어** 놓고, 손에 가지고 이리 동글 저리 동글, 이리 놓고 보아도 아따 곱다. 저리 놓고 보아도 곱다 하며 이리 저리 가지고 놀다가, 이녁 자신도 모르게 입 속에 놓은 것이, 입 속에서 이리 동글 저리 동글하다 녹는 줄을 모르게 녹아서, 목 아래로 소르륵하고 구슬 세 개가 다 뱃속에 내려가 버렸다.

그리하여 그날부터 포태가 되었다. 한 달, 두 달, 연석 달이 지났다. 아이구, 이거 장엔 장칼내 난다. 물엔 펄내도 난다. 밥엔 풀내 나 못 먹겠다. 아호열달 준삭 채워 아기를 낳는 걸 보니, 아야 배여. 아야 배여. 구들 구석에서 누워 뒹굴다 낳는 건 보니, 아들 하날 낳았구나. 다시 딸을 날까 보다 하였더니 다시 아들 낳고, 딸을 날까 보다 하였더니 다시 아들 낳아 한날 한시에 삼형제를 낳았다.

이 아기들 노는 건 활소리요. 아기들 자는 건 글소리요. 아이구. 이 나라 사람 어느 누가 한꺼번에 아기 셋을 낳은 사람 있었는가. 낳고 보니 아들 셋 한꺼번에 낳게 됐다 보고하면, 무슨 큰 벼슬이나 내려줄까 하여 보고를 했는데, 어전御殿에서는 "어찌 사람이 아기를 한꺼번에 셋이나 낳을 수가 있나? 개 삼승할망이라면 새끼 셋을 낳게 하겠지." 하며, 쌀겨 서말을 마련해 보내었다. 이 아기들 크는 것이 한 살 두 살 일곱 살이 되어, 한문 서당에 가니, 읽어도 장원, 써도 장원, 외워도 장원이었다. 글 공부 활 공부 모두 장원하니, 하루는 삼형제가 하는 말이,

"어머니, 어머니. 우리들은 서울 가서 과거를 보고 오겠습니다."

"아이구, 설운 내 아기들아, 가지 말라. 너희들 잘못 다니다 어느 놈 손등에 어느 놈 발등에 다니다 죽게 되면 어쩔거냐? 가지 마라." 하니, "어머니, 아버지. 그거 무슨 말씀입니까. 아무래도 우리 삼형제는 과거를 보고 오겠습니다." 하여, 삼형제는 집을 떠났다.

과거 보러 삼형제 상경하니, 과양생이 지집년은 이 날이나 우리 아기들

올까? 저 날이나 올까? 매일 올레에 나가 서성거렸다. 하루는 높은 동산에 앉아 불림질을 펏닥펏닥 하고 있자니, 동쪽을 보니, 동으로 난데없이 과거해연 돌아오는 행렬이 와라차라 비비둥당 주내나팔 불며 와라차라 들어오고 있었다. 그 행렬을 보며, 과양셍이 지집년 우두커니 서서,

"어으허, 아이고. 어떤 집안은 산천도 좋아서 과거를 하고 저렇게 급제하고 오는가? 아이고, 설운 우리 아기들 삼형젠 어딜 가서 어느 놈 손등에 죽었는가, 어느 놈 발등에 간 죽었는가? 명천明天 같은 하늘님아. 저기저기 과거를 하고 돌아오는 저놈의 새끼들랑, 여기 우리 집 올레쯤만 오면, 모가지나 오도독끼 꺾어지게 합서." 하며, 후욕詬辱 누욕 욕을 하였다. 욕을 잔뜩 퍼붓고 앉아보니, 과양셍이 지집년 집으로 과거 당선하고 들어오는 선비, 앞엔 보니 선비로다. 뒤엔 보니 후배로다. 삼만관속 육방하인 와라차라 하며 들어오니 과양셍이 지집년 불림질하다 솔박 들고, 얼씨구나 좋다. 절씨구 좋구나. 아니 놀지는 못하리라. 우리 집안 산천도 좋았구나. 춤을 덜싹덜싹 추어간다. 하매[下馬]를 하고 내리는 걸 보니, 큰아들은 동방급제했습니다 하며, 일문전상 차려 놓고 절 삼배를 하더니, 소꼭하니 죽어 아니 일어났다.

셋 아들은 팔도도장원을 했습니다 하며, 동네 유지급 어른들 모셔다 절을 하고 일어서다가 소꼭하게 죽어버렸다.

작은 아들은 문선급제를 했습니다. 부엌에 조왕竈王상 차려놓고 절을 하고 일어나려다 소꼭하니 한날한시에 아들 셋이 다 죽어 버렸던 것이다.

과양셍이 지집년은 나일이여, 나일이여. 아이고, 어찌하면 좋을까. 이 노릇 어찌할까? 아무리 울고 울어, 대성통곡을 해도, 죽은 아기 아니 살아나는구나. 수 장남아, 수 별감아. 우선 앞밭, 뒷밭에 출병 (가매장假埋葬)이

　　　　　　　　　　　　　　　　　　　두 하늘 이야기

나 해두거라. 내가 꼭 이 일을 해결해야지. 이런 세상 어디 있으리. 과양생이 지집년 곰곰드리 생각을 하니, 이 고을에는 김치金緻(광해군 때 제주 판관) 원님이 살고 있으니, 원님이나 한번 찾아가 이거 해결을 해달라고 내가 등장等狀을 들어보아야지 하여, 원님을 찾아 가서 사실이 이렇고 저렇고, 약하약하 하여, "나는 한날한시에 아들 삼형제를 낳고, 한날한시에 삼형제는 다 과거를 해 돌아왔고, 한날한시에 이 아기들 다 죽었으니 이 일을 해결해 줍서."

"그러면 집에 돌아갔다 아침에는 아침 소지[朝所志]를 올리고, 낮에는 점심 소지를 올리고, 어두워가면 저녁 소지를 올리되, 석 달 열흘 백일 동안 소지를 아홉상자반[九箱子半]을 드려 오면, 그 일을 처리해 주겠다."고 일러주었다.

집으로 들어와서 그때 그날부터 하루에 삼세 번 소지원정所志願情을 드렸다. 석 달 열흘 백일 동안 소지를 드려 아홉상자반 소지를 드려놓고, 결처結處를 해달라 다시 원님을 찾아가, "원님. 내 문제 해결을 어떻게 했습니까?" 하니, 아무리 곰곰드리 생각을 해도, 누구에게 매를 맞아 죽으나, 누구와 싸워 죽으나 했으면, 그 해결을 하지만, 이녁대로 이녁 욕사리 겨워서 죽은 일이니, 나 얘길 못하겠다 하였다. 다시 성담 바깥으로 빙빙 돌아다니며 "개 같은 김치 원이여, 개 같은 김치 원이여. 이만한 해결을 못하면서 원님사린 뭣하러 하냐?" 하며, 하도 후욕 누욕 욕을 하였다.

원님은 하도 칭원하고 원통해였던지, "내가 저런 저런 과양생이 지집년만 한 것에게 이런 욕을 들면서 어찌 내가 칭원해서 살겠나." 하였다. 문을 안으로 잠그고 곰곰이 생각 중에, 지동토인은 밥상 들고 들어와서 보니 안으로 문을 잠갔더라. 안부인이 와서 하는 말이, "이 문 엽서. 이 문 엽서. 문

열어서 좋은 일이 있는지 궂은 일이 있는지 말해 줍서.” 하니, 그때 문 열고 말하는걸 보니, 과양셍이 지집년 사건 때문이었다.

“아이구, 원님. 그렇게 걱정할 게 뭐 있습니까? 사흘날 아침에는 개폐문開閉門 법 열어서 이 고을에 어른 아이 막론하고 동헌 마당 모두 나오라고 하여서, 이 고을에 역력하고 똑똑한 강림이 있잖습니까? 문 안에도 아홉 각시 데려 살고, 문 바깥에도 아홉 각시 데리고 이구 십팔 열여덟 각시 데리고 각시 품안에서만 사는 강림이에게만 말하지 말았다가 강림이랑 궐을 잡혀서 강림이를 잡어다 저승 가서 염내왕 잡어오라 하는 게 어떻겠습니까?”

김치 원님은 부인님의 의견이 그럴듯하니, 그날 열 관장에게 개폐문을 열라 사발통지를 돌려놓고, 뒷날 아침부터 열 관장 동헌마당 입참을 시켜 보니, 열 관장이 틀림없이 입참이 되고, 이튿날도 열 관장 틀림없고, 사흘날도 열 관장 틀림이 없고, 나흘, 닷새, 엿새까지도 틀림이 없고, 이렛날은 마지막 동헌마당 입참을 시켜서 보니, 강림姜林이 하나가 뒤떨어졌습디다. 강림인 열여덟 기생 호첩에 반하여 잠을 자는 게, 날이 새는 줄도 몰라 강림이 궐闕이 나옵디다.

“강림이 궐이여, 강림이 궐이여, 강림이 궐.” 하고 삼세 번 외치니, 강림이가 퍼뜩 눈을 떠서 바라보니, 창문 밖이 환하게 밝았다. 강림이 동헌마당 날려들어 바라보니, 앞에는 전패(죄인이 앞에 드는 패), 뒤에는 후패, 앞밭에는 작두, 뒷밭에는 벌틀(형틀)이 걸려 있었다. 강림차사는 비새같이 울면서 원님에게 말을 했다.

“원님. 원님. 나는 이제 죽을 목에 들었습디다만, 살 방도는 없겠습니까?”

“지금 당장 목숨 바쳐 죽겠느냐? 아니면, 너 저승에 가 염나왕閻羅王을

 두 하늘 이야기

잡아오겠느냐?"

　강림이는 생각을 해보았다. 나에게 저승 가라는 이유는 어떤 이유인지, 아무리 생각해도 남자男子 대장부로 태어나 이 자리에서 죽겠다고 했다가 당장 나를 죽여 버리면 그뿐일 것 같아서, 남자 대장부라면, 명예라도 남기고 죽겠다고, 어서 말을 하라니 난감했다. 이 고을 사는 과양생이 지집년. 한날한시에 아들 삼형제 낳고, 한날한시에 삼형제 과거해서 돌아와서, 한날한시에 다 죽어버린 이 문제 해결을 못했는데, 저승에 가서 염라왕을 잡아오라 하니, 강림이는 잠깐 생각을 해보았다. 기왕지사 죽을 바엔 이리 죽어도 죽고, 저리 죽어도 죽을 팔자, 아무래도 죽을 거라면, "예, 내가 저승에 가서 염내왕을 잡아오겠습니다."

둘째 이야기: 강림차사를 돕는 문전하르방과 조왕할망

　이승의 문서 호적은 '흰 종이에 검은 글씨'로 기록되지만, 저승의 문서를 기록하는 장적은 사람이 죽으면 관을 덮는 명정銘旌처럼 '붉은 바탕에 흰 글씨'로 기록한다. 「차사 본풀이」에 의하면, 이를 아는 사람은 강림의 부인이다. 강림은 부인을 잘 둔 덕에 사람이 죽어서 간다는 저승을 산 사람[生시]으로 죽지 않고 다녀온 사람, 저승 염라왕에게 이승 왕 김치 원님의 편지를 전달한 메신저가 되었다. 이승왕의 편지를 저승에 배달하는 우편배달부 강림차사는 목숨이 다하여 이승의 명부 호적에서 지워지고 저승의 명부 장적에 새로 이름이 올라가는 날[死亡日]에 망자의 집 대문에 염라대왕이 보낸 사망통지서 '적패지'를 붙인다.

죽음은 그렇게 완성된다.

「차사 본풀이」에는 염라왕의 차사가 되기 전, 이승의 관장 시절의 강림도 중요하게 그리고 있다. 강림은 김치 원님, 열여덟의 각시, 과양생이 지집년과 같은 이승 바깥 세상과, 큰부인과 문전하르방과 조왕할망이 지키는 이승의 집안 세상을 선악의 세상으로 나누고 있다. 강림은 타락한 바깥 세상에서의 삶을 청산하고 집안 큰 부인이 쌓아놓은 맑은 집안에 들어왔을 때, 큰부인의 도움을 받아 저승으로 갈 수 있었다.

강림은 저승법을 몰랐다. 김치 원님이 저승에 가 염라왕을 잡아오라는 '흰 종이에 검은 글씨로 쓴 문서'는 저승에서는 효력이 없는 문서였다. 저승 가는 길은 저승의 글과 저승법으로 그려진 저승의 지도를 읽을 수 있어야 했다. 강림을 지켜주는 조강지처 부인은 하늘의 저승법을 알고 있는 조왕할망과 문전하르방을 정성으로 모시고 집안의 대소사를 해왔다. 큰부인을 돕는 문전하르방은 '길눈'이 있어 문 밖에 나가면 저승으로 가는 올레와 이승으로 가는 올레를 구분하여 알려주었다. 저승법과 저승의 신호를 보며 복잡한 일흔여덟 갈림길도 강림에게 다 알려주었다.

이승왕 김치 원님는 저승법을 몰랐고, 염라대왕은 이승법을 몰랐다. 저승법을 몰랐던 강림은 기는 살아 있지만 맑고 공정한 저승법을 몰랐으니 똑똑한 사람은 아니었다. 똑똑하고 현명한 것은 강림의 부인이었다. 결국 강림을 저승으로 떠날 수 있게 한 것은 문전하르방과 조왕할망을 위하여 정성을 다한 부인의 덕이다. 강림을 저승에 가서도 죽지 않고 살아서 돌아오게 한 것은 강림의 큰부인의 지혜였다. 이

　　　　　　　　　두 하늘 이야기

것이 「차사 본풀이」의 중심 이야기다. 큰부인은 조왕할망의 도움으로 저승의 차림과 저승 갈 때 먹을 저승 음식을 준비했다. 관장패官長牌는 등에 지고, 적패지는 옷고름에 채워 저승 갈 차림을 마련했다. 강림을 저승에 보낼 수 있었던 것은 저승길의 안내자 문전하르방과 저승 차림과 저승 음식을 차려준 조왕할망의 도움이 있었기에 가능하였다. 그리고 길눈이 문전하르방은 강림을 저승으로 인도하는 '질토래비'(길 안내인)였다.

강림 차사는 김치 원님에게 저승에 가 염라왕을 잡아 오겠다 약속했지만, 저승길은 어디로 가며, 어떤 땅을 지나가야 저승에 이르는지 몰랐다. 강림은 동헌 마당 연단 위에 서서 곰곰이 생각을 해봐도 너무 막막하여 비새같이 슬피 울었다.

"어딜 가, 누구에게 듣고 이 일을 물을꼬?"

강림은 형방刑房 방에 달려갔다. "형방님. 나우다. 저승길 어디로 어떵 가는지 말해줍서." "야, 나는 저승길을 어떵 가는지 알 말이라? 강림아. 불쌍하고, 가련하다. 이별잔이나 받아먹고 가라. 작별잔이나 받앙 가라. 이 술이나 받고 가라." 강림은 이방吏房 방에 달려갔다. "이방님. 내게 저승길을 말해줍서." "난 저승길 어떵 가는지 알겠느냐. 가련하고, 불쌍하다. 이별잔 작별잔이나 받아먹엉 갔다 오라."

강림은 "어딜 가면 누가 날 도와줄 건고? 동네 유지 어른님네나 찾아가보주. 어르신. 말해 줍서."

"난 모른다. 이별잔이나 받앙 가라."며 술은 내어주었지만 저승길을 가르쳐주는 사람은 하나도 없었다. 어딜 가면 좋을까. 이제랑 친한 벗들이나 찾아보지 뭐. 친구 벗들 찾아가, "아이구. 설운 내 친구 벗들아. 오라. 나와 벗하여 저승이나 갔다 오게."

아이구. 나도 싫다. 나도 싫다 해 가니, 너희들. 너무 그러지 말거라. 난 옛날 돈 있어 기생집도 다니고, 술집에도 갈 때는 나도 가마. 나도 가마. 친구도 많더라마는 저승에 가려 하니 외롭고 쓸쓸한 건 나 혼자뿐이로구나 곰곰이 생각해 보니, 내가 무슨 죄를 지어 저승에 가는 걸까. 셈해 보니, 큰 각시 시집오고 나 장가가던 날, 그날 사모관대 벗어두고, 버선 놓아두고, 족두리 벗겨 놓아두고, 그길로 집 나와 이구십팔 열여덟 각시 집에 나다니면서 우리 큰부인 간장 썩게 해서 울린 죄 너무 많으난, 이제랑 마지막 저승 가는 길에 큰각시라도 찾아가 얼굴이라도 한 번 보고 가야지 해서, 큰각시 사는 집을 찾아서 소곡 소곡 가다 보니, 강림이 큰각신 물보리 섞어 놓고 도고남절구에 도고남방애에 목청 좋은 소리로 이녁 전생팔자 생각하며 드리쿵쿵 내쿵쿵 짓고 있었다. 강림은 큰부인 집에 들어가다가 올레에 서서 차마 진정 들어가진 못하고, 올레에 가 우두커니 서 있었다. 강림이 큰각시는 방애만 짓으며 쳐다보지도 않는 체하다가, 올레 어귓담으로 살짝 보니, 강림이가 와서 우두커니 서 있었구나.

"어째서 오늘은 우리 올레, 저 멀리 정낭에 가시 걷어내고, 정낭문 열고 누가 오셨습니까?" 하며 인사를 하는데, 강림은 이리 말해도 침묵, 저리 말해도 침묵하며, 집안으로 허울허울 내달아 가옵다. 가서 방문을 확 열어 보니, 방안은 올려다 보면, 능화도벽菱花塗壁이고 내려다보면, 각장장판, 벽장으로 보지 않는 체하며 바라보니, 공단이불 서단이불 원앙 칭칭 잣벼개에 구둘 구석을 보지 않는 체하며 바라보니, 정동화로 일곱 개를 줄줄이 놓아두고 살고 있었다. 강림이가 한숨이랑 후-하고 쉬면서 앉아서

하는 말이,

"아이구. 홀어멍은 이년 혼자만 삼 년을 살면, 거부자巨富者가 되고, 홀아방은 삼 년만 혼자 살다가는 거적문에 외 돌쩌귀 하나뿐."이로구나 혀를 차며, 구들에 들어가 앉으니, 강림이 큰각시는 마당에서 방애만 지다가 곰곰이 생각을 해보니, 잘나도 내 낭군이요, 못나도 내 낭군이라. 어찌하여 우리 집을 찾아와싱고? 무슨 원인이 있어 와싱가? 그래도 내 집에 온 손님인데 내가 가서 맞아 줘야지 하며, 방에 들어가 문을 확하고 열어보니, 강림이가 엎드려 비새같이 울고 있었다.

"아이구, 이 어른아, 저 어른아. 어찌하여 난데없이 오셨는가요?" 하다 보니, "큰일 생길 때는 아니 찾아옵디다마는 조금 전에 그만씩 저만씩 내가 한 말이 섭섭해 우십니까? 여자라는 건 동산 위에 앉아 오줌을 싸도 치메깍(치맛자락) 젖는 줄 모르는 거, 여자의 작은 생각 아닙니까?" 와들랑하게 강림이가 일어나면서, "아이구, 이 사람아, 저 사람아. 내가 그만씩 저만씩 한 말에 칭원해서 그리 울겠는가? 그런 게 아니요. 이 고을에 사는 과양셍이 지집년 난 삼형제 과거하고 와서 한날한시에 다 죽으니, 이 일 해결 못하면 저승 가 염내왕을 잡아오란 명을 받고 저승 염내왕 잡으러 가는 길에 마지막으로 당신 얼굴이나 보고 가려고 이렇게 들렀수다."

"아이구, 이 어른아. 그러면 저승 갔다 오라며 무슨 표적標的을 줍디까?" 물으니, 내어 놓은 걸 보니, '흰 종이에 검은 먹글'을 썼구나. 큰부인은 그걸 확 걷우고 동헌마당 연단 위에 올라가 외쳤다.

"어떤 판삽니까? 어떤 사뚭니까? 이 글은 이승 문서 아닙니까? 저승 글은 붉은 것에 흰 글 써야 저승 글입니다." 하니, 모두들, 야, 강림이 큰각시 역력하고 똑똑하다 칭찬하였다. 그땐 낸 법으로 지금 현재까지도 우리 인간 죽으면 저승 갈 때는 붉은 바탕에 흰 글씨로 명정을 쓰는 명정법銘旌法이 만들어졌다.

강림이 부인은 집으로 돌아오자 설운 낭군 저승 갈 때 입고 갈 옷을 지었다. 남방사주藍紡紗紬 저고리에 북방사주白紡紗紬 말바지에 외코 접은 백능白綾버선 벌통행전行纏을 지었다. 남수화주藍水禾紬 적쾌자赤快子 운문대단雲紋大緞 안을 바쳐 지었다. 한산모시 두루마기 관대까지 지어놓고, 관대 섶에 본메본장(증거물)으로 바늘 한 섶 놓아두고, 그다음엔 저승 가며 먹을 음식을 준비했다.

강남서 들어온 백시루, 일본서 들어온 조그만 멧솥에 초층, 이층, 삼층 놓고 시루떡을 지었다. 위층은 떼어서 일문전에 가서 차려놓고, "일문전一門前 할아버지[門神]. 우리 낭군님 저승 가는데 저승길 인도해 주십시오" 하고는 절 삼배를 하고, 소지燒紙 석 장을 태웠었다. 또 한층은 떼여서 "조왕할머니(부엌신). 우리 낭군 저승길 인도하여 주십시오." 하고 절 삼배 올리고 소지 석 장을 태웠다. 아래층은 떼어서 강림이 저승 가면서 먹을 음식으로 탄탄하게 싸놓았다. 모든 준비를 다 하여, 방문을 확하고 열어보니, 아이구. 강림인 콧소리만 화르르릉 화르르릉 하며 무정 눈에 잠을 자고 있었다.

"아이구, 이 어른아, 저 어른아. 아이구. 어느 염치로 무정 눈에 잠이 들었수가. 저승길이란 건 아무도 대신 못 가는 길입니다. 빨리 일어나서 저승 갑서." 퍼뜩하게 강림인 깨어나 보니, 천황 닭은 목을 들고 조지반반 울어간다. 지황 닭은 꼬릴 치고 고고고고 울어간다. 먼동 금동 대명천지가 밝아올 듯 해가는구나. 그때엔 큰각시 차려준 옷을 모두 차례차례 차려입고, 차려놓은 점심밥 시루떡 옆 등에 껴가지고, 부인에게 마지막 인사를 하였다.

"설운 정녀야. 오래오래 살고 있으면 나 저승 갔다 돌아와 우리 검은 머리가 백발 되도록 살아보주."

굳은 언약을 하고 강림이는 올레 바깥으로 떠나갔다. 올레에 나가 바라보니, 어떤 여자가 빈 허벅 지고 물을 길러 가다가 이리 젓고 저리 젓고 해가니, 강림인 삼각수 거슬린다. 붕어눈을 부릅뜬다. 청동 같은 팔뚝을 활딱 걷어 올린다. 그때는 벼락같은 소리를 우레같이 질러가며, 어떤 여자냐.

"여자라 한 건 꿈에만 시꾸와도 새물[邪物]인데, 강림이 저승 가는 길에 누구가 빈 허벅 지고 젓느냐?" 그때 청동 같은 팔뚝 걷어 손으로 와쌍하게 빈 허벅 두드리니, 허벅은 와쌍하게 깨졌다.

그땐 낸 법으로, 옛날은 사람이 죽어 귀양풀이 하려면, 사기그릇 가져다 와쌍와쌍 깨뜨려도 지금은 모든 게 개화법이 되니, 콩으로 살이살성殺意殺로 다리는 법이 되었습니다. 가다가 바라보니, 어떤 청투산이 마구할마님이 불붙였던 부지깽이 오그라진 작대기 짚고 행주치마 둘러입고 앞에 나서 걸어가고 있었다.

아이구, 저기 가는 할머닌 어디로 가는 할마님이꽈? 빨리 내가 쫓아가 같이 말벗이나 하며 저승 가야지. 강림이가 빨리 따라가면 할마님도 빨리 걷고, 강림이가 천천히 가면 할머니도 천천히 걸었다. 가다보니 높은 동산이 있었다. 동산에 가자 할머니는 오똑하게 앉았다. 강림이가 설운 할머니께 절을 허울허울 삼배를 올리니,

"아이구, 어떤 도련님이 동산을 넘어가다가 이런 늙은이에게 절을 햄수가?"

"아이구, 무슨 말씀을 그리 햄수가? 우리집에도 할아버지 할머니 노인네가 다 있수다. 할머니는 어디로 가는 길입니까?" 하고 절을 허울허울 삼

배를 하고 "아이구. 오세요. 우리 배고프고 시장하니, 점심밥이나 내여놓고 먹고 가면 어떻겠습니까?" 그때 내어놓고 점심을 먹으려고 할머니도 싸고 온 점심 톡 내어놓고, 강림이도 싸고 온 점심 톡 내어놓고 보니, 한 솥 밑에 지은 한 솥 밥이었다.

"할마니 점심과 내 점심이 어찌하여 이렇게 똑같을 수가 있습니까?"

"아이고. 모른 소리 하지 말라. 나는 네 큰각시네 집 조왕할망인데, 너 하는 행실이 하도 괘씸하더라마는 너의 큰각시 정성이 기특하고 너의 큰각시 정녀가 불쌍하니 너 저승길 가르쳐주려고 나왔다. 네 점심밥이랑 가지고 가다가 보면, 일문전 할아버지가 있을 테니, 할아버지 드리고 저승길을 말해 달라 하고, 내 점심밥이랑 네가 먹고 가도록 해라."

"예. 어서 그건 그리 하겠습니다."

그때엔 할머니의 점심밥을 강림이가 얻어먹고, 할머님께 절을 허울허울 삼배하고 고개를 들어보니, 할머니는 온데간데없이 사라져버렸다. 필아곡절한 일이었다. 다시 강림이는 혼자 허울허울 가다 보니, 아으, 높은 동산에 일문전 할아버지가 하얀 수염에 긴 담뱃대 입에 물고 앉아 있었다. 다시 절을 허울허울 삼배를 하니, "어떤 도련님이 넘어가다 절을 합니까?"

"아이구, 우리 집에도 백 살 넘은 노인네들 다 있습니다. 할아버지. 점심이나 잡수십시오." 하며 내어놓는 것도, 할아버지가 내어놓는 점심도 같은 솥에서 지은 같은 점심이었다.

"할아버지는 어째서 내 점심과 같습니까?" 하고 강림이가 할아버지께 들으니, 할아버지 하는 말이, "난 네 큰각시네 집 일문전하르방인데, 너의 큰 각시 하도 정성이 기특하니 네 저승길 말해 주러 나왔네. 네 점심밥이랑 싸고 가다 보면, 네 들어갈 길은 일흔여덟 공거름질(갈림길)을 다 세

며 가다 보면, 개미 왼뿔만 한 길이 나타난다. 그 길을 헤쳐가다 보면, 질토
레비(길 안내인) 질감관[路監官]이 길을 닦다가 허기에 지쳐 누웠을 테니,
그 싸고 간 점심밥을 드리고 저승길을 가르쳐달라 하고 저승 갔다 오너
라.” 일렀구나. 그때엔 할아버지가 강림이 손잡고 높은 동산으로 올라가
며, “강림아. 지금부터 네가 들어갈 길은 일흔여덟 공거름질(갈림길)이
니라.”

“이 길은 보니 시왕감사 신병사가 들어간 길이요.”

“이 길은 보니 원앙감서 원병서가 들어간 길이요.”

“이 길은 보니 짐치염라金緻閻羅 태산대왕泰山大王 들어간 길.”

“이 길은 보니 초제 진광대왕秦廣大王이 들어간 길.”

“이 길은 보니 이제 초강대왕初江大王이 들어간 길.”

“이 길은 보니 제삼 송제대왕第三宋帝王이 들어간 길.”

“이 길은 보니 제사 오관대왕第四五官王이 들어간 길.”

“이 길은 보니 제오 염라대왕第五閻羅王이 들어간 길.”

“이 길은 보니 제육 번성대왕第六變成王이 들어간 길.”

“이 길은 보니 제칠 태산대왕第七泰山王이 들어간 길.”

“이 길은 보니 제팔 평등대왕第八平等王이 들어간 길.”

“이 길은 보니 아홉 도시대왕第九都市王이 들어간 길.”

“이 길은 보니 제십 십전대왕第十十轉王이 들어간 길.”

“이 길은 보니 열하나 지장대왕地藏王, 열둘 생불대왕生佛王, 열셋 좌두
왕左頭王, 열넷 우두왕右頭王, 열다섯 동자판관童子判官이 들어간 길은 강림아.”

강림이 손잡고, 가리킨다.

“이 길은 보니 천황차사 월직사자 들어간 길이요.”

"이 길은 보니 지황차사 일직사자 들어간 길이요."

"이 길은 인황차사 어금부도사나장 들어간 길."

"이 길은 눈이 붉어 황사지관[黃使者]."

"이 길은 코가 붉어 적사지관[赤使者] 들어간 길이요."

"이 길은 보니 악심사자 들어간 길."

"이 길은 보니 옥황차사 망나장 들어간 길."

"이 길은 저승차사 이원사자 들어간 길."

"이 길은 보니 인간 강림이 들어갈 길이 되었더라."

"강림아, 네가 들어갈 길은 이로부터 개미 왼뿔만 한 길이로다."

그 길은 바라보니 동쪽 가진 서쪽으로 앙상한 길입디다.

서쪽 가진 동쪽으로 앙상한 길입디다. 어주리길 비주리길(꾸불꾸불 요철凹凸이 심한 길), 어허. 되었더라. 돌바쿳길(돌무더깃길) 일러라.

아이구, 이 길을 어떻게 헤쳐나갈까? 하르바님전 절 삼배를 올리니, 하르바님도 강간무종(자취없이 사라짐) 되었다.

강림이 혼자 동쪽 가진 들어서며 서쪽으로 한 가지 눕혀간다.

서쪽 가진 동쪽으로 눕히며, 가시덤불길 헤치며 가다 보니, 질토래비 질감관 허기 부처 길가에 누워 있었다.

"아이고, 누구십니까? 이 점심밥이나 먹고 정신이나 차리십서?" 하니,

그때는 하도 배고프고 시장하니, 질토래비 질감관은 듣지도 묻지도 않고 우선 시장기 밀려 그 점심을 먹고 조금 정신이 나니, 물었다.

"어디로 가는 누구십니까?"

"나는 인간 김치 원님 몸 받은(소속된) 강림이가 됩니다. 저승 염라왕 잡으러 갑니다."

"아이구, 저승은 가려면 검은 머리털이 백발이 되도록 걸어도 저승은 못 갑니다. 남의 것 공으로 먹고 공으로 쓰면, 목 걸리고 등 걸리는 법입니다만, 그리 말고 여기 나랑 같이 서 계십시오. 내일 모래 사오시巳午時 날이 되면, 아랫녁의 원복장자 막내딸 아기 다 죽어 가니 전새남굿(병자가 죽기 전에 살려주기를 비는 굿)을 할 테니, 그때 염라왕이 내릴 때, 내가 길을 닦다가 허기에 부쳐 누웠을 테니, 여기 섰다가 염라왕 넘어가거든 잡아가면 되지 않겠습니까?"

"아이고, 안 됩니다. 아무래도 나는 저승을 갔다 와야 됩니다."고 하니,

"아이구, 그러면 속적삼이나 벗어 제게 주시오. 내가 강림이 삼혼三魂을 부르면, 저승 원대문에 가서 적패지를 붙이고, 다섯 번째 별련독교別輦獨轎를 잡아 오면, 거기 염라왕이 타고 있을 것입니다." 하였다.

그때엔 강림인 속적삼을 벗어 주니, 질토래비가 그땐 속적삼을 들고서, "강림이 본. 강림이 본. 강림이 본." 하고 연 세 번을 부르니, 저승의 원대문에 가서 강림이 삼혼정에 적패지를 붙였다. 아닌 게 아니라 사오시가 되니 별련독교들 타고 와라치라 내려왔다. 앞에 오는 첫 번째 별연독교 잡아보니 빈 별연別輦. 청가마靑駕馬 청별련靑別輦, 흑가마黑駕馬 흑별련黑別輦, 백가마白駕馬 백별련白別輦 잡아봐도 빈 별련독교였다. 다섯 번째 별련, 옆눈으로 확하고 보니, 눈은 보니 통대왈(큰 대접)만 하고, 코는 말뚝코에 입은 작박(얕은 나무박)만 한 무섭고 서꺼운 염라왕이 앉아 있었다.

한 번 보고 두 번 어찌 볼까. 내가 망설이다 기회를 놓치면 안 된다. 아무튼 나는 이때 잡아야지 하고, 홍삿줄을 내어놓고 달려들어 염라왕을 탄탄하게 사문결박을 하였다. 그때는 염라왕이 하는 말이,

"누가 감히 나를 사문결박 하느냐?"

강림사자 하는 말이,

"예, 저승왕도 왕입니다. 이승왕도 왕입니다. 나는 이승 김치 원 몸 받은 강림차사요."

"어째서 나를 사문결박 했느냐?"

"인간에 나와 함께 가야 합니다." 하니,

"아이구, 강림아. 강림아. 역력하고 똑똑하다. 사문결박 풀어 달라. 인정 주마, 사정 주마."

그리하여 저승왕 염내왕도 강림이에게 가 인정 주며 달랬다. 그때는 인정을 주니, 사문결박을 풀고 홍삿줄을 풀어주었다. 아이구. 그러면 어찌해야 인간에 갈 수 있겠느냐? 나와 함께 아랫녘에 원복장자 막내딸이 아파서 다 죽어가 전새남굿(병자를 살려내는 굿)을 하고 있을 테니 나와 함께 거기 가서 전새남굿이나 받아먹고 갑시다. 어서 걸랑 그렇게 하자. 그래서 염라왕을 따라가 아랫녘에 내려갔다. 그곳에 가보니 허데기[許宅]라는 큰심방이 시왕전을 바라들고 바라나오며 굿을 하고 있었다. 올레에 와서 쌀을 조금 케우리며 "저승왕도 어서 옵서, 저승차사도 옵서. 이원사자도 옵서." 모두 오라 하여도, 강림사자, 인간 강림일 오라 하지 않으니, 다시 홍삿줄을 내어놓아 굿을 하던 허데기란 심방을 탄탄하게 사문결박을 시켰다. 그때엔 역력하고 똑똑한 신소미가 확하게 나서서 올레로 가 쌀을 훅훅하게 케우리며, "이승사자 강림사자님도 살아 옵서. 오리정 신청궤로 어서 옵서." 하니, 죽어가던 큰심방도 파릿파릿 살아났다. 그때는 제물 祭物을 따로 마련해 상을 차리려 해도 시간이 당장 급하였다. 한꺼번에 열말 시루 세 판 금시루를 마련하여 시왕맞이 할 때 쓸 나까시리(굿에 쓰는 시루떡)를 마련했다. 이렇게 시왕당클 아래 사자상을 마련해 놓고 상단에 올렸다가 내려 굿을 마칠 때가 되니, 동글동글 놀리다 염라왕은 청비새[靑悲鳥] 고고리로 환생하여 강림이가 어떻게 하는지 보려고 올라가니, 다시 강림이는 파리[蠅] 몸으로 환생하여 가서 염라왕님. 빨리 갑시다. 빨리 내려 갑시다 하며 붙잡으니, 야, 그 강림이 역력하고 똑똑하구나. 내려와 빨리 가자고 다그치니,

"아이고, 내일 모레 사오시가 되면, 내가 인간에 내려올 테니 먼저 가 있으라."

"아이구, 안 됩니다. 안 됩니다. 아무래도 염라왕님은 빨리 모시고 가야 합니다. 어서 가요, 어서 가요." 하며 하도 재촉하니, 그리 말고 돌아서 보라 임금 왕 자 날릴 용 자를 박아주며, 내가 사오시가 되면 내려갈 테니 너무 걱정 말고 내려가라며 하얀 강아지 한 마리를 내주었다.

염내왕님아, 사실이 이리저리하여 인간 몸이라 저승 염라왕님을 잡아오려니 이원사자님이 길을 닦다가 허기에 부쳐 누웠길래 점심밥을 드리고 나 삼혼을 빼어 저승갔습니다. 삼혼정三魂情은 나 신체(몸)로 들게나 하여 인간 땅을 가오리다. 그땐 백강아지 내어주며 이 강아지를 따라가다 보면, 외나무 외다리에 행기물(놋그릇에 담긴 물)이 있으니 거기 가 풍덩하고 빠지면, 몸천[身體] 있는 곳에 갈 수 있다니 그때는 백강아지 따라서 가다 보니 외나무 외다리 행기물이 있었다. 거기 강아지가 들어가는 곳으로 풍덩하고 빠진 곳이 인간세상이었다.

마지막 이야기

　사람은 죽어서야 배우게 되는 이야기가 있다. 이 세상 '이승'이 끝에 나타나는 곳, 황량하고 아득한 이승의 땅 끝 '미여지벵뒤'를 지나야 나타나는 저 세상 '저승'을 배우다가 아직은 죽지 않았기에 다시 이 세상에 돌아와 죽으면 지켜야 할 죽음의 법칙, 맑고 공정한 저승법을 배우고 돌아왔다. 그리고 나는 죽음은 한 마디로 정리할 수 없다는 것을 알았다. 죽음은 죽어야 완성되는 법이기 때문이다. 나는 죽음에 대한 이야기는 정리하지 못한 채 마치고, 목숨에 관한 이야기, 단명한 삼십 년의 목숨을 삼천 년으로 바꾼 명감 사만이 본풀이를 끝으로 하늘 이야기를 마쳐야겠다. 그리고 「강림차사 본풀이」 마지막 이야기는 죽음에 대한 예의, 장례법이 생겨난 의미, 인간이 죽음에서 벗어날 수 없게 되었던 이유, 저승차사 강림이가 염라왕을 잡아 오면서 자신의 영혼을 맡기고 돌아왔기 때문에 영생을 가질 수 없었다는 이야기가 펼쳐진다. 그러한 강림차사가 저승 갔다 온 얘기에서 만들어진 저승의 역법, '저승의 사흘은 이승의 삼 년'이라는 새로운 사실, 강림이 저승 갔다 사흘 만에 돌아와 보니, 이승의 달력은 삼 년이 지나, 강림이 부인은 남편의 삼 년 상을 다 치르고, 강림이 첫 제사 하는 날 강림을 만났다는 마지막 이야기를 시작하겠다.

　저승차사 강림은 몸에 삼혼이 들자 오들렝이 일어났다. 정신이 들자 강림은 저승 올 때 두고 온 큰각시가 생각이 났다. 강림은 먼저 큰부인을 찾아갈 생각을 하며 길을 떠났다. 찾고 찾아 가다 보니 캄캄한 밤이 깊었다.

　　　　　　　　　　　　　　　　　　두 하늘 이야기

어떤 비주리초막(오막사리)에 불이 배롱하게 켜 있었다. 저 집은 누가 사는 집인지 오늘밤엔 저 집에 잠시 유숙하고 날이 밝으면 큰부인을 찾아가야지, 생각하며 집으로 들어갔다. 그런데 이 초막은 바로 강림이가 저승 가기 전에 두고 온 큰부인의 집이었다. 부인은 강림의 첫 제사를 막 끝내고 올레 밖에 나와 걸명 잡식해 '훅' 하고 젯밥을 던지고, 모든 문을 다 든든하게 잠그고 안으로 들어가고 있었다.

"문 열라, 문 열어. 나여 나."

"예? 앞집 김 서방이면 내일랑 옵서. 제사 음식은 그때 드리쿠다. 뒷집의 이 서방도 내일 옵서. 내일 오면, 제사 음식 드리쿠다."

"아이구, 이 사람, 나야 나. 이녁 서방 강림이."

"오늘은 예? 우리 서방님 저승 간 지 연 삼 년 되는 날이라 마씸. 이제야 막 첫 제사 끝냈수다." 하고 말하는 걸 보니, 큰 각시가 분명했다.

이 날은 바로 강림이가 저승 갔다 사흘을 살고 사흘 만에 돌아온 날이었고, 강림이 각시는 이승에서 삼 년 상을 마치고, 남편의 첫 제사를 맞이해 막 제사를 끝내고, 걸명 잡식을 하고, 방 안으로 들어가려는 바로 그때였다.

이를 보면 강림이 저승 갔다 사흘 만에 돌아왔는데 보니 강림이 큰부인은 이승에서 초상, 소상, 대상 다 치르고, 삼 년이 돼 첫 제사를 끝냈을 때였던 것이다. 강림이 부인은 외쳤다.

"쳇식게(첫 제사)가 넘었수다. 낭군님아."

이 말은 저승의 하루는 이승의 일 년이라는 저승의 역법(시간법)을 말하는 대목이었다. 당신 첫 제사가 끝났으니 삼 년이 지났다는 말이었다.

강림은 "나 이녁 서방 강림이라." 외쳤고, 무뚱에(창밖에) 선 부인은 "당신 쳇식게 넘었수다." 외쳐 가며, 큰부인은 방 안에서 "내 낭군이 분명하면 창구멍으로 관대 섶이나 내보입서." 하였다.

강림이가 관대 섶이라 창구멍으로 내보낸 것을 보니, 삼 년 동안 입고 다니다 보니 바늘은 본메본장(증거물)으로 관대 섶에 한 쌈 놓아두었던 바늘이 모두 삭아서 남아 있는 건 녹 하나였다.

"당신은 우리 서방이 틀림없수다. 들어오십서."

부인은 강림을 모시고, 부모형제를 모두 불러들였다.

"봅서. 모두들 문을 엽서. 우리 낭군이 오랐수다. 아버님도 집에 오십서. 어머님도 오십서. 형제간들도 모두 들어들 옵서."

아버지가 들어왔다. 아버지는 들어오시자 오른쪽 손목을 잡고, 비새같이 울기 시작했다. 강림은 아버지를 오른쪽으로 모셨다.

어머니가 들어오자 어머니는 왼쪽 손목 잡고 비새같이 우시다가 왼쪽에 와 살짝 앉으셨다. 강림은 비새같이 울며 아버지와 어머니를 맞이했다.

"설운 아버지. 내가 어시난 어떵헙디가?"

"설운 내 아들아. 느 어시난 마디마디 마디마다 생각나더라."

"아버지. 아버지랑 성주성편姓主姓便 마련하고, 오른쪽 손목 잡았으니, 아버지가 살다가 돌아가시게 되면, 왕대방장대六項喪杖竹(여섯 마디로 된 왕대 상장喪杖) 마디마디 아버지를 생각하며, 연 삼 년을 '아이고 아이고' 하며 아버지 공을 갚아 드리쿠다."

"설운 어머님. 내가 어시난 어떵헙디가?"

"아이구. 설운 아기야. 네가 없으니, 여기 가도 가슴이 먹먹, 저기 가도 가슴이 먹먹하더라."

"어머니에겐 외주외편外主外便 마련하고, 왼쪽 손목 잡았으니, 어머님은 살다 살다 인간 세상을 하직하면, 동쪽으로 뻗은 머구낭방장대(머귀나무) 상장 막대를 해다가, '아이고, 아이고' 하면서, 어머님 공을 갚아 드리겠습니다."

"설운 내 동생들아. 이 형님이 어시난 어떵해냐? 아이고. 형님. 모른 소리 맙서. 우리가 잘 먹고 잘 쓸 때는 형님 몫은 우리가 먹게 되니 더 많이 먹고, 형님 쓸 건 우리가 쓰니 더 많이 써서 기분은 좋았지만, 어디 다니다 남에게 매나 실컷 얻어맞을 때는, 아이고. 우리 형님이 계셨다면 권력이 좋아서 우리 편을 들어 도와줬을 걸 하면서, 형님 생각 절로 나옵디다."

"아이고. 그러니 형제간은 옷 위에 바람이라 풀어헤친 것만도 못하구나."

이구는 십팔 열여덟 각시들 어디 다 갔는지 살펴보니, 그날 그 시간에 모두 동서로 서방 얻어서 다들 가버렸구나. 큰각시만 우두커니 앉아 있으니, 강림이가 물었다.

"설운 정녀야. 내가 어시난 어떵해냐?"

"아이구. 모른 소리 맙서. 있을 땐 하도 기생 첩년들만 데리고 다니며 나를 저들롸도, 어시난 한 마음 한 뜻인가 생각하면서, 소상이나 넘기면 어디로 재가할까, 대상이나 넘기면 어디로 가볼까 하던 것이 첫 제사까지 앉아 있었수다."

"그러니, 열 각실 얻어 봐도 큰각시가 큰각시로구나. 아버님도 돌아갑서. 어머님도 돌아갑서. 형제간들도 다 돌아가라. 소용없다." 하고 모두 보내버리고 시집가고 장가갈 때도 사랑 한 번 못 풀었던 그날 밤에 열두 사랑을 다 풀었구나. 그렇게 열두 사랑 다 풀다 보니, 동 새벽이 하얗게 밝았구나.

신새벽이 밝으니 앞집의 김 서방, 뒷집의 이 서방은 엊저녁 강림이 첫제사 넘었으니 퉤물(제사지낸 뒤에 남은 음식)이나 얻어먹자고 강림이 큰각시 사는 집에 가서 보니, 문은 돌아가며 탄탄하게 잠가 버렸구나. 이거 이상한 일이로다. 밝기 전부터 일어나서 다니던 사람이 어째서 문을 다 잠갔을까? 이건 아무래도 수상하다. 우리가 창구멍이라도 뚫어서 보자. 손가락에 침을 적셔 창구멍을 뚫어 거기로 눈을 쏘아보니, 머리는 두 개가 되는데, 몸은 하나가 됐더라. "아이고. 우리 가서 밀고라도 해버리자. 가서 보니, 강림이는 저승 간다 해놓고. 낮엔 보니 평풍 뒤에다 살림을 차리고, 밤이 오면 큰각시랑 한 이불 속에서 살림을 살고 있었다고 원님한테 가 밀고를 하였다. 밀고를 해버리니, 강림을 잡아다가 연단 위에 세웠구나.

큰 칼을 씌운다. 자객 놈을 부른다. 칼춤을 춘다. 앞밭에는 벌통(형틀)을 걸고, 뒷밭엔 작두 걸어 강림을 죽이려 하였다.

강림은 "아이구. 원님. 내일 모래 사오시까지만 기다렸다가 1분 1초라도 늦어져 저승 염라왕이 오지 않는다면 나를 죽여도 좋습니다. 그때까지만 기다려 주십서." 하니, 원님은 "어서 그건 그렇게 하라." 하였다.

아닌 게 아니라 사오시가 되니 동쪽으로 검은 구름이 둥글둥글 떠오고, 서쪽으로 검은 구름 둥굴둥굴 떠왔다. 굵은 빗발 가는 빗발 엄신둠신 내려왔다. 삽시간에 날씨가 궂어 비 날씨가 되었다. 너른 목에 번개 치고, 좁은 목에 벼락 쳤다. 아침이 되니, 염라왕이 동헌 마당 연단 위로 턱하고 올라섰다. 벼락 천둥이 치자, 모두 다 달아나 숨어 버렸다. 우두커니 서 있는 건 강림인데 큰 칼을 씌워 버리니 뛰지도 기지도 못해 서 있었다.

"강림아. 너 지금 뭘 하고 섰느냐?"

"아이구, 염라대왕님. 모르는 소리 하질 맙서. 1분 1초만 늦게 염라왕님이 내리셨다면, 난 목숨을 바치게 돼 있었습니다."

"야. 저 집은 누가 지었느냐?"

"강태공서목시(영등산 덕든 나무를 베어다 집을 짓는다고 하는 목수신神)가 지었습니다."

　　　　　　　　　　　　　　　두 하늘 이야기

“어서 강태공서목시를 불러라.” 불러 오니,

“너 저 집 지을 때 기둥은 몇 개를 세웠느냐?”

“스물네 기둥을 세웠습니다.”

“그럼 네가 세운 기둥을 세다가 네가 세우지 않은 기둥이 나오면, 톱을 가져다가 켜버려라.” 하였다. 굴묵(온돌 아궁이)에 공짓[控柱] 기둥은 세다가, “이건 내가 세운 기둥이 아닙니다.” 하니, 어서 켜라 하여 톱을 가져다가 켜다 보니 기둥에서 자주피[紫朱血]가 벌컥 하고 쏟아졌다. 그때는 염라왕이 보고 있을까 봐 관댓섶으로 북하고 닦아 버렸다. 그때부터 홍포관대도 붉은 것을 입는 법이 생겨나게 됐던 거다.

그리고 상량식上樑式을 하려면 닭 모가지 끊어 네 귀에 피 묻히는 법도 생겼다.

원님이 나오니 염라왕이 물었다.

“원님. 원님은 어째서 나를 청하였소?”

“아이구, 염라왕님. 그게 아닙니다. 사실은 이러고저러고 하여 이 고을 사는 과양생이 지집년이 아들 삼형제를 낳고, 아들 삼형제가 한날한시에 과거를 하고 돌아오는 날, 아들 삼형제 다 죽었으니, 얘기를 하다하다 지쳐서 염라왕님을 청하였습니다.” 하니 “그러면, 어서 가서 광양생이 지집년을 불러들이거라.” 과양생이 지집년을 불러다가,

“너는 무슨 죄를 지은 일이 없느냐.”

“아이구. 저는 죄란 건 아무런 죄도 지은 일이 없습니다.”

“너희 아기들 어디 묻었느냐?”

“앞밭에 뒷밭에 가매장 하였습니다.”

“어서 파보라.” 하여, 파보니, 본메본장[證據物]이 아무것도 없었구나.

“너에게 정말 아무 죄도 없느냐.”

“아이구. 죄라는 건 아무런 죄도 지은 일이 없습니다.”

“이래도 바른 말을 못하겠느냐? 어서 말을 하라.”

그래도 아무 죄가 없다고 끝까지 우겼다.

고을에는 어른 아이를 막론하고 거리로 모여들기 시작했다. 물바가지를 들고 나온 사람들은 다 그릇을 들고 나와 주천강 연내못을 다들 퍼내기 시작했다. 연못은 푸다 봐도 물은 갑돌고, 푸다 봐도 갑도니, 염내왕 님은 이 송악낭 막대기를 내놓아 물을 한 번 탁하고 후려치니 물은 저절로 바짝 말라버렸다. 물아래를 보니 동경국 버물왕 아들 삼형제가 죽어서 좋은 살은 썩어 시냇물에 흘러버리고 뼈만 슬그랭이(고스란히) 남아 있었다.

“야. 과양생이 지집년아. 어서 와서 눈으로 보거라. 이래도 바른 말 못하겠느냐?” “아이구. 염내왕님. 죽을 죄를 졌습니다. 살려줍서.” 하며, 열 손가락 삭삭 비볐다. 그때는 피 오를 꽃, 살 오를 꽃, 도장놀 꽃, 말을 하는 꽃을 염내왕이 가져다 차례차례 놓고 송악낭 막대기로 연 세 번 후려치니 봄잠이라 너무 잤습니다, 하며 와들랭이 일어나는 것이었다. 아이구. 설운 아기들아, 물아래 누워 얼마나 고생하였느냐? 아이구. 보고픈 아버지도 찾아가려무나. 보고픈 어머니도 찾아가려무나. 이 아기들 삼형제는 보내었다.

일곱 생인 아홉 장남 거느린다. 말꼬리에 쇠꼬리에 묶어 놓고 형틀에 달아매어 거리거리를 다 돌았다. 나무 갈피마다 어느 골짜기마다 하도 지릉지릉 끌고 다니다 보니 과양생이네 두갓이 갈리갈리 찢어져 뼈만 남았구나.

도고掉터 방아에 놓고 열칠팔 세 난 청비바리 아기씨들 힘 때 좋다. 어서 오라 하여 닥닥 부숴 허풍虛風 바람에 불려버리니 모기 각다귀로 환생하였더라. 여름 되면 귀에 와서 과양과양 아이구 나 죽어갈 때 아무렇든 말려 주지 않았다고 하며 이녁대로 이녁 귀차지(따귀)도 착하게도 때리는 법이 되었수다.

염내왕님이 올라서려니 일곱 생인 아홉 장남들 와서 아이구. 염내왕님. 우린 사람 죽였던 죄 있다고 어디 가면 끼워 주지도 않으니 이 노릇 어쩌면 좋습니까, 하니 너희들은 그러면 사람이 죽어서 귀양 낼 때 사잿상[使者床] 밑으로 일곱 신앙[新] 아홉 구양[舊]으로 들어서 상을 받는 법을 마련해 놓고 가려니,

"원님. 원님. 강림인 하도 영리하고 똑똑하니, 강림인 나를 줍서. 나 저승에 데려가 긴히 쓰겠습니다."

"아이구. 안 됩니다. 우리 인간에도 영리하고 똑똑한 강림이가 있어야 합니다. 이거 보시오. 우리 그리 말고 원님과 나, 하나씩 나눠 가집시다."

"어떻게 사람을 하나 놓고 둘로 나눌 수 있습니까?"

"좋은 수가 있습니다. 날랑 혼魂을 빼어 갈 테니, 김치 원님이랑 몸천[身體]을 가져 갑서." 하였다.

염내왕의 제안을 듣고 김치 원님은 한 일은 알고, 두 일은 생각 못하여,

"어서 걸랑 그렇게 합시다." 하고 대답을 해버리니,

염내왕은 저승으로 올라가며 강림의 삼혼을 빼어 저승으로 가져가버렸다.

염내왕이 강림의 삼혼을 빼 저승으로 가져간 자리에 강림사자 육신만 연단 위에 우두커니 서 있었다.

"야, 박 파도牌頭야. 저기 가 들어 보거라. 저승길은 어디며, 저승 갔다 온 말을 한번 들려 달라." 하니,

가서 강림에게 이리 말해도 잠잠, 저리 말해도 침묵, 이렇다 저렇다 말

이 없으니, 저것 봐라. 저 강림이 저승 갔다 왔다고 거드름 피우며 대답도 않는 거 보게. 우리 말하는 게 말 같지 않은 모양이지. 그놈의 새끼 잘난 체 큰 양 하고 있으면, 오그랑작대기(오그라진 막대기)로 떠밀어 불라." 하니, 작대기를 들고 툭하고 건드리니, 헷드랭이(뎅글랑이) 쓰러지며, 코로도, 입으로도 쉬파리만 웽웽 날고 있었다.

강림이 큰부인은 백발이 될 때까지 강림이가 돌아오면 오래오래 살 수 있겠지 하며 구둘에 앉아 손으로 바느질해 옷을 만들다가, 무슨 기쁜 소식이 왔는가 휙 하고 나가 보니 사람이 죽었다는 부고計告로구나. 아이고. 이거 큰일 났네. 구들 구석을 다 누워 뒹군다. 내 일이여, 내 일이여. 마당 구석 누워 뒹구는구나. 뒹굴다 언뜻 생각을 하니, 옛날도 '귀소문 말고 눈소문 하라' 했는데(귀로 듣는 것보다 눈으로 직접 보라고 했는데), 이거 누가 거짓말을 하는지, 내 눈으로 가 확실하게 가서 보고 와야겠다고 확 일어나 가보니 머리는 맷방석이 되었구나. 아이고, 이 머리 언제 들어가 고루고 빗을까 하며 확하고 손으로 어름 쓸어 마당 눌 구석에 보니, 마침 산디짚 눌(노적)이 쌓여 있으니 나락을 확하고 당겨 그걸 조금 질긴 걸로 묶어서 동헌 마당으로 달려갔다.

그때 낸 법으로, 지금도 성복하기 전에 산듸짚(밭벼짚)으로 머리 묶는 법이 생겨났다. 가서 보니, 아닌 게 아니라 강림은 죽어 있었다. "이게 어떤 일입니까? 아이고. 어떤 판서가 우리 낭군 죽였습니까? 어떤 사또가 우리 낭군 죽였습니까? 아이고. 무신 일을 못했다고 죽였습니까? 저승을 갔다 오라 하니 저승을 갔다 오지 않았다 죽였습니까? 염라대왕을 잡아오지 못했다고 죽였습니까?" 이르라 하여도 어느 누구 대답을 하지 않았다. 그때 강림이 큰부인 하도 원대로 못 살아 인간 세상을 떠나 버리니, 지금도 사람이 죽으면, 차례 차리는 법은 강림이 큰부인이 낸 법이다.

초소렴 하여도 섭섭했다. 중소렴 하여도 섭섭했다. 아아, 대소렴 하여도 섭섭했다. 호상 차려 차례로 입혀 관棺은 짜보아도 섭섭했다. 입관하여 천지판을 덮어도 섭섭했다. 그때엔 성복하여 보아도 섭섭했다. 동관하여 허혼행차虛魂行次(제주도의 장례 풍속에 장례 전날은 빈 관을 매고 마을을 돌며, 망자의 이승에서의 삶을 추모하는 허혼행차가 있는데 이 때 부르는 상여 노래를 '염불소리'라 한다. 이 노래는 비극적이기 보다는 오히려 흥겹다)하며 염불소리 불러서 못 살았던 소원으로 좋은 소리, 세경 땅에 가 엄토감장掩土勘葬하여도 섭섭했다. 집에 돌아와 하루에 세 번 상식 차려도 섭섭했다. 초하루 보름 삭망삭제朔望朔祭하여도 섭섭했다. 대소기 해도 섭섭했다. 담제禫祭를 넘겨도 섭섭했다. 팔월 15일 돌아오면 산소에 갔다 와도 섭섭했다. 산담을 둘러도 섭섭했다. 차례차례 강림차사 큰부인 낸 법이 됩니다.

저승에서 염라왕 하는 말이, "야, 강림아. 강림아. 내가 적폐지赤牌旨를 내어줄테니, 적폐지를 가지고 인간 세상에 가서 백 살 먹은 하르방, 백 살 먹은 할망으로 가서 차례대로 어서 데려오너라."

"어서 걸랑 그리 헙서."

그때는 차사 차림을 차렸구나. 차사 차림을 다 차려 인간 세상으로 내려서려 하니, 적폐지는 품에 품었다. 관장폐는 등에 지고 소곡소곡 내려오고 있는데, 일곱 까마귀가 강굴락깍 강굴락깍 강림차사 다녀올 일이면 저희가 날개에 붙여 날아갔다 올 테니 그 적폐지 우리에게 주라고 하도 강굴강굴 울어가니, 강림차사는 하도 좋은 마음이라 어서 그러면 너희가 가지고 다녀오라고 적폐지를 내어주었다. 일곱 까마귀는 적폐지를 품에 품고 오다가 보니, 말 잡는 밭이 있었다. 까마귀는 거기 가 "우리 말피나 한 목음씩 얻어먹고 가자." 하여, 담 우의 가 빙 둘러 앉아 오똑오똑 앉았는데, 말 잡는 '피쟁이'(백정)가 발통을 훅하고 던지자 까마귀들은 저들을 맞히는 줄 알고 홧딱하고 날다 보니 앞날개에 품었던 적폐지는 아래로 탁하고 떨어졌고, 말 잡던 피쟁인 그 적폐지를 확하고 주워 보니 사람 잡으러 가는 적폐지였다. 피쟁이는 말 잡던 칼을 쓱싹 쓸어 휙 던지니, 마침 던지거니 맞히거니 바깥 돌 아래 구렁이가 나왔다가 음찍하고 들어먹고 글 쓴 걸 먹어 버리니 구렁이는 알록달록하게 됐고 일곱 까마귀는 인간에 내려와 보니 적폐지는 잃어버렸구나. 다시 그곳에 돌아오다 보니 구렁이는 적폐지를 삼키려는 찰나, 아이고, 나 적폐지를 다고. 나 적폐지를 주라 하여도 구렁인 바깥 돌 아래로 슬금슬금 들어가 버렸다. 그때 낸 법으로 지금도 구렁이와 까마귄 살부지 원수가 됐다.

그때엔 인간에 돌아와서 어른 갈 데는 아이 가라, 아이 갈 데는 어른 가라. 동쪽으로 돌아앉아도 강골강골 서쪽으로 돌아앉아도 강골강골 울고 있자니, 십칠팔 세 난 청비바리 아기씨가 물허벅을 지고 물 길러 왔구나. 아이구. 아기씨야. 빨리 가자. 우리랑 저승 가자. 빨리 가자. 아이구. 왜 나에게 가자고 하세요. 그리 말고 우리 집에 가보면, 백 살 먹은 할아버지도 있고, 백 살 먹은 할머니도 있으니 빨리 가서 내보내라 하니, 아기씬 들어가며,

"할아버지 할머니 나 대신 저승 갑서." 하니,

"아이고. 난 싫다. 더 살당 가켜."

아무도 아니 가겠다니, 그때는 십칠팔 세 난 청비바리 아기씬 쉰댓 자 감태머리를 일문전으로 돌아앉아 빗어가니 삼혼정三魂情은 일곱 까마귀가 달려들어 빼어 저승 초군문으로 들어가 버렸다.

하루는 염라대왕님이 하도 심심하니 저승 초군문을 돌아보려고 초군문

 　두 하늘 이야기

을 돌다 보니, 십칠팔 세 난 청비바리 아기씨가 열 손가락으로 눈을 덮고 비새같이 앉아 울고 있었다. 애야. 넌 누구냐. 얼굴을 보니, 십칠팔 세 난 청비바리 아기씨가 와 있으니,

"아이구. 강림아, 강림아. 이거 큰일 났다. 어째서 난 백 살 난 하르방, 할망을 차례대로 데려오라 했지, 저렇게 새파랗게 젊은 아기씰 가서 데려 오라 했느냐."

"아이구, 염내왕님아 그게 아닙니다. 내가 적폐지를 가지고 가고 있는 데, 일곱 까마귀가 적폐지를 저들에게 주면 날아갔다 오겠다고 하도 내 뒤 를 쫓아다니며 조르기에 줘버렸습니다." 하였다.

"어서 잡아들여라." 잡아다가 하도 부화가 나니 듣지도 묻지도 않고 염 라대왕님은 당장 귀잡고 둘러 매어친 게 귀도 오끗 빠져버렸다. 하도 부화 가 나니 송악나무 막대기로 다리 거두 세워 다리도 때리고, 대가리고 어디 고 잡히는 대로 하도 때리다 보니 까마권 맷독으로 새카맣고 머리도 둔하 여 구름 가늠하면서 먹을 거 지붕 위에 묻어두었다 그 구름 넘어가 버리면 이 지붕 저 지붕 가서 다 파고, 밭고랑 넘으려면 앙글주침 앙글주침하며 넘는 법이 생겼습니다. 지금도 까마귀 울면, 반 차사半差使가 됐습니다. 차 사님 전 난산국도 풀었습니다. 본산국도 풀었습니다.

만간 중에 앞의 이를 말 뒤에 하고, 뒤에 이를 말 앞에 이를지라도 흉이 있더라도 사해 주십시오.

제5부

두 하늘, 양궁을 거두다

① 명감 사만이 본풀이

액막이

액막이는 시왕맞이가 끝날 무렵에 하늘이 준 짓궂은 액연에 의해 병든 사람의 목숨 대신 희생으로 닭을 죽여 액운을 막는 굿이다. 목숨 차지 신 명감命監 「사만이 본풀이」에 의하면, 소사만은 시왕맞이 굿을 하러 지상에 내려온 차사를 잘 대접하였다. 차사는 소사만의 정한 목숨은 원래 저승의 장적에서 삼십이었는데 단명한 사만이의 기록에서 십十 자를 천千 자로 고쳐주어 삼천 년을 장수하게 되었다는 사실을 근거 삼아 액을 막는다고 하면서 사람 목숨 대신 닭을 잡아가라고 수탉을 죽여서 바깥으로 내던져 환자의 액을 막는 굿이 액막이다.

1) 액막이의 재차

시왕도 올리고 석살림

도올림 → 향촉권상 → 역가올림 → 산받아 분부사룀 → 상단 숙여 소지 사룀

액막이(액막이상을 문 앞에 놓고)

날과국 섬김 → 집안연유 닦음 → 「사만이 본풀이」 → 「액막음」 → 산받아 분부사룀 → 비념

나까도전 침(나까시리놀림-지장본)

시왕맞이가 끝나갈 때 시왕의 신들을 시왕당클(하늘)로 올리면 석살림굿을 시작하는데, 액막이상을 문 앞에 놓고 심방은 향로를 들고 '향로춤'을 추다가 술잔을 들고 술을 뿌리며 '주잔춤'을 춘다. 이를 향촉귀상이라 한다. 소미 둘이 액막이상(보답상)을 들고 본주는 절을 하는데 이를 역가올림이라 한다. 심방은 엎드려서 요령을 흔들며 사설을 하다가, 소미가 닭에 소주를 뿌리고 본주 앞에 가져가면 본주가 손을 가져다 댄 후에 절을 한다.

심방은 산판과 신칼을 들고 자리에서 돌면서 춤추다가 산판점을 친다(산받아 분부사룀). 심방이 무명 천 위에 저승사자의 옷과 신발 등을 싼 다음 불을 붙여서 들고 "삼차사 관장님 액을 나걸랑 곱게 막아줍서." 하며, 불 붙인 것을 들고 자리에서 빙빙 돌며 춤추다가 소미에게 건넨다. 닭을 들고 자리에 서서 춤을 추다가 닭의 목을 빙빙 돌린다. 심방은 신칼점을 치고, 소미는 술을 뿌린다. 심방은 자리에 앉아서

요령을 흔들며 사설을 하다가 징에 담긴 쌀을 집어 쌀점을 친다. 소미는 물그릇에 쌀을 몇 줌 쥐어서 담은 후에 물그릇을 들고 밖으로 나간다.

2) 대명대충

목숨 차지 신, 명감 사만이 본을 풀고 액을 막는다는 것은 대명대충代命代充, 인간의 목숨 대신 희생으로 닭의 목숨을 대충한다는 것이다. 굿을 할 때는 희생으로 닭을 죽여 액을 막는다. 이를 대명대충이라 한다.

「명감 사만이 본풀이」는 큰굿의 액막이 때 구송되며, 농사짓는 분들이 밤에 산으로 가서 조용하게 제를 지내서 농사를 잘 되게 해주십사 빌 때, 또 마소를 기르는 테우리들이 마소를 잘 되게 해주십사 해서 정성을 드릴 때, 정명이 다된 목숨을 길게 이어달라고 비는 신화(본풀이)를 「명감 사만이 본풀이」라 한다. 「명감 본풀이」는 시왕맞이의 막판 시왕도올림이 끝에 나까시리놀림굿을 하기 전 액막이에서 구송된다. 이 액막이굿은 삼명감三命監 삼차사三差使라 해서 차사님이 주년국 땅 소사만이라는 사람을 잡으러 올 때에 소사만이가 그것을 미리 알아서 차사님에 인정(돈)을 걸어서 대신 딴 사람을 저승에 데리고 갔다. 이렇게 해서 집안이 궂은 액을 당할 때에 또 '멩감본'을 풀어, 그와 같은 본을 받아서 이 액을 막는 굿인데, 이때 「명감(사만이) 본풀이」를 구송한다.

「명감 사만이 본풀이」

1) 「명감 사만이 본풀이」의 시놉시스

옛날 주년국 땅에 소사만이가 살았다. 가난한 터에 어려서 부모를 잃고 의지할 곳이 없었다. 비록 거지 생활을 하여도 행실이 얌전하여, 동네 어른들이 돈을 모아 장가를 보내 주었다. 사만이 부인은 바느질 솜씨가 좋았다. 어느 날 부인이 가위로 머리를 잘라 놓고 남편에게 장에 가서 팔아 아이들 먹여 살릴 쌀을 사오라 하였다. 사만이는 부인의 머리를 팔아 돈 석 냥 받고 그것으로 조총을 사서 돌아왔다.

그날부터 사만이는 총을 메고 사냥을 나섰다. 어느 날, 황혼이 지는 산길을 걸어오는데 왼쪽 발이 툭 채였다. 풀잎을 헤쳐 보니 백년 해골이 뒹굴고 있었다. 그냥 가려니 다시 채이고, 세 번이나 왼쪽 발에 채이는 것이었다. 사만이는 이 해골이 집안을 지켜줄 조상인지도 모르겠다 생각하고는 백년 해골을 곱게 모셔서 집으로 돌아왔다. 동네사람 몰래 고방 큰 독에 모셔 놓고, 제사·명절 때마다 음식을 차려 조상님이라 위하였다. 그로부터 사만이는 재수가 대통하여 삽시에 부자가 되었다. 어느 날 꿈에 백발노인이 사만이를 불렀다.

"사만아, 너의 정명이 서른셋, 만기가 되어 저승 염라대왕한테서 너를 잡으러 삼차사가 내릴 듯하다. 내일모레 밤이면 삼차사가 내려올 터이니, 어서 일어나 맑은 음식을 차려 향촉을 돋우고 네 성명 석자 써서 제상에 붙여 놓아라. 누가 와서 세 번째 부르거든 머리를 들어 대답하여라. 그리고 사만이 부인은 날이 새면 심방을 청해 염랫대[閻羅竿]를 세워 시왕맞이굿을 하되, 염라대왕에게 관디[冠帶] 세 벌, 띠 세 개, 신발 세 켤레에, 큰 주석 동이에 좋은 쌀을 담아 올리고 황소 세 필을 대령하여 액을 막아라."

삼차사는 사만이를 따라 사만이의 집으로 갔다. 집에서는 염랫대를 세워 시왕맞이굿을 하고 있었는데 그 정성이 지극하였다. 후한 대접을 받은 삼차사는 저승에 돌아가 동자판관실에 있는 장적에서 사만이의 정명을 고치기로 의논하였다. 삼차사는 사만이를 잡지 않고 저승으로 돌아가, 염라대왕이 동자판관을 데리고 시왕맞이굿을 받으러 인간 세계로 내려가 버린 사이에 장적의 삼십三十의 열 십十 자 위에 눈을 딱 감고 한 획을 비껴 그어 버렸다. 사만이의 정명은 삼천 년이 된 것이다.

2) 「명감 사만이 본풀이」(이중춘 구송본)

(요령)

천앙[天皇] 열두 멩감님[十二命監]도 내립서.

지하[地皇] 열한 멩감님[十一命監]도 내립서.

인황人皇 아홉 멩감님[九命監]도 내립서.

동東의 청靑 멩감 서西의 백白 멩감, 남南의 적赤 멩감,

북北의 흑黑 멩감 중앙中央 황黃 멩감님도 내립서 .

천황차사 관장天皇差使官長님도 내립서

지황차사 관장地皇差使官長님도 내립서

인황차사 관장人皇差使官長님도 내립서

연직사자年直使者 월직사자月直使者 일직사자日直使者, 시직사자時直使者

관장님도 내립서. 옥황 금부도사, 저승 이원사자, 이승은 강림사자, 물엔 부원군 삼차사 관장님, 본당차사, 신당차사, 군관 신관 삼차사 관장님도 내립서.

여든여덟 비꿀사자, 일흔여덟 바쁜 사자 관장님도 내립서 .

옛날이라 옛적에 주년국 땅에 소사만이가 양친부모 몸에 탄생하니 세 살 적엔 아버지가 죽어불고, 다섯 살이 되니 어머니도 돌아가셨다. 사만이는 혈혈단신 되고 서처고단한 몸이 되었다. 사만이는 의지할 곳이 없어 거리 걸식, 문전걸식을 하며, 동녕바치노릇을 하며 얻어먹으러 다니며, 밥 빌어당 죽 쑤워 먹으멍 구명도식하여 살아갑데다. 하루는 삼도전 거리에서 장대감의 따님아기도 소사만이처럼 아방 죽어불고 어멍 죽어부난 얻어먹으레 뎅깁데다, 둘이서 삼도전에서 만난 양단 홀목을 뷔여잡안에 동녕해여 먹어 구명도식해연 살아가는 것이 열다섯 십오 세가 근당近當해여지난 남녀구별법을 알게 되여가난 물 한 사발 떠놓고 인간 백 년 언약을 해연 부베간[夫婦間]을 삼안 살아가는 것이 애긴 낳는 건 보리 꺼럭 밀 꺼럭 오망속속 솟아납데다. 이 아기들 한 살 두 살 커 가니 밥을 줍서 옷을 줍서 비새같이 울어가난 소사만이 각신 하루 한 때라도 이 아기들 배부른 밥을 먹이려고 쉰댓 자 수패머리를 잘라 소사만이에게 이르는 말이 이걸 가지고 가 장에 강 풀아그네 쌀을 받앙 옵서 이 아기덜 한 끼라도 배부른 밥을 먹이겠소.

소사만인 각시 머리를 가지고 장터에 간 돈 석 량을 받안 그 머릴 팔아서 장 구경을 하러 다니다 보니 세상 아니 보아난 게 있어 이건 뭣을 하는 겁니까 물으니, 이것만 들고 굴미굴산[谷尾谷山] 노조방산 아야산을 올라가면 나는 꿩에 총을 쏘아 맞혀서 가죽 머린 팔고 살코기를 먹여 구명도식을 한다 하니 그건 얼말 받겠소 하니 돈 석 량을 받겠다 하니 각시 머리 판 돈 석 량을 다 주고 마세기총(마상조총馬上鳥銃, 사냥총)을 사 가지고 어깨에 둘러메고 집으로 오는데 소사만이 각신 어느 때라도 쌀 받아 오면 이 아기들 배부른 밥이나 먹일까 하다 보니 어깨에 부지깽이 닮은 걸 둘러매고 왔으니,

"이 어른아. 쌀은 어디에 두고 그 어깨에 매고 온 건 무엇이요?"

"설운 가속아. 이건 마사총馬上銃이란 건데 이것만 가지고 굴미굴산 노조방산 아야산 신산곳을 올라가 나는 꿩에 총을 쏘아 맞히서 가죽 머린 팔아 돈을 벌고 살코기는 애기들 먹여서 구명도식求命圖食하려고 산에 왔다."하니,

소사만이가 그 말을 하니 사만이 각신, "아이고 이 어른아. 한 일은 알고 두 일 몰르는 이 어른아. 시직 한 때도 굶언 이 애기들 우는 걸 봅서. 저 어른만 가지고 가 잘 먹고 잘 쓰고 사십시오." 하니 소사만인 마사총을 둘러매고 굴미굴산 노조방산 아야산 신산곳을 올라가 나는 꿩에 총을 쏘니 헛방이고,

일락서산에 해 지도록 새 한 마릴 못 맞춰서 일락서산 해는 떨어졌구나. 그대로 집으로 돌아오려 해도 어이 한이 없고 하니, 돌멩일 주워서 돌담을 다워서 초경初更 이경二更 사서삼경四書三更 깊은 밤을 거의 새웠는데, "주년국 땅 소사만아, 주년국 땅 소사만아." 이름 삼 자를 불렀다. 소사만이가 겁이 바짝 나고 밤에 부르는 소리니, 한 번만 더 불러서 세 번 부르면, 대답하려는데, 두 번만 부르고 다시 아니 부르니, "필유곡절한 일이로구나." 하며 뜬 눈으로 밤을 세워 뒷날 아침엔 먼동 금동 대명천지가 밝았더라. 부르는 방향으로 가보니 백년 묵은 대가리가 땡그르르, "너가 주년국 땅

두 하늘 이야기

소사만이냐? 나는 백정승白政丞의 아들인데, 굴미굴산 노조방산을 올라가 네가 매고 있는 총으로 사냥을 하다가 모진 광풍狂風을 만나, 나의 몸은 이와 같이 되었구나. 너는 나에게 태운 인간이니 나를 모셔다가 연양[靈延] 상고팡[上庫房]에 모시고 나를 잘 위해 주면 너를 부자팔명 시켜주겠노라 하니, 저 백년조상百年祖上을 얼싸안고 집에 돌아와 안에 들어가면, 또 각시한테 무슨 욕을 듣게 되지는 않을까 하여 올레 멀쿠실낭(멀구슬나무) 한 가지에 걸어두고 소사만인 집안으로 들어간 각시에게 하는 말이 굴미굴산 노조방산 아야산을 올라가 백년조상을 만나 모시고 와서 저 올레 멀쿠실낭 상가지에 걸어두고 왔다고 하니 아무 때도 부인의 의견은 빨랐던지 소사만이 각시 맨보선창으로 문 앞에 나가 보니 백년조상은 바람에 떨어져 땡그르르 궁굴고 있었구나. 법지법이나 하나 마련하려고 오뉴월 염천炎天 한 더위에 멀쿠실낭 아래 누웠다가 선뜻 하여 일어나면, 톤ᄒᄂ는 병을 주워 얻어먹기도 서련[設宴]을 하여 두고 백년조상을 얼싸안고 안으로 들어가 향香을 삶아 목욕을 시켰습니다. 연양상고팡으로 상다락 중다락 하다락을 매어놓고, 상다락에 모셔서 기진 메를 떠 올리고, 삼주잔을 올리고 삼선향을 건드렁이 피워서, 소사만이하고 소사만이 각시하고 애기들과 조상에 만일로부터 우리들 구명도식求命圖食을 시켜 주십사 하여두고 뒷날 아침은 밝으니 소사만이 마사총을 둘러매고 굴미굴산 노조방산 아야산 신산곳을 도올라 나는 꿩에 총을 쏘면 백발백중으로 맞입데다. 맞혀 오면, 가죽 머리는 팔고 살코기는 구명도식하고 동네 전준이 기철관[譏察官](조선조 때 죄인의 탐정수사에 종사하는 포도청의 한 벼슬, 기찰포교) 존위尊位(한 면이나 또는 한 동네의 어른이 되는 사람) 으뜸(향장)들 몫도 나누고 하는 것이 한 달 두 달 한 해 두 해 넘어가니 고대광실高臺廣室 높은

집도 나오고, 남전북답南田北畓 너른 밭도 나오고, 뭄ᄆ쉬[牛馬] 유기전답
鍮器田畓 재물재산財物財産을 이루어 부자팔명으로 살아지니, 소사만이는
부모 조상은 잊어불고 백년조상만 위하니 저승법은 이수농장법(맑고 공
정한 법이란 뜻)이라 죽는 날 참실 같은 법이라서 오월은 초나흘 팔월은
열나흘 섣달 그믐이 되면 저승 팔대문을 열어서 저승 간 영가靈駕들을 다
내보내어 인간에 내려가면 삼명일三名日(설, 단오, 추석 세 명절)을 받아
먹고 오라고 저승 팔대문을 열었는데 하루는 염내왕[閻羅王]이 우도나철
좌도나철을 거느리고 순례차를 뎅기단 보난 웬 한 영가靈駕들이 비새같이
울고 있더라.

　"너희들은 어찌하여 인간에 내려가 애기 자손들한테 삼명일을 아니 받
아먹으려 해서 울고 있느냐?"

　"그런 것이 아니라 우리들은 인간에 간에 주년국 땅에 살았으면서도 애
긴 아들 하나 소사만일 낳아 두고 왔습니다."

　소사만이 이 애기에게, 고대광실 높은 집도 못 물려주고 남단북답 너른
밭도 못 물려주언, 세 살은 되니 아방이 오고 다섯 살은 되니 어멍이 저승
에 와버려 거리 걸식, 동녕바칠하여 얻어먹다 굴미굴산 올라가 백년조상
을 만나니, 백년조상을 연양상고팡에 모시고 백년조상은 잘 위하고 우리
들은 삼명일 기일제사 때가 되어 내려가도 물 한 적[一滴]을 아니 주니 내
려가도 물 한 적을 못 얻어먹엉 올거난 비새같이 울고 있습니다. 하니, 염
내왕이 하는 말이 이런 괘씸한 불효자식이 어디 있겠느냐 염내왕이 몸 받
은 삼차사를 불러다가 주년국 땅 내려가서 소사만일 잡아오라 하니, 삼차
사는 남방사주[藍紡紗紬] 붕애바지(솜을 넣어 만든 바지) 북방사주[白紡紗
紬] 저고리, 벌통행경[筒行纏]에 백농[白綾] 보선에 섭수[夾袖](섭숭메, 동

달이, 군복의 일종, 검은 두루마기에 붉은 안을 받치고 붉은 소매가 달렸으며, 뒷솔기가 길게 째졌음) 미투리에 종이 반절 달아매고, 남수화주藍水禾紬 저전대[赤戰帶] 남비단에 섭지[夾袖] 여비단에 쾌지[快子] 운문대단 안 받쳐놓고 수꾸리 댄 짐을 하고 홍사줄[紅紗-]을 차려놓고 억금 창검 비서리 창검을 둘러받아 금세상今世上으로 살대같이 내려서 가는구나.

백년 조상은 연양상고팡에서 이걸 미리 알안에 이거 큰일났구나. 소사만이가 죽어버리면 물 굶게 되었다 하여 백년조상은 연양상고팡에서 주년국 땅 소사만아, 주년국 땅 소사만아. 하도 요란하게 불러가니 소사만이 각신 하도 요란하게 불러 귀듣기 실퍼가난 백년조상도 배불러가난 별 요망을 다 하고 있댄 하여 연양상고팡에 날려들어 벡년조상을 들러다가 뒷밭으로 던져버리니 땡그르르 소사만아, 땡그르르 소사만아. 백년 조상은 그대로 소사만일 부른다. 소사만인 그날도 마사총을 둘러매고 굴미굴산 노조방산을 올라가 나는 꿩에 총질하면 헛방이고 총질하여 맞추면 헛방이고 이거 필아곡절한 일이로다. 집안에 무슨 일이 당했구나 하여 소사만이가 집으로 내려와 가니 귀에 쟁쟁 이름 삼 자를 부르는 소리가 나니 뒷밭으로 바라보니 백년조상이 땡그르르 소사만아. 소사만아. 너는 부모 조상 박접한 죄로 너를 잡으러 오고 있다 외쳐가니 아이구. 조상님아, 이건 어떵허난 이 노릇이 되었수과. 그런 게 아니라 너는 부모 조상에 물 한 적을 아니주었던 죄로 염내왕의 부린 사자가 너를 잡으러 온다고 하니 이걸 말해 주려고 하도 널 불러가니까 너의 각시는 이것도 모르고 나를 이처럼 박대하였구나.

조상님아 과연 잘못했습니다. 여자란 건 산으로 돌아앉아 소피를 보면 치메깍(치마자락) 젖는 걸 생각 못하는 게 여자의 몸이 아닙니까. 죽을 점

占은 하고 살 점은 못합니까. 살 도리를 가르쳐 주십시오. 하니 그러하다면 대공단大貢緞에 고깔들여 머리 삭발削髮하고 상탕上湯에 메를 짓고, 중탕中湯에 목욕하고, 하탕下湯에 수족을 씻어서 여기 높은 병풍과 젯상을 차리고, 실과 전상을 차려놓고 굴미굴산 노조방산 아야산에 태역단풍 권아지지 청결한 곳으로 가서 제물제향祭物祭享을 다 차려놓고 삼차사 몫으로 신발체를 차리고 인정을 많이 걸어서 병풍에는 주년국의 소사만이라 이름 삼 자 써 붙여 두고 삼선향三仙香을 피워서 백 보百步 밖에 엎드려 있으면 알 도리가 있으리라. 너의 각시랑 집안 안으로 천신기天神旗는 지 낮추고 흑신기(월덕기)는 도두어 천지월덕(큰굿을 할 때 '큰대'에 달아매는 기. 창호지로 삼각형 모양으로 크게 만드는데, 보통 '월덕기'라고 한다.) 이망주법 상버리줄(큰대를 지탱하는 지선支線) 토시(겨울에 손목에 끼는 것) 전멩녹이를 메우고 안으로는 사당클(큰굿을 할 때, 상방 사방 네 벽에 선반처럼 달아맨 네 개의 기본 당클. 삼천천제석궁당클, 시왕당클, 문전본향당클, 마을영신당클을 말한다)을 메어 팔만금사진[八萬軍士陣]을 기치발립旗幟發立 하여서 저승 염내왕을 청하여 염내왕의 몸 받은 차사님 전에 관디[冠帶] 삼베(세벌) 띠 삼베 훼[鞋](신의 일종. 수혜자水鞋子) 삼베, 대 말치[大斗] 소 말치[小斗] 주석 상동이(좋은 동이) 상백미上白米 중백미 하백미를 잔뜩 싣고 인정 걸어 집안에서 큰굿하여 방액防厄을 막고 있으면 알 도리道理가 있을 거라 하니 주년국 땅 소사만인 벡년 조상 시키는 대로 해서, 소사만인 산으로 올라 정성을 드리고 소사만이 각시는 집으로 이전처럼 정성을 드리는 가운데 삼차사는 내려서다 보니 초미연당 향내[香臭]가 건드렁허게 나니 상냇발(향내 나는 쪽)을 따라서 가고 가는 것이 소사만이 차려놓은 데까지 내려가니 우선 시장하여 시장기를 멀리고 신발

          두 하늘 이야기

을 갈아신고 노잣돈[往來路需]을 받고 삼차사가 생각해 보니 남의 것을 공
짜로 먹으면 목 걸리고 등 걸리는 법이로구나. 주인 모른 건 무명지제물
[無用之物]이라 했으니 주인 공사나 알아보려고 병풍 쪽을 쳐다보니 주년
국 땅 소사만이란 이름 삼자를 써 붙였으니 아차 불싸 소사만이를 잡으러
오는데 소사만이 정성을 받게 되었구나. 그 법으로 기일忌日 명일名日 식
게[祭祀]법 할 때는 지방紙榜을 써 붙이는 법도 마련해 두고 소사만일 찾아
보려고 주년국 땅 소사만이를 부르니 소사만인 백보 바깥에 엎드려서 “저
소사만이 여기 있습니다.”

삼차사가 달려들어 홍사줄을 내어놓고 사문결박私門結縛을 하여가니,
차사님아. 차사님아. 한 백코(백개의 고름, 고, 올가미)만 풀어 줍서. 우리
집에 가서 가속家屬에게 울며 마농 먹듯 따르는 아기들에게 난 저승 간다
말해 두고 차사님과 같이 저승 가겠소, 하니 차사님도 생각해 보니 남의
걸 그저 먹을 수도 없으니 마음대로 하라 하니 차사는 소사만이 앞을 세워
소사만이 집으로 들어서 가니, 울랑국 범천왕(큰북) 대제김(큰북) 소리
소제김(작은 북) 소리가 왈랑실랑 나고, 삼차사의 타는 말안장 들여 대액
년[大厄緣]을 막고 있습니다. 삼차사가 곰곰이 생각하니, 어쩔 수 없는 일
이로구나. 이러지도 못하고, 저러지도 못하고, 인정이 과숙하민 천하天下
도 받지 말라는 법처럼 호근 살아나려고 해서 천수방액을 막고 있으니, 이
걸 풀어 주면 사필이 집을 가르쳐달라 하고 사필이네 집엘 들어간 홍사줄
을 내어놓고 사필이를 사문절박[私門結縛]을 해서 저승을 데리고 들어가니
염내왕의 몸 받은 우심판관右審判官 좌심판관左審判官들이 문서文書를 걷어
보니, 사필이가 죽을 연령은 아니 됐구나. 삼차사를 불러다가, 너는 인간
에 내려가 사만이를 잡아오라 하였는데, 사만이에게 뇌물을 먹어서 사필

이를 잡아 왔으니, 사필이는 다시 인간 세상에 내보내 두고, 삼차사를 죽일 팔로 둘러네. 저승 법도를 어긋났으니, 모래 뒷날 사오시가 근당하면, 죽이겠다 하여 전옥典獄으로 하옥하니, 하루 이틀 넘는 게 염네왕에 몸 받은 좌심판관 우심판관 좌도나철 우도나철 문서文書 첵[冊]지기들이 순례 차를 나와서, 팔자동간[八字同官] 유학성제[幼學兄弟]가 아닙니까. 우리들을 살려줍서. 인간에 간 받아온 뇌물을 다 드리겠습니다 하니, 인정이 과숙하여 어찌해야 우리가 삼차사를 살릴 도리가 있느냐 하니, 그리 말고 오늘 저녁 염내왕이 옥롱성에 잠을 자버리면 저승 문서를 내어놓고 주년국 땅을 찾아 소사만이 이름 아래 서른에 죽으라는 걸 열십 자 위에 새 한 마리를 올려 놓아 한 글자를 비끼 쓰면 일천 천자가 될 것이니 이것만 고쳐 줍센 하니, 걸랑 기영 하시게. 내게 무관 아니로다. 그날 저녁엔 염내왕이 옥롱성에 잠이 드니 삼차사 말하는 대로 큰 붓을 들고서 서른에 죽으라는 걸, 한 자를 비껴 일천 천자로 고치고 삼천 년三千年으로 고쳐두고, 뒷날은 모래 뒷날 사오시가 되었더라. 앞밭에 가 작두 걸라 뒷밭에 가 벌통 걸라. 자객 놈을 불러다가 동에 펏뜩 서에 펏짝, 삼차사를 죽일 팔로 둘러가니, 삼차사가 하는 말이 우린 무얼 잘못한 죄로 죽어도 원이 없습니다마는 주년국 땅 소사만이 서른에 죽으라는 문서를 우리 눈 쪽으로만 보여 줍센 하니, 염내왕의 몸 받은 좌심판관 우심판관 좌도나철 우도나철은 저승 문서를 펼쳐보니, 서른에 죽으라는 게 아니라 삼천 년이 되었더라. 아차 불싸 이거 서로 쳐다봐도 난 모른다는 듯이 일이 되니, 저승 문서를 고치고 삼차사는 전옥에서 나왔던 염내왕에 몸받은 삼차사가 되었습니다. 저승법은 이수농장법이라 인정 실은 배[船]가 파할 수 있습니까. 이 공을 드려 이 정성을 드리거든 집안 만고 무사태평 시켜주소서.

 # 새로 태어난 「지장아기씨 본풀이」

「지장 본풀이」는 지장신의 내력을 풀이한 신화로, 어려서 부모 형제를 잃고 사고무친한 지장아기씨가 기구한 운명을 극복하여 불당에 불공을 드려 새의 몸으로 환생하였다는 이야기이다. 그 줄거리는 아래와 같다.

남산국과 여산국 사이에 자식이 없어 절간에 기자불공을 들여 여자아이가 태어났다. 이 아이를 지장아기씨라 불렀다. 아이는 온 가족의 한없는 사랑을 받으며 자라났다. 그러나 네 살이 되었을 때 갑자기 할아버지 할머니가 죽었다. 다섯 살에는 아버지가 죽고, 여섯 살에는 어머니까지 죽어버렸다. 연이은 불행으로 지장아기씨는 고아가 되었다. 외삼촌댁으로 식모살이를 갔으나 구박받고 내쫓기고 말았다. 그러나 지장아기씨가 거리를 헤매다 잠이 들면 하늘에서 부엉새가 내려와 날개로 덮어 얼어 죽지 않게 보살폈다. 날품팔이 생활을 하였으나 부지

런하고 착하다는 소문이 났다. 열다섯이 되니 중매가 들어왔고, 부잣집 착한 남자를 만나 혼인을 했다.

그러나 혼인을 하여 행복한 것도 잠시 1년도 되지 않아 시집 식구들이 죽기 시작했다. 열여섯 살에 시할머니, 시할아버지가 죽고, 열일곱 살이 되니 시아버지, 열여덟 살엔 시어머니, 열아홉 살에 낭군님까지 다 죽었다. 신랑이 죽자 시누이들은 지장아기씨를 죽이려 하였다. 지장아기씨는 시집을 나왔다. 주천강 연못에 빨래하러 갔다가 길가는 스님을 만나 운명을 점쳐 달라 부탁하였다. 스님은 불행을 이기려면 죽은 조상들과 낭군을 위해 굿을 하라 일러준다. 지장아기씨는 굿에 사용되는 명주, 기메전지, 시루떡 등을 모두 손수 정성으로 마련하여 죽은 영혼을 위한 전새남굿을 하였다.

지장아기씨를 어린 시절부터 따라다닌 재앙은 사랑하는 사람들의 죽음이었다. 게다가 가까운 사람들인 외삼촌이나 시누이의 학대와 위협도 괴로운 일이었다. 지장아기씨는 계속되는 불행에도 굴하지 않고 죽은 부모와 남편을 위한 전새남굿을 하여 영혼을 편안하게 하였다. 그러나 죽어서는 새의 몸으로 환생하였다. 그런데 이 새[鳥]가 사람의 몸에 들어오면 온갖 병을 일으키는 새[邪]가 된다고 한다. 그래서 병든 사람을 살리기 위한 굿을 할 때 심방은 지장아기씨의 기구한 생애를 낱낱이 풀어 들려준 후에 환자의 몸속에서 흉험을 주는 새를 쫓아낸다.

옛날에 남산국이라는 남자와 여산국이라는 여자가 살고 있었다.

이들 부부는 원앙새처럼 사이가 좋았으나 자식이 없어 날마다 한숨으로 날을 보냈다.

　　　　　　　　　　　　　　　　　　두 하늘 이야기

지장 난산국 신풀어 올리자-

지장아, 지장아(후렴: 소무들이 반복하여 따라 한다.)

지장의 본本이사 어디야 본인고.

강남은 천자국 일본은 주년국

우리나라 소저지국 지장의 본이여.

남산과 여산이 자식이 없어서

무후無後야 하더라(후손이 없더라).

어느야 절에서 영급靈及이 있던고

어느야 당에서 수덕修德이 있던고

동게남[東觀音] 상저절[上佐寺]

서게남[西觀音] 금벡당[金法堂]

영급靈及과 수덕修德이 좋아야지더라

송낙지 구만장 대백미 일천석

중백미 일천석 소백미 일천석

백근을 채와 원불당 가는고

원수룩(아기 낳기를 기원하는 불공) 드리니

지장의 아기씨 솟아나더라.

한 살이 나던 해

어머님 무릎에 앉아서 어리광을 부린다.

두 살이 나던 해

아버지 무릎에 앉아서 어리광 받던고.

세 살 네 살 나는 해,

아버지 무릎에서 어리광을 부렸고,

그렇게 넘치는 사랑을 시샘했는지

지장아기씨 네 살이 나는 해에

할머니 할아버지, 갑자기 돌아가셨다.

다섯 살 나는 해, 설운 아버지도 세상을 뜨셨고,

여섯 살 나는 해, 설운 어머니도 오도독 죽더라.

이년의 팔자여, 이년의 사주여, 어디로 가리오.

어린 나이에 부모를 다 잃고 고단한 신세가 된 지장아기씨는

동네에 있는 외삼촌 집에서 식모살이라도 하면서 지내게 되었다.

외삼촌은 가는 날부터

개 밥그릇에 쥐나 파먹던 밥을 겨우 주었다.

그러다 그런 밥도 더 이상 먹여주기가 아깝다며

길거리로 내쫓고 말았다.

찬바람 부는 거리에서 죽으라는 건가.

어머니 살았을 적에는 그렇게도 좋던 외삼촌

어찌 저리도 변하게 되었나.

지장아기씨 이 거리 저 거리를 돌아다니며

날품팔이해주고 얻어먹는 신세가 되었다.

지장아기씨의 이런 처량한 신세를

하늘옥황의 부엉새[鵬鳥] 밤이면 내려와

한 날개는 깔아주고, 한 날개로는 덮어주며

얼어 죽지 않게 했다.

인간 세상에서 밥 한 술 못 얻어먹은 날은

하늘이 밥을 주고, 하늘이 옷을 주었다.

     두 하늘 이야기

지장아기씨는 얼굴만 예쁜 게 아니라

마음씨도 착하고 일도 잘한다는 소문이

동서사방으로 퍼져나갔다.

이리 저리 열다섯 십오 세가 되어 나이가 차니

문혼장問婚狀(혼인을 청하는 문서)이 왔다.

양가에서 허락이 내렸고,

궁합을 가리니 궁합이 맞았다.

신랑 집에서 예장이 오고,

이바지(혼사 때, 신랑 집에서 신부 집으로 보내는 여러 가지 물품)로 어
마어마한 재물이 보내져 왔다.

시집가는 날 지장아기씨는 새 신랑을 처음으로 보았다.

동네방네에 새 각시 지장아기씨가

착하게 살림을 잘한다는 소문이 났다.

시집에서 차려준 신혼살림은 유기 재물에 논이며 밭,

소와 말[牛馬]까지 사는 데 부족함이 없을 만큼이었다.

열다섯 살 어린 새 각시 지장아기씨는

행복이 넘칠 것 같았다.

그런데 그 행복도 잠시,

시집 간 지 꼭 1년이 되는 열여섯 나는 해,

시할머니, 시할아버지가 갑자기 죽었다.

열일곱 나는 해, 시아버지께서도 세상을 떠났다.

열여덟 나는 해, 시어머니께서도 저승길로 떠났다.

열아홉 나는 해, 설운 낭군님마저도 오도독기 죽고 말았다.

지장아기씨는 몸부림을 치며 울었다.

남편까지 죽여 먹었으니 이년의 팔자여,

이년의 사주여, 내가 무슨 죄를 지었나!

사랑하는 사람들을 모두 잃고 난

지장아기씨, 살길이 막막했다.

시누이에게나 의지해서 살까 하여

시누이 방으로 들어가려고 보니

안에서 소곤거리는 수상한 소리가 들렸다.

시누이들이 모여앉아 지장아기씨를 죽일 계획을 짜는 소리였다.

남편이 죽은 그날부터 시누이들은 벼르고 있었다.

"저 재수 없는 년을 처치하고 우리가 이 재산을 나눠 갖자."

시누이는 아무리 좋아도 기저귀 찼을 때부터

시누이 텃세를 한다 했다.

지장아기씨는 그런 시집에서 더 살 수 없을 것 같았다.

은장 놋장 유기 그 좋은 재물 다 버려두고

낯익은 거리를 떠나 어디로 갈까 망설였다.

지장아기씨는 대바구니에 한두 살에 입던 옷부터

모든 행장 다 걷어 담고 주천강 연못에 빨래하러 갔다.

시름을 흐르는 물에 흘려보내며 빨래를 하노라니,

동쪽에서 스님 한 분이 오는 게 보였다.

지장아기씨는 하던 빨래도 내버리고 스님을 불렀다.

"대사님아, 가는 길 멈추시고 기구한 이년의 팔자, 이년의 사주 좀 보아

주고 가소서."

　　　　　두 하늘 이야기

지장아기씨의 간절한 부탁을 듣고

스님은 가던 길을 멈추었다.

원천강(원천강은 중국의 전설적인 인물로 점으로 인간의 운명을 백발백중 알아맞혔다고 함) 사주역법 책을 꺼내어 보더니 말하였다.

"아기씨. 초년은 아주 좋은데, 중년은 아주 궂습니다. 아기씨의 친정어머니 친정아버지, 시어머니 시아버지, 설우신 낭군님까지 죽은 원혼들을 달래주는 전새남굿(병자를 살려달라고 기원하는 굿. 망자의 원한을 풀어줄 때도 이 굿을 한다)을 험서. 그래야 아기씨가 편안하겠습니다."

그 말을 남기고 스님은 제 갈 길로 떠나버렸다.

지장아기씨는 하던 빨래를 거두고 돌아왔다.

그날부터 스님이 말한 전새남굿을 준비하기 시작했다.

우선 서천강 들판으로 가서 뽕나무를 심었다.

뽕나무는 심은 날부터 싹이 났고, 나는 날부터 잎이 돋았다.

연한 잎을 따다가 알 까고 나온 누에에게 밥으로 주었다.

누에 밥 먹이고, 누에 잠 재워서 고치가 되자 실을 뽑았다.

뽑은 실을 꾸리에 감았다.

지장아기씨는 누에실로 물명주 강명주를 짜나갔다.

곱게 짠 물명주 강명주를 구덕에 넣어 등에 지고

주천강 연못으로 빨래를 갔다.

강명주 물명주를 석 달하고 열흘, 백일 동안 정성을 들여 하얗게 바래었다.

이렇게 공들여 마련한 명주는 굿에서 이승과 저승을 이어주는 다리를 놓는 데 쓸 것이었다.

초감제에 쓸 다리,

초공전에 쓸 다리,

이공전에 쓸 다리,

시왕전에 쓸 다리,

삼공전에 쓸 다리,

사자님전에 쓸 다리,

군웅님전에 쓸 다리,

영게님전에 쓸 다리,

차사님전에 쓸 다리까지 모두 준비하였다.

그렇게 하고 남은 명주로는 무악기인 북, 장고, 징에 맬 끈을 만들었다.

악기 매는 끈을 하고도 남은 명주로는 심방[巫堂]이 사용하는 요령과 신칼[明刀]의 끈을 만들었다.

그렇게 하고도 남은 명주 열다섯 자와 아강베포 일곱 자를 드려서 호롬줌치(긴 자루. 스님들이 탁발을 다닐 때 가지고 다님)를 만들었다.

이렇게 모든 준비를 다하고 나서 지장아기씨는 대공단고칼(중들이 머리를 깎는 칼)로 삼단 같이 검은 머리를 삭삭 깎았다.

스님들이 머리에 쓰는 고깔모자를 쓰고 회색장삼을 입었다.

손에 목탁을 들고 보니 완연한 중이었다.

동서남북으로 다니며 탁발을 하여 쌀을 모았다.

집집이 한 홉씩 얻은 쌀이 몇 섬 모이자

동네의 청비바리들을 불러 방아를 찧었다.

이여도 방애여 이여도 방애여

오공콩 찧는구나 이여도 방애여

온종일 방아를 찧어 만든 하얀 쌀가루가 보슬보슬해지니

가루 치는 체로 다시 곱게 쳐서 떡을 만들었다.

도래떡, 송편은 물에 삶아놓고

일곱 구멍 시루에 첫 징(시루의 층. 층과 층 사이에는 팥 또는 콩으로

고물을 넣는다)을 놓고,

두 번째 징을 놓고 세 번째 징을 놓은 후

수인씨燧人氏(불의 신)를 불러다 불을 피워 시루떡을 쪘다.

당클을 매고 기메 전지를 오려 걸어놓고

굿상에는 초감제에 쓸 시루떡, 초공전에 쓸 시루떡,

시왕전 삼궁전에 쓸 시루떡을 올려놓고,

영게님 차사님에 쓸 시루떡도 올려놓았다.

지장아기씨는 굿상을 갖추어 잘 차려놓고

죽어서 저승 간 조상과 친정 부모님, 시부모님,

열아홉 살 젊디젊은 나이에 세상을 떠난

설운 낭군님을 위하여 전새남굿을 이레 동안 하였다.

"지장아기씨가 인간에 살아서 좋은 일 하였구나."

온 마을에 칭송이 자자했다.

그 후 지장아기씨는 죽어서 새의 몸으로 태어났다.

이 새가 사람의 몸에 들면 새[邪]가 되어 괴롭혔다.

머리로 가면 두통새 되고,

눈으로 가면 눈 홀기는 흘기새,

코로 나오면 거친 숨쉬는 악심[惡心]새,

입으로 나면 살림을 가르는 헤말림새,

가슴에 가면 답답증 일으키는 열화새,

오금에 붙어 조작거리는 오두방정새,

이 새가 사람의 몸에 들어가면

온갖 병을 가져다주고, 풍운조화를 부렸다.

그래서 병든 사람을 살리기 위한 굿을 할 때

심방은 지장아기씨의 기구한 생애를

낱낱이 풀어 들려준 후에

환자의 몸속에서 흉험을 주는 새를 쫓아낸다.

전새남 올린다 전새남 올려두고

지장의 아기씨 부모야 조상들

신가슴 열리고 어딜로 가리요

은장의 거리로 놋장의 거리로

다 찾아 가는고 가다가 보난에

지장새 앉아서 지장씰 감더라

요새야 저새야 주어나 훨쭉 훨쭉 훨짱

지장만보살 신풀었습니다.

난산국 본산국 신풀었습니다이.

3° 문전 · 조왕 본풀이

강태공서목시놀이

「문전 본풀이」는 성주신이 된 문전신 남선비와 집안 부엌살림을 보살펴주는 처신, 부엌의 신 조왕할망 여산부인과 첩신이며 변소의 신 노일저대구일의 딸 칙도부인의 이야기다. 문전비념은 문신인 문전신에게 집안의 행운을 비는 소규모의 굿이다.

「강태공서목시 놀이」는 집을 새로 지었을 때 하는 성주풀이굿의 굿 중 놀이로 삽입된 놀이굿이다. 집을 새로 지었을 때, 이 놀이굿은 강태공이라는 신범한 목수가 '영등산에 덕든 나무'를 베어다 새 집을 지었기 때문에, 집이 단단하고 집안에 복을 불러들인다는 유감주술이며, 모의적인 건축 의례다. 연행 방식은, 강태공으로 분장한 소무가 숫돌, 먹, 쌀, 된장 등을 자루에 담아 메고, 어깨에 도끼를 메고 기다린다. 수심방이 "강태공서목시!" 하고 두 번 부르면 휘파람을 불고, 세 번 부르면 대답을 한다. 수심방은 강태공이 살아 있다고 기뻐하며, 강태공을 청하면 강태공이 문 앞에 나타난다. 수심방은 무명천으로 목을 걸려 제장으로 끌어들인다. 강태공은 비틀거리며 제장에 들어와 죽은 체한다. 수심방은 "봄병아리는 꽁무니를 불면 죽은 놈도 살아나는 법"이라며 꽁무니에 입을 대고 불려고 하면 간지러워 벌떡 일어나 앉는다. 이때부터 수심방과 소무(강태공)의 문답을 통하여, 도끼를 앞면과 뒷면으로 바꾸며, 목수의 연장을 나열한다. 즉 도끼 하나로 모든 연장을 대신하는 신범한 목수임을 과시한다. 돌래떡으로 도끼날을 갈고 나무를 베러 가는데, 소무들도 악기를 들고 따르며 "영등산에 덕든 남 베자" 합창하며 집안 곳곳을 돌고, 강태공은 도끼로 찍는다. 세워진 모든 것이 영등산의 덕든 나무로 지어졌다는 것이다. 집안을 다 돌면, 대나무로 만든 성주대를 생깃지둥(큰방과 고팡과 마루방 사이의 기둥)에 놓아 도끼로 찍어 끊고, 잘게 깨어서 실제로 작은 모형 집을 짓는다. 이 집이 바로 강태공이 지은 새 집이다. 시루떡을 네 개 놓아 주춧돌로 삼고 거기에 대가지를 꽂아 기둥을 삼고, 대가지를 걸쳐 상마루, 대들보, 서까레 등을 삼고, 백지를 덮어 기와를 삼고, 이렇게 집을 지은 뒤 쇠(천문)를 띄워 점을 친다. 그리하여 새로 지은 건물이 배치나 상태를 제주에게 아뢴다.

강태공서목시놀이의 구성

① 초감제: 배포침→날과국 섬김→연유닦음→군문열림→산받아 분부사룀

두 하늘 이야기

② 새드림→③ 오리정신청궤(젯다리앉아 살려옴→산받음→본주절시킴)

④ 추물공연→⑤ 석살림

⑥ 성주눅임→⑦ 강태공 청함(강태공서목시놀이)→⑧ 쇠띄움→⑨ 지부찜→⑩ 바라점하고 분부사룀

⑪ 성주풀이

⑫ 상단숙여 소지 사룀

⑬ 문전 본풀이

⑭ 각도비념

⑮ 도진문전

본풀이 요약

옛날 남산고을 남선비와 여산고을 여산 부인이 결혼하여 아들 일곱 형제를 낳았다. 집안이 가난하여 남선비는 배를 지어 쌀장사를 떠났다. 남선비는 장사 가는 도중에 풍랑을 만나 오동나라 오동고을에 정박하게 되었고, 거기서 '노일저대구일'의 딸의 꼬임에 빠져 장사 밑천을 다 날리고, 부부가 되어 채밥만 얻어먹고 산 지 석 달 열흘, 백 일 만에 영양실조로 장님이 되어 버렸다.

여산국 부인은 백일이 지나도 남편이 돌아오지 않자 아들 일곱 형제에게 짚신 일곱 켤레를 삼아 달라 부탁하고, 배를 지어 남편을 찾아 길을 떠났다. 여산국 부인도 모진 광풍을 만나 오동나라 오동고을에 도착했다. 갈대밭에서 계집애들이 "이 새 저 새 밥주리 약은 새야, 남선비 약은 간에도

가져온 밑천 다 팔아먹고, 갈 데 올 데 없으니, '노일저대구일의 딸'이랑 살며, 너무 채밥만 먹어서 눈먼 봉사가 되었다. 주어라 저새여-" 하고 노래를 부르고 있었다.

여산국 부인님이 아이들에게 물으니, 남선비가 사는 집이 거적문 외돌 채기 세워진 집이라 일러준다. 그곳을 찾아가니 남선비는 장님이 되어 있었다. 채가 눌은 솥을 씻어 나주영산 금백미로 하얀 쌀밥을 지어 밥상을 들여가니, 남선비는 그간의 사정을 이야기했다. 여산부인은 "하늘 같은 낭군님아 내가 여산부인입니다." 하며 달려들어 두 손 붙잡고 그간의 서러운 회포를 풀며 실컷 울었다.

'노일저대구일'의 딸이 돌아와 본부인이 온 것을 알고 아양을 떨며, 이곳까지 찾아오려니 얼마나 땀과 눈물이 많았겠냐며 주천강 연못에 가 목욕을 하자고 유인하여 연못에 데리고 가 떠밀어 죽여 버렸다. 그리고 여산부인의 옷으로 갈아입고, 변장을 하여 노일저대구일의 딸을 죽여버렸으니 고향으로 가자고 눈먼 남선비를 꼬여 제주에 들어왔다.

막내아들 녹디생이는 배에서 내린 노일저대구일의 딸에게, "우리 어머님이걸랑 우리 사는 집을 가르쳐 봅서." 하고 묻는다. 그녀는 이 골목 저 골목 기웃거리며 집을 찾지 못한다. 그녀는 오래 배를 타고 와서 멀미 끼와 두통이 있어 그런다고 변명한다. 집에 돌아 와 밥상을 차릴 때도 살림에 익숙한 어머니가 아님이 분명했다. 막내 녹디생이가 눈치를 챈 것을 안 노일저대구일의 딸은 일곱 형제를 죽일 결심을 하고 마루로 나와 "아이구 배야, 아이구 배야." 하며 큰 소리로 외친다. "어찌하면 좋겠느냐?" "뒷집에 가면 점 잘 치는 점쟁이가 있으니 거기 가 문점이나 쳐 줍서." 남선비가 지팡이를 짚고 뒷집에 가는 사이, 벌써 노일저대는 담을 뛰어 넘어 그곳에

 두 하늘 이야기

가 대기하고 있다가 남선비가 문점하러 오자, "애 어멈을 살릴 방법은 딱 한 가집니다. 일곱 형제의 애를 내어 먹어야 좋겠습니다." 하고, 남선비가 돌아오기 전에 집으로 돌아와 "아이구 배야, 아이구 배야. 하늘 같은 낭군님아, 거기 가니 어떤 점괘가 나옵디까?" "아들 일곱 형제 죽여 애를 내 먹어야 병이 낫는다고 합디다." "낭군님아 내 말 들어봅서. 나는 죽으면 다시 못 옵니다. 아들 일곱 형제 죽으면, 내가 한 해에 하나, 한 해에 둘, 한 해에 셋 나면, 잠깐 사이에 일곱 형제가 됩니다."

남선비는 은장도 내여놓아 실강실강 갈아간다. 뒷집에 사는 청태산마구할망이 불재를 빌러 왔다 살펴보고, 서당에 글 공부 갔다 오는 남선비 아들 일곱 형제에게 이 사실을 알려준다. "애기들아, 너희들은 다 살았다. 너희 아버지 의붓어미 꼬임에 빠져 너희들 한 칼에 죽이려 칼을 갈고 있더라." 아들 일곱 형제는 "어머니 살아 있으면 빨리 와서 우릴 구해주고, 죽었거들랑 혼정으로 우리들을 살려줍서." 하며 비새같이 울다가, 막내아들 녹디생이가 나서서 아버지의 칼을 뺏어오겠다고 한다. "아버지, 그 칼 이리 주세요. 아들 일곱을 죽이려면 가슴도 일곱 번 아파야 될 거, 죽어서 묻으려면 일곱 구덩일 파야 할 테니, 그 칼 제게 주면, 제가 형님들 죽여 애를 내어 오겠습니다. 그걸 어머님께 드려 살아나지 못하면, 나중에 나까지 죽여 일곱을 채워 드리겠습니다." 칼을 내어주니, 일곱 형제는 비새같이 울면서 정처 없이 산으로 올라갔다. 산돼지 일곱 마리가 나타났다. 한 마리는 산제에 쓰려 놓아두고 여섯 마리를 잡아 애를 종이에 싸두고, 살은 멩개낭 불을 피워 다 먹어치우고 집으로 돌아왔다. 녹디생이는 종이에 애를 싸 집으로 들어가서, "어머님아, 어머님아, 이거 잡수고 살아납서. 형님들 내 손으로 다 죽여 애를 내어 왔습니다." 하니, "약을 먹을 동안 밖에 나가

잠시 기다리라.” 한다. 밖에 나가 창을 뚫고 보니, 노일저대구일의 딸은 입에 불긋불긋 피를 묻히고는, “아이구 배야, 아이구 배야. 애 하나만 더 먹으면 살겠네.” 하고 죽는 시늉을 하였다. 녹디생이는 방 안으로 들어가 어머님아, 죽기 전에 머리에 이나 잡아 드리고 죽겠습니다.” “누가 중병 든 사람 머리에 이를 잡는다더냐?” “그러면 어머님 눕던 자리나 깨끗이 치워드리겠습니다.” “누가 중병 든 사람 방을 치운다더냐?” 더 이상 참을 수 없어 날려들어 이불을 확 걷으니, 애가 볼긋볼긋 드러난다. “이년 죽일 년아. 형님들 어서 날려들어 이걸 봅서.” 하자, 형님들이 죽일 듯이 달려드니, 남선비는 겁결에 달아나다 올레 정살문에 목이 걸려 죽어간다. 노일저대구일의 딸은 변소로 달아나다 머리타래 디딜판에 칭칭 감겨 죽어간다.

일곱 형제는 그녀를 그냥 죽여 내버리긴 원통했다. 그래서 머리는 박박 매어 바다에 던져버리니 감태가 되었고, 모가지는 잘라 던져버리니 돗도구리[돌확]가 되었다. 눈은 절구통, 코는 침통, 입은 작박, 귀는 무성귀가 되었다. 젖은 도려내어 가지깽이를 만들고, 배는 도려 바다에 내던지니 물망태가 되고, 배꼽은 고동이 되고, 허벅다린 잘라서 디딜팡을 마련하고, 손은 쇠스랑, 골갱이를 만들었다. 손톱 발톱은 바다의 금붓이 되고, 나머지는 방아에 놓아 찧어 바람에 불려 버리니 각다귀 모기로 환생했다.

일곱 형제는 주천강 연화못에 가 함지박으로 물을 퍼내니, 어머니는 살은 다 녹아 **뼈**만 왕그랑이 남아 있었다. 서천꽃밭에 가 생기오를꽃, 웃음웃을꽃, 말할꽃, 오장육부오를꽃, 걸음걸을꽃을 놓고, 송낙 막대기로 어머니를 세 번을 때리니, “아이구, 봄잠 너무 잤구나.” 하며 와들랭이 일어난다. “어머님이랑 수중에서 오래 잠을 잤으니 조왕할망으로 들어서서 따뜻하게 불을 쬐고, 문전철갈이, 기일제사, 명절 때 상을 받아 잡수세요.”

"어머님이랑 수중에서 오래 잠을 잤으니 조왕할망으로 들어서서 따뜻하게 불을 쬐고, 문전철갈이, 기일제사, 명절 때 상을 받아 잡수세요."

「문전 본풀이」(김연희 구송본)

옛날이라 옛적에 남산고을에 남선비가 살았습니다. 여산국 부인이 살았습니다. 남산과 여산은 세갑머리 육갑에 갈라 땋아 입장(성관成冠, 관례를 행함) 결혼해서 사는 게, 아들이사 나는 게 일곱 성제가 태어났다. 집은 가난하고 서난하니 구명도식求命圖食 할 수가 없었더라.

하루는 남선비가 하는 말이, 여산국에게 내일은 굴미굴산 노조방산 신산골 아야산에 올라가서 살대같이 곧은 나무 베어다 배를 짓어 주민, 무곡[貿穀] 잔뜩 실엉 강 장사하여 노잣돈 벌고 와서 옛말 하며 살아보게. 뒷날 아침 굴미굴산 노조방산 신산골 아야산에 올라가 살대같이 곧은 나무를 베어다가 배를 짓어 남선비가 여산국 부인에게 상동낭 용얼레기(상동나무로 만든 빗) 반쪽을 주어간다. 설운 가숙[家屬]아, 내가 가서 석 달 열흘 백 일이 돼도 편지 연락이 없으면 이 밤과 저 밤 새에 상동낭 용얼레기에 백발술 걸려서 바당에 가 띄워 머리카락이 올라왔으면 내가 죽었을 거고, 머리카락이 아니 올라왔으면 내가 아니 죽었을 테니 그대로 알라 일러 가는구나이. 어서 걸랑 기영 헙서.

남선비는 가숙과 애기하고 이별하여 배를 타서 가는 데 모진 광풍狂風 일어난다. 배는 불력불력(불리고 불리며) 감감(가고 가는)하는 게 오동나라 오동고을 성창머리에 가서 배를 대었구나이. 배를 대고 보니, 노일저대구일의 딸 하는 말이, 선비님아, 초면이 됩니다. 옵서 나하고 앉아서 심심하고 야심한데, 장기 한 판 두는 게 어찌하오리까. 앉아 장기만 두다 보니, 날이 가고 달이 간다. 가지고 가 전배독선全船獨船 다 팔아먹어 갈 데 올 데 없었구나. 석 달 열흘 백 일은 다 되었구나. 노일저대구일의 딸 하는 말이, 옵서 나하고, 나하고 가서 살면서, 부부 삼고 살며, 마당에 곡식穀食 널어 새가 쪼아 먹으려면, 새나 다올리멍(쫓으며) 나랑 가서 살아 봅시다. 가서 함께 가 살며 채밥만 먹어서 안眼도 눈도 봉사가 되어 간다.

여산국 부인님은 석 달 열흘 백 일이 되어도 하늘 같은 낭군님한테 편지 연락 없으니 필유곡절 이상하다. 설운 애기들아, 짚신 일곱 개만 삼아 달라 해, 삼아 드리니, 초신 일곱 개 잡고 이 밤과 저 밤 사이 상동낭 용얼래기에 백발술 걸리니 강에 가 선창 주변을 바라들며 바라나며 상동낭 용얼레기 강에 드리쳤다 꺼내보아도 머리카락이 아니 올라오니 정녕 내 낭군은 살았구나. 집에 돌아와서, 설운 애기들아. 내일은 굴미굴산 노조방산 아야산에 올라가 살대같이 곧은 나무 베어다가 배를 짓어 주면 너희 아버지 찾아오마. 어서 걸랑 기영 헙서. 뒷날 아침 굴미굴산 노조방산 신산곳 아야산 올라가 살대같이 곧은 나무 베어다가 배를 짓어 드리니 여산국 부인님은 배를 타고 감감하는 것이 그날도 모진 광풍이 일어난다. 배를 타고 모진 광풍 속에 가다 보니 오동나라 오동고을에 들어갔구나. 성창머리에 배를 두고 삼도전 거리에 가다 보니, 갈대밭에서 어떤 지장(지장밧디 새드리는 아기씨, 기장밭에서 새를 쫓던 아이들이)애기씨가 이 새 저 새 밥주리 약은 새야, 너도 너무 약은 체 하지 말라. 남선비 약은 깐에도 가지고 온 전배독선 다 팔아먹고 갈 데 올 데 없으니 노일저대구일의 딸과 살며 하도 채밥만 먹어서 앞눈 봉사가 되었다더라. 주어라 저 새여. 여산국

두 하늘 이야기

부인님이 하는 말이, 지장애기씨야, 그거 무신 말고, 한번만 더 말해 달라. 노잣돈도 주마. 댕기감도 갈라 주마. 다시 말해 간다.

그 집 어디로 가느냐. 이 골목 저 골목 가다 보면, 거적문에 외돌채기 세워진 집이 됩니다. 노잣돈을 주어두고, 가다 보니, 아닌 게 아니라 거적문에 외돌처귀 세워진 집이 있었구나. 여보시오, 주인이나 빌립서(여행자가 남의 집에 유숙하다). 주인 빌리고 나그네 빌릴 수가 있으리까. 어서 들어오세요 하니, 하도 먼 길을 걸었던 뒤라 시장기가 나니 조왕竈王에 솥이나 임시 잠깐 빌려주면 밥이나 지어먹고 가쿠다. 어서 걸랑 기영험서. 조왕에 간 솥을 열어보니, 아닐세라, 채가 앉아 눌었으니 앞동산에 달려들어 삼수세미 박박 훑어다가 솥을 박박 씻어서 나주영산서 들어온 하이얀 쌀 내어 놓아 초벌 이벌 연세 번을 씻어놓고 밥을 지어 진지상을 차려 남선비한테 밥상을 드려가는구나이. 남선비한테 이 밥 잡수세요. 나 같은 인간에게 이게 무슨 밥상이요? 그런 소리 하지 맙서. 주인 모른 공사가 어디에 있습니까. 어서 드셔봅서. 미니까, 남선비는 한 숟가락 두 숟가락 떠먹다가 비새같이 울어간다. 어째서 남자 대장부가 울고 있습니까? 나는 남선고을 남선비라 합니다. 나도 여산국 부인님과 살 땐 아무리 가난하고 서난해도 이런 밥을 먹었습니다. 그 말 끝엔 달려들어 손목을 부여잡고 하늘 같은 낭군님아. 내가 여산국 부인이우다. 이거사 무신 말고.

홀목 부여잡고 울어 봤다 웃어 봤다 석 달 열흘 백 일 동안 쌓인 회포를 풀고 있으니 노일저대구일이 딸은 어디 갔다가 치맛자락에 채 한 줌 싸고 와서 문을 열어보니 이놈 저놈 죽일 놈아, 네놈 먹이려고 나는 애가 빠지게 일하다 와보니 외간 여자하고 희롱이 뭐일러냐. 죽일 팔로 둘러가니, 남선비가 하는 말이 내 말이나 들어보소서. 여산국 부인이란 말을 하니 노일저대구일이 딸은 갖은 언강을 부려가는구나이. 설운 나 성님아, 초면이 군요. 하늘 같은 낭군을 찾아오려니 얼마나 눈물인들 아니 나며 땀인들 아니 났겠어요? 옵서 우리 마을에 물 좋다는 소문난 주천강 연내못[酒泉江蓮花池]에 가서 목욕하고 와서 만단정화萬端情話 사실이나 일러봅주. 어서 걸랑 기영 허라. 노일저대구일이 딸하고 여산국 부인님은 주천강 연내못에 가 옷을 벗고 물을 발착발착 지치다가 하는 말이, 형님아. 제가 듯강(등)에 때 밀어 드릴께요. 아우야. 내가 너를 밀어 주마. 나중엘랑 나를 밀어 주라. 형님아. 위에서 내리는 물 발등에 집니다. 내가 형님 듯강(등)에 때를 밀어 드릴 테니 나중에랑 나를 밀어 줍서. 어서 걸랑 기영 허라. 노일저대구일이 딸이 뒤로 돌아앉으니 한 번 두 번 연 세 번을 밀어가는 척하다가 주천강 연내못에 와락 밀어 버렸다. 여산국 부인님이 갓[邊]으로 나오려면 밀력밀력 하니 석탄불에 얼음산 녹아가듯 물에 갈앉어 죽어간다. 노일저대구일이 딸은 이녁 입던 옷은 강물에 띄워두고, 여산국 부인 옷을 입고, 집으로 들어와 하늘 같은 낭군님아, 요망스럽고 소망스러운 노일저대구일이 딸을 죽여 버리고 왔수다. 그년 저년 잘 죽였저. 옵서 이제랑 우리 고향에 돌아가 두 끼니 먹을 거 한 끼니만 먹으며 살아 봅주.

아버지, 어머니 고향으로 들어간다 하니, 큰아들은 도폭[道袍] 벗어 다릴 논다. 둘째 아들은 두루막 벗어 다릴 논다. 셋째 아들은 저고리 벗어 다릴 논다. 넷째 아들은 바지 벗어 다릴 논다. 다섯째 아들은 행경行纏이여 보선이여 벗어 다릴 논다. 여섯째 아들은 갓을 벗어 다리를 논다. 똑똑하고 역력한 일곱째 녹디생이님은 백년다리 칼썬ᄃ리(칼날이 위로 향하게 세워진 다리) 놓아가니, 형님네가 하는 말이, 내 동생아, 불효막심하게 부모님 오는데 백년다리 칼썬ᄃ리가 뭐일러냐. 형님네야, 이네 말씀 들어봅서. 아버지는 우리 아버지인데 어머님은 우리 어머님이 아닙니다. 나 하는 대로 보고 듣기만 해줍서. 어서 걸랑 기영 허라. 배에서 내리니, 아버님아, 어머님아 그 새 어떵 살아집데가. 어머님이랑 우리와 열 달 배 아파 나준 어머님이 되시면 앞으로 서서 우리 집을 가리켜봅서. 기영ᄒ주. 이 골목도 주왁주왁, 저 골목도 기웃기웃, 이 집 저 집 기웃기웃거려 가니, 어머님아, 어째서 그새에 집을 잊어붑데강. 배를 타고 오다 보니 멀미증이 나 두통이 생겨 그리 하염저. 집으로 가서 밥해 놓는 거 보니, 아방 밥그릇은 아들한 테 가고, 아들 밥그릇은 아방한테 가옵데다.

하루는 일곱 형제가 글서당에 글공부를 가버리니, 노일저대구일이 딸 은 조왕에 앉아 생각 생각 곰곰이 생각하다, 것들 눈치 아는 거 닮으니, 내 가 먼저 죽기 전에 내가 먼저 이것들을 죽여야지 마음을 먹었다. 조왕에서 홀연광증忽然狂症이 머리로 나며 아이구 배야, 아이구 배야. 아이구 배야. 죽어가옵디다. 남선비 하는 말이, 어디가 아프냐. 홀연광증이 배가 아픕니 다. 오라 가서, 주사 맞고, 약이나 먹어 보게. 나 병은 주사 맞고 약 먹을 병 이 아닙니다. 그러면 어찌하면 좋겠느냐? 뒷집에 가 보면 점占 잘하는 신 의 점쟁이가 있을 테니 거기 가서 점이나 치고 옵서. 경 허라. 남선빈 눈 어 둑으난, 작대기 짚고 기웃기웃, 갈 때 노일저대구일이 딸은 이 담 저 담 뛰 어 가서 벌써 가 있었구나. 어떵 허연 오십데가? 우리집의 애기 어멍이 홀 연광증으로 배가 아프고 답답하고 갑갑하니 문복問卜이나 지러 오랐수다. 오행팔괘五行八卦 단수육갑單數六甲 짚을 듯 말 듯하다가, 점괘占卦를 내어 가는구나. 애기 어멍은 주사도 필요가 없습니다. 게민 약도 필요가 없습니 까? 게믄 어떵 허영 조쿠가. 이 애기 어멍은 살 방법은 한 가지가 있습니다 마는, 아주 어려울 듯합니다. 어찌 해야 낳을 것 같습니까? 물어보니, 아들 일곱 형제 차례대로 죽여서 애(창자, 간)를 내 먹어야 몸에 좋아질 듯합니다. 남선비는 그 말을 듣고 탄복하며 집으로 돌아올 때, 노일저대구일이 딸은 이 담 저 담 뛰어 집으로 벌써 와서, 아이구 배야, 아이구 배야. 하늘 같은 낭군님아, 그디 가난 뭐엔 점괘가 나옵디가. 그디 가난 아들 일곱 성제 죽영 애를 내먹어야 당신 몸에 병이 좋아질 듯하다 하니, 속으론 살짝 기쁘면서도 그것사 무신 말입니까? 그리 말고 삼도전 거리에 가보면, 정당(정당벌립, 댕댕이덩굴로 만든 벙거지) 쓰고 앉은 신의 점쟁이가 있을 테니, 거기 가서 문복이나 지어 봅서. 남선빈 다시 재차 지팡이 짚고 삼도전 거리에 나갈 때에, 노일저대구일이 딸은 이 골목 저 골목 벌써 가서 앉아, 정당 쓰고 앉아 있었구나. 어떵한 옵데가. 우리 집 애기 어멍은 홀연광증으로 배가 아프니 문복 지러 오랐수다. 오행팔괘 단수육갑 짚을 듯 말 듯 해가다가, 이 애기 어멍은 살 방법이 한 가지가 있습니다마는 아주 어려울 듯합니다. 어떵 해야 살아나겠습니까? 아들 일곱 형제 죽여 애를 내 먹어야 몸에 병이 좋아질 듯합니다. 그 말 듣고 남선비는 다시 탄복하며 집으로 돌아올 땐, 노일저대구일이 딸은 벌써 집으로 와서, 상방(마루)에 와서 탕탕 누워 뒹굴며 아이고 배여, 낭군님아 내 말 들어봅서. 난 죽어 불민 다시 못 옵네다. 아들 일곱 성젠 죽어 불민 한 해에 두 개, 한 해에 두 개, 한 해에 세 개 낳면, 임시 잠간 한 해에 일곱 성제가 됩니다. 남선비는 은장도 칼 내놓고 조왕에 가서 실강실강 갈아간다.

뒷집의 정태산이마구할망은 불망불을 빌러 왔다가 가서 보니 그 마직(그 짓거리)을 하고 있으니 불삽이고 뭐고 들어던져 버리고, 거리 노상에 가다가 보니, 남선비 아들 일곱 형제가 글서당에서 글공부를 마치고, 아름 가득 안고 오고 있으니, 설운 애기들아, 너희들은 다 살았구나. 너희 아버

　　　　　　　　　　　　　　　　　　두 하늘 이야기

지는 다심어멍 보탕에 **빠져**서 너희들을 한칼에 찔러 죽이려고 칼을 갈고 있더라 알려주었구나. 남선비 아들 일곱 형제 비새같이 울어간다. 어머님아 살아 있걸랑 흔저 옵서. 죽었걸랑 혼정魂情으로 우리들 살려 줍센 하며 비새같이 울다가, 일곱째 아들 녹디생인님 하는 말이, 성님아 내가 가서 수단과 방법을 가리지 않고 칼을 몇 개 **뺏**어 왔으면, 우리가 한날한시에 다 목숨을 모면했는가 하고, 칼을 못 **뺏**어 왔으면 한날한시에 우리가 다 죽게 됐는가 생각을 합서이. 어서 기영 허라.

 일곱째 아들이 집으로 들어강 보니, 아니나 다를까. 아버지는 칼을 실강실강 갈고 있구나. 아버님아, 그 칼 이리 주옵소서. 아버진 눈도 어두운데, 우리 일곱 아들을 죽이려면 가슴도 일곱 번을 어웃어웃 아파야 될 테고, 죽어서 묻으려면 눈도 어두운데 구덩일 일곱 구덩일 파야 될 건데, 어떵허쿠가. 그 칼을 이리 주면, 내가 성님들 죽여 애를 내고 와서 그거 어머님께 드려서 그거 잡수고 아니 살아나건 아버지는 나중에랑 나 하나 죽영 일곱 갤 채워 드리는 게 어떻습니까. 설운 나 아들아. 막무간 아니로구나. 칼을 내여 주니, 일곱 성제가 비새같이 울어간다. 산으로 동서 막끔없이(정처없이) 가다보니 노루 일곱 마리가 오고 있으니, 노루를 잡으려니 노루가 하는 말이, 우릴랑 죽이지 말아 줍서. 우리는 산신백관山神百官 님이 타고 다니는 말입니다. 우리 뒤에 산톳 일곱 마리가 오고 있으니 그때랑 산톳 일곱 마리 죽입서. 노루, 너 거짓말이 아닐러냐. 거짓말이 아닙네다. 노루 다리 뒷꼴렝이에 흰 종이로 무끄멍 페적標的을 하며 다음에 거짓말이었다면, 다음에 잡아 죽이겠다고 했던 법으로서 노루 다리 꼬리가 희는 법이 됩니다. 아닌 게 아니라 가다 보니, 산톳 일곱 마리가 오고 있으니, 한 마리는 어머님 신제비[祭費]에 쓰려고 놔두고 여섯 마린 죽연 애를 싸

서 종이에 싸 두고 살은 맹개낭을 해다가 불을 피워 구우며 익어시냐 설어
시냐 먹단 보난 다 먹어 갔구나. 종이에 애를 싼 족은 아시 하는 말이, 성님
아, 내가 가서 올레 문밖에 매달리고, 매워지고, 갈라지곡 하고 있으면 내
가 성님들 달려들라 하면 달려듭서. 어서 걸랑 기영 허라. 종이에 애를 싸
서 집으로 들어가서 하는 말이, 어머님아, 어머님아, 이거 **빨리** 잡수고 살
아납서. 성님들 내 손으로 칼로 다 죽연 애를 내어 왔습니다. 이거 잡수고
살아나라 하니 누구가 어른 약 먹는데 아니 본다 하니. 저만정 나가 있어
라 하니, 창문뚱에 가서 손가락에 침발라 창궁기 뚫어서 눈으로 보니, 입
에 붉긋붉긋 칠하며, 이 아래 묻으며 하는 말이, 아이구 배야, 아이구 배
야, 아이구 배여 죽어간다. 애 하나만 더 먹으면 내가 살 수 있겠다 하니 들
어가서 하는 말이, 어머님아, 내 어머님 죽기 전에 어머님 머리에 니[蝨]나
잡아 드리고 죽으쿠다. 누구가 중병 든 사람 머리에 이를 잡느냐 하니, 게
민, 어머님 눕던 방 안 이불자리나 나가 깨끗이 치워두고 죽으쿠다. 누구
가 중병 든 사름 방을 치운다 하드냐는 말 끝에, 일곱째 녹디생인님 달려
들어 이불을 바락하게 걷워 보니, 애가 여섯 개 시랑시랑 붉긋붉긋 누워시
난, 주추마루 입주상량 도올라가 부름소리 외쳐간다. 이 동네 아이들아.
다심애기와 사는 어른들아. 우릴 보고 정다십서(정다시다, 정다슬다: 무
슨 일에 욕을 톡톡히 당하여 다시는 않을 만큼 정신을 차리게 되다.) 다심
어멍이영 사는 아이들아, 우릴 보고 정다실렌 부름소리 외쳐두고, 지붕에
서 내려와서, 이년 그냥 죽여서 내버리긴 원통하다. 칭원하다고 머릴 박박
매어 저 바당에 던져버리니, 아끈(작은) 물망(몸, 모자반) 한 감태[甘苔] 아
끈 물망 되어간다. 머리통은 잘라다가 던져 버리니, 돗도고리(둥글넓적하
게 파서 돼지에게 먹이를 넣어 주는 함지박 모양의 것)를 만들고 눈은 돌

                                                    두 하늘 이야기

라다가 던져 버리니 절구통, 코는 침통, 입은 작박, 귀는 돌라다가 던져 버리니 옛날은 무성귀로 설연을 하였습니다. 젖[乳房]은 잘라서 던져버리니, 가지깽이(바리 뚜껑)를 만들고, 배[腹]는 잘라서 저 바당에 던져버리니 물망태를 만들었고, 베또롱(배꼽)은 돌라다가 던져버리니, 보말(ᄀᆞ매기, 고동 따위의 작은 조개, 바다 우렁이)을 만들고, 또꼬망(똥구멍)은 돌라다가 던져버리니, 물문주리(물미조리, 말미잘) 설연하고, 허벅다린 돌라단 던져부난 드딜팡(디딜판)을 설연했다. 손은 끊어다 던져버리니 쇠스랑은 은가지여 골겡이로 설연을 했습니다. 손톱발톱 떼어다가 저 바당에 던져버리니 굼벗(돌굼벗, 딱지 조개의 일종)을 만들고, 남은 건 들굽낭 방애에 도애남 절굿대에 놓고 독독 부숴서 불려버리니 각다귀 모기[蚊]로 환생했다. 그 법으로 이 아기 이녁 각각이 올올이 찢을 때는 누가 아니 멀려 주어라 하던 법으로, 우리 얼굴에 파리나 모기나 앉으면 화가나 이녁대로 뺨 때리는 격이 됩니다.

이제는 함박 가져오라, 쪽박 가져오라. 주천강 연내못에 가서 어머님을 살려오자. 일곱 형제가 함박 쪽박 가지고 주천강 연내못디 갔더라. 물을 박박 푸고 보니, 어머님 살도 없고 뼈도 없고, 살 다 녹고 뼈만 왈그랭이 남았으니 열두 가지 생기오를꽃, 웃음웃을꽃, 말하는꽃, 오장육부오를꽃, 생기오를꽃, 걸음걸을꽃, 성화날꽃, 열두가지울음울꽃을 놓고 이거 송낙 막뎅이로, 이거 어머님 때리는 게 아닙니다. 불효막심하게 때리는 매가 아닙니다. 살리는 맵니다. 잠을 잤었다면 조왕할망으로 정주定住하여 따뜻하게 불 쬐고, 일문전 대철갈이('문전철갈이'에서 문전제를 제일 먼저 지낸다. 문전제는 집안의 문신門神인 '문전'에게 집안의 행운을 비는 소규모의 의례) 기일제사忌日祭祀 명절名節 때나, 상을 받아 먹읍서. 성님들은 동

의 청대장군 서의 가면 백대장군, 남의 가면 적대장군, 북의 가면 흑대장
군, 대장군으로 정주합서. 똑똑하고 역력한 일곱째 녹디생인님은 일문전
에 정주를 했습니다. 일문전 난산국 본을 풀었수다. 본산국 본을 풀었수
다. 오방각기 시군문도 열어 맞습니다이.

　　　　　　　　　　　　　　　두 하늘 이야기

두 하늘 이야기──문무병의 제주 신화 이야기 2

1판 1쇄 발행 | 2017년 10월 31일

지은이 | 문무병
펴낸이 | 조영남
펴낸곳 | 알렙

출판등록 | 2009년 11월 19일 제313-2010-132호
주소 | 경기도 고양시 일산서구 중앙로 1455 대우시티프라자 715
전자우편 | alephbook@naver.com
전화 | 031-913-2018
팩스 | 031-913-2019

ISBN 978-89-97779-93-2
      978-89-97779-91-8(세트) 04210

이 책은 한국문화예술위원회, 제주특별자치도, 제주문화예술재단의 지원으로 출판되었습니다.

*책값은 뒤표지에 있습니다.
*잘못된 책은 바꾸어 드립니다.